◎ 湖南省高校思想政治工作专项资金资助出版

核心素养视域下
初中道德与法治课议题式教学案例

主　编　宋劲松
副主编　胡耀平

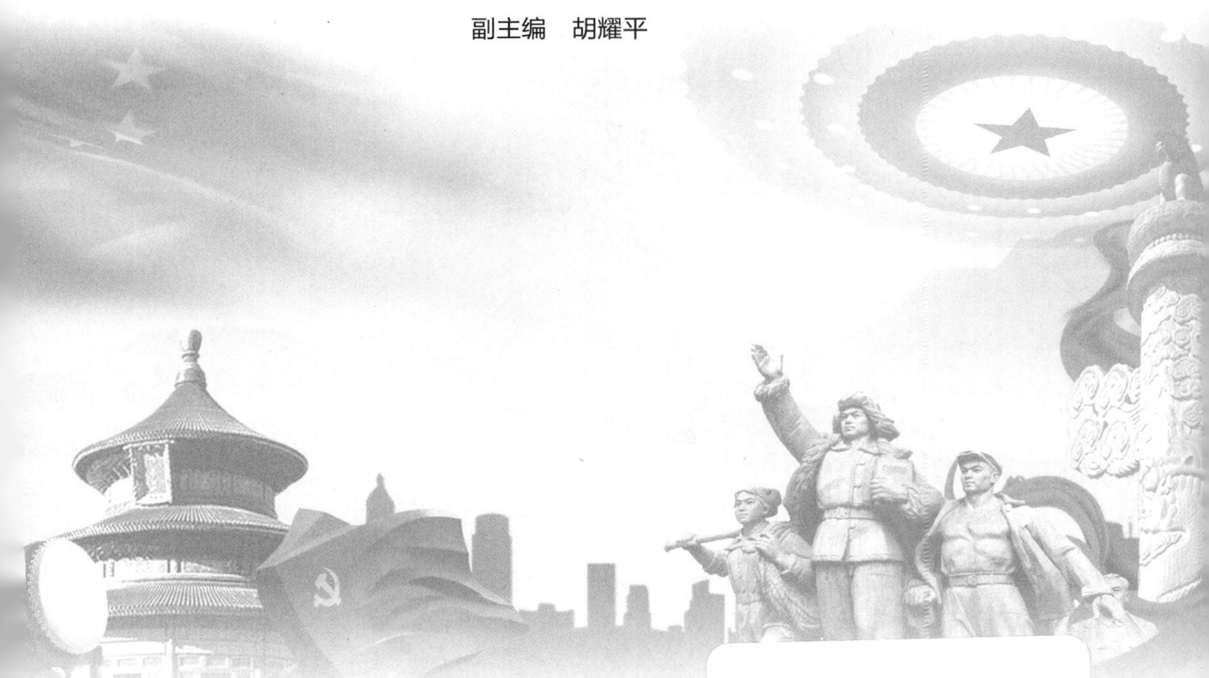

·长沙·

引　言

学科教学（思政）专业教育硕士属于专业学位研究生，其培养目标是面向中小学，培养掌握中小学思想政治教育领域相关理论知识、具有较强的解决实际问题的能力、具有良好职业素养的高层次应用型专门人才。因此，学科教学（思政）专业教育硕士培养具有明确的实践性与应用性。

教育部发布的《关于深入推进专业学位研究生培养模式改革的意见》（教研〔2013〕3号）、《关于加强专业学位研究生案例教学和联合培养基地建设的意见》（教研〔2015〕1号）等文件强调指出，案例教学是专业学位授权点合格评估的重要内容，加强案例教学是推动专业学位研究生培养模式改革的重要手段。案例教学是以学生为中心，以案例为基础，通过呈现案例情境，将理论与实践紧密结合，引导学生发现问题、分析问题、解决问题，从而掌握理论、形成观点、提高能力的一种教学方式。

开展案例教学的关键是编制教学案例、建设教学案例库。自2015年以来，湖南科技大学学科教学（思政）专业学位硕士点开展“基于案例式教学的课程构建与实施”研究生教学改革，一方面鼓励教师将编写的教学案例与基于案例的科学研究相结合，发表了一系列教研论文，打造了一系列优秀案例视频课；另一方面，学位点所有专业课程都采取了案例教学法，有效提高了学科教学（思政）专业教育硕士的培养质量。

本案例教程是湖南科技大学学科教学（思政）专业学位硕士点的师生共同探索案例教学的又一成果，共收集了27个符合《义务教育道德与法治课程标准（2022年版）》新要求，基于真实情境、符合案例教学要求的初中道德与法治课程议题式教学案例。学科教学（思政）专业学位硕士点与联合培养基地开展了多次案例教学研讨活动，吸纳了多名优秀的实践导师参与案例编写，促进了产学有机融合的协同育人。我们希望，通过案例教学，推进专业学位研究生培养模式改革，促进理论与实践的紧密结合、教学与实践的有机融合，强化专业学位研究生实践能力培养，提升教育硕士的职业胜任力。

目　录

“我们应怎样对待生命”议题式教学叙事

——基于“敬畏生命”一课

宋劲松[1]　钟　颖[2]

一、形成教学思路：围绕议题设计环节

（一）根据课标制定学习目标和议题

《义务教育道德与法治课程标准（2022年版）》（以下简称《课程标准》）中对“生命”这一主题的学习要求，主要是引导学生正确认识生命的意义和价值，树立生命至上的观念，敬畏生命，珍惜生命，热爱生命，树立正确的人生观和价值观，追求生命高度，成就幸福人生。依据《课程标准》要求和教学内容，我们确定本节课议题为“我们应怎样对待生命”，学习目标为：通过合作探究和实践调查，引导学生学习生命至上的内涵，理解敬畏生命的原因，形成健康的生活态度，树立正确的生命道德观念，养成自尊自信、珍爱生命的健全人格；通过情境探究和“你演我猜”，引导学生了解生命的休戚与共，从而敬畏生命、热爱生命；结合现实生活做出合理判断，增强生命的责任感和使命感，培养珍爱自我生命、关怀和善待身边其他生命的责任意识。

（二）研讨教材，确定知识结构和教学环节

思想政治教育是做“人”的工作。关心人、尊重人、帮助人、发展人是思想政治教育的出发点与归宿。生命教育是思想政治教育的一个重要内容，但“生命教育”对于初一学生来说，还是一个很抽象的概念。因此，备课组以《课程标准》和教材为立足点，以“我们应怎样对待生命”为总议题，梳理出本节课的知识结构，即生命的特征是什么、如何理解生命至上、如何做到生命的休戚与共，并运用实践调研、合作探究等方式，从认知理解、内化认同、外化践行三个层次提升初中生生命教育的针对性和实效性。

（三）收集情境设计议学活动和议学任务

篇章一：揭秘生命特征。设置教学情境“东航 MU5735客机失事，救援队伍展开

---

① 宋劲松（1973—），女，湖南科技大学马克思主义学院教授，博士生导师。

② 钟　颖（1998—），女，湖南科技大学2020级学科教学（思政）专业硕士研究生。

搜救”。教学任务是要求学生思考生命的特征是什么，打开“为什么要敬畏生命”的教学开端。

篇章二：理解生命至上。设置情境1——视频《最可爱的人》，教学任务是思考这群“可爱的人”对待生命的态度是什么，引导学生敬畏生命；情境2——视频《抗疫故事》，教学任务是探讨驳斥错误观点，引导学生理解“生命至上”。

篇章三：做到休戚与共。设置情境1——“生命漠视者”和“生命守护者”，教学任务是对这两种行为展开评价；情境2——2020年感动中国十大人物之一的武汉快递小哥汪勇，教学任务是分析为何汪勇心生害怕却仍选择当志愿者，若你是滴滴司机，你会如何选择，汪勇为何当选“感动中国人物”，通过情境设置，提升学生的明辨能力、判断能力。

二、协同教学设计：贴近情境，明确学习任务

本课教学设计的初稿完成后，笔者在备课组进行了试教。老师们肯定了本课活动设计的新颖性和多样性，肯定了在教学中利用情境和议题引导学生学习新知识的思路与方法，认为本课课堂教学设计清晰、教学环节逻辑性强、重难点突出，但也存在以下不足，有待改进。

（一）课堂干巴入境，知识点难以内化

习近平总书记指出，上思政课不能拿着文件宣读，没有生命、干巴巴的。[1] 而初稿中有部分情境设置既生硬、枯燥，也不能直接有效地让学生明白情境中所蕴含的知识点。因此，情境的选择一定要紧密联系学生生活，让学生有直观的“代入感”，促使其更有效地掌握知识。篇章一中的情境通过东航 MU5735客机失事来展现生命的特征，不够有说服力、不具有普遍性，无法引起学生的共鸣。所以，教学应从学生熟悉的身边典型事物切入，以身边的榜样教育人，以平凡的生活感染人。篇章三中的情境2讲述了一个平凡而又感人的快递小哥汪勇的故事，素材选取恰当。在教学中我们应善于引导，激发学生的感性思维，引导学生认识到榜样人物是可敬的、可爱的，也是可学的。

（二）课堂活力不够，学习体验有待提升

教学活动设计与学生实际联系不够紧密，对“敬畏生命”这一抽象概念的解读不够形象与生动。对“揭秘生命特征”“理解生命至上”“做到休戚与共”等教学内容的讲解需要从中学生的生活和实践体验的视角去阐释和突破。篇章二中的情境2除了可以通过视频《抗疫故事》来探讨国家和医护人员敬畏生命的原因，还可以把教学引导到

学生自身，引导学生思考在现实生活中有哪些敬畏生命的做法，并增加“你演我猜”环节，以增加课堂的趣味性。

（三）知识逻辑性不够缜密，缺乏知识框架构建

本课知识点较多，如果教师在教学中思维过于发散，将会给学生带来知识点零碎的错觉，无法有效地帮助学生搭建系统、完整的知识体系，也无法让学生进行有效的迁移学习，更无法达到深度学习的效果，具体表现为各环节之间缺少系统的知识总结和有效的语言过渡。为了改善不足，教师应多要求学生进行阶段性总结，制作一份议学单并附上知识结构图，辅助学生掌握重点、难点知识。

三、优化教学设计：在学思议行中培养学生对生命的敬畏之心

（一）据课标、定目标、抓重点——议题式教学的前奏

1. 课标要求

本课时的教学内容是《道德与法治》七年级上册第八课“探问生命”第二框“敬畏生命”，对应《课程标准》中“生命安全与健康教育”的学习主题，旨在帮助学生正确认识生命的意义和价值，珍爱生命，热爱生活。

2. 内容分析

（1）本课地位。“探问生命”一课共包括两框内容。第一框“生命可以永恒吗？”让学生辩证认识生命的“有时尽”与“有接续”，引导学生懂得生命是值得珍爱的；第二框“敬畏生命”是在第一框的基础上，引导学生认识到应对自己与他人的生命持“敬畏”态度，激发学生对生命的热爱，进而引导学生思考如何珍爱生命，为下面两课“珍视生命”与“绽放生命之花”打下认知基础。

（2）本课内容。本框主要介绍了为什么要敬畏生命、如何敬畏生命，下设七个辅助文栏目及两目。

第一目“生命至上”。主要内容是“为什么要敬畏生命”。通过“运用你的经验”栏目引发学生思考生命的特性，接着通过“探究与分享”栏目的“马来西亚航空公司MH370客机失联”“陶行知的困惑”“公交车着火”等情境，具体分析为什么要敬畏生命。

第二目“休戚与共”。主要内容是“如何敬畏生命”。通过“阅读感悟”栏目的“我是一个生命”情境、“探究与分享”栏目的“让座”“我是你的拐杖”“蹲下去”“陪伴和分享”四个情境、“相关链接”栏目的“孟子的四种道德潜能”的文字描述，层层深入地阐述如何敬畏生命。

3. 教学目标与重难点

（1）教学目标。

① 通过合作探究和实践调查，学习生命至上的内涵，理解敬畏生命的原因，引导学生形成健康的生活态度，树立正确的生命道德观念，养成自尊自信、珍爱生命的健全人格；② 通过情境探究和“你演我猜”，引导学生了解生命间的休戚与共；理解敬畏生命的要求，热爱和敬畏生命；③ 提升判断能力，增强生命的责任感和使命感，培养珍爱自我生命、关怀和善待其他生命的责任意识。

（2）教学重难点。

教学重点　培养学生敬畏生命的意识。

教学难点　引导学生理解生命间的休戚与共，探讨如何做到敬畏生命。

（二）析学情、找思路、制路线——议题式教学的开端

1. 学情分析

（1）学生心智特征分析。随着自我意识的不断发展，七年级学生已开始自觉思考生命的价值和意义。但七年级学生的心理发展还处于半幼稚半成熟期，并受自身认知水平所限，他们对生命的理解不够深入，甚至有所偏差。如果这些思想困惑得不到及时指导，就可能导致其不懂得尊重、敬畏和珍爱生命，甚至出现漠视生命等问题。面对复杂生活，如何珍惜生命？如何追求生命的美好？这是初中生在成长中应该学会正确面对的问题。

（2）学生已有知识经验分析。七年级的学生已开始探问生命，思考生命的意义和价值。他们有一定的知识与视野，有了一些对生命的感悟。但是他们分辨事物的能力还比较弱，正确分析和解决问题的能力还有待增强。本节课学生需要把握三个层面，即先从意识层面认识和理解“生命的特征”“生命至上”，再从行为层面和道德层面认同“休戚与共”，逐层升华，引导学生理解生命的价值，培养珍爱生命、敬畏生命的情怀。

2. 教学路线

本课采用议题式教学方式，由议题、情境、活动和任务四个要素形成如下四条线。

议题线　确定主议题，由“揭秘生命特征—理解生命至上—做到休戚与共”三个环节组成，使议题贯穿教学始终。

情境线　围绕新冠疫情，按“课前实践调查分享—视频《最可爱的人》—视频《抗疫故事》—‘生命漠视者’和‘生命守护者’—2020年感动中国十大人物之一武汉快递小哥汪勇人物专题分享”的线路开展，为“议中学”的活动型学科课程提供教学载体。

活动线　实践调查分享—合作探究、“你演我猜”—情境评价、情境选择，为“议中学”开辟路径。

知识线　实践调查揭示生命的特征—合作探究形成敬畏生命的意识、理解生命至上—“你演我猜”进一步巩固敬畏生命的意识—情境评价和情境选择帮助做到生命的休戚与共。

3. 教学结构（图1）

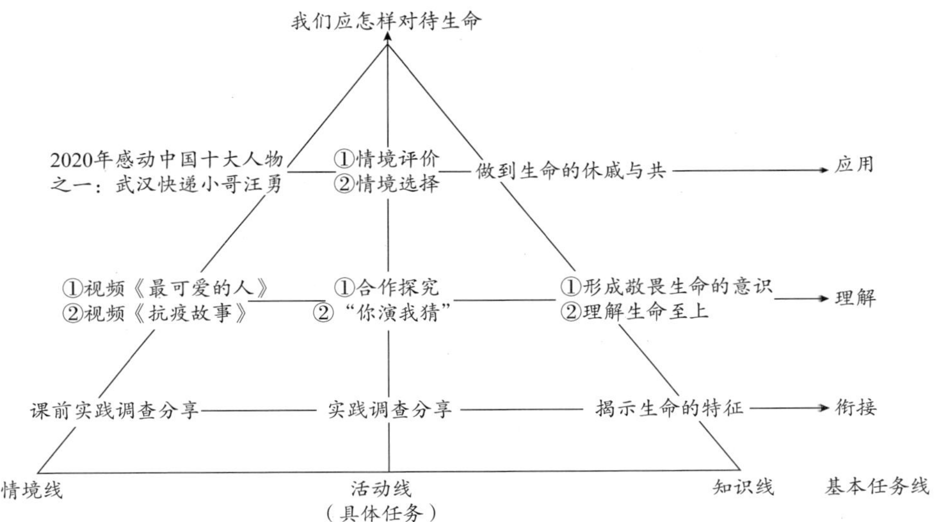

图1　“我们应怎样对待生命”议题式架构模型

（三）重过程、设情境、谈意图——议题式教学的主旋律

总议题　我们应怎样对待生命

课前暖场　探寻生命魔盒。生命魔盒装着魔力卡片，上面写着人们努力追求的“财富”，请三位同学依次抽取并阐明它对人生有什么意义，并思考获得这些“财富”的前提是什么？

设计意图　创设活动情境，调动课堂气氛，提升学生的学习兴趣，自然过渡引出议题。

子议题一：为什么对生命要有一种敬畏的情怀?

篇章一：揭秘生命特征

教学情境　课前实践调查分享“揭秘生命特征”。

教学任务　课前开展实践调查，收集素材和事例，并总结其所体现的生命特征。

答案提示

人物（事例）	体现的生命特征
东航 MU5735 客机失事	2022 年 3 月 21 日东航 MU5735 航班在梧州藤县坠毁，机上 132 人全部遇难。所以，生命是脆弱的、艰难的。
四川泸定 6.8 级地震	2022 年 9 月 5 日四川泸定发生 6.8 级地震，负责管理泸定湾东水电站大坝闸门的罗勇，放弃逃生机会，拉闸泄洪救几百人，在被困 75 小时后成功获救。所以，生命是脆弱、坚强而又崇高的。
新冠疫情	每一个有力量的中国人都没被新冠疫情打倒。所以，生命是坚强的。

设计意图　以开放性的问题拓宽学生思维，让学生在实践中学，在生活中感悟生命既脆弱又坚强的特性。

篇章二：理解生命至上

教学情境1　视频《最可爱的人》。

钟南山的“健康所系，生命相托”；张定宇在新冠疫情“暴风眼”里带着“渐冻”之躯与时间赛跑。

教学任务1　小组合作探究，请从抗击新冠疫情典型人物的故事中感悟与总结，我们应该怎样对待生命？

答案提示1　只有敬畏生命，才会珍视生命。

设计意图1　通过探究典型人物事迹，更直接地引导学生对生命产生敬畏之情。

教学情境2　视频《抗疫故事》。

疫情暴发初期，核酸采集点的医护工作者，全天十几个小时不间断工作，取拭纸、伸进咽喉采样、装进试管……与时间赛跑，与疫情抗争。在当时，医治一个新冠患者的医疗费用约2.3万元，而在我国，该医治费用全由国家承担。

教学任务2　小组讨论：①结合视频，谈谈为什么医护工作者对生命如此敬畏；②对“花费2.3万元医治新冠不值得”的观点进行驳斥；③通过“你演我猜”的方式展示日常生活中敬畏生命的做法，分组进行表演和竞猜。

答案提示2　①②习近平总书记在全国抗击新冠肺炎疫情表彰大会上指出，“坚持人民至上、生命至上”“坚持把人民生命安全和身体健康放在第一位”[2]。生命只有一次，任何财富都无法与之相比，任何代价都无法换取。③学生表演敬畏生命的情景：积极锻炼、过马路走斑马线等。

设计意图2　通过小组讨论，培养团队合作能力；通过“你演我猜”活动活跃课堂气氛，调动学生积极性，体现学生主体性和主动性。

子议题二：如何做到生命的休戚与共？

篇章三：做到休戚与共

教学情境1　“生命漠视者”VS“生命守护者”。

“生命漠视者”：现在疫情没有那么严重了，有些人开始放松警惕，觉得在公共场合没有必要戴口罩。

“生命守护者”：张定宇于2018年确诊为渐冻症，但在2020年新冠疫情暴发期间，张定宇不顾重病之躯，勇担重任，挺身而出，带领全院医务工作者奋力冲在抗疫最前线。2022年9月11日，张定宇决定捐赠自己的遗体用于渐冻症研究。

教学任务1　请分别对“生命漠视者”和“生命守护者”的行为做出评价。

答案提示1　“生命漠视者”在公众场合不戴口罩，漠视自己和他人的生命。“生命守护者”张定宇，尊重、关注和关怀身边每一个人，并从珍惜自己生命走向关怀他人生命。

设计意图1　通过对正反行为评判，引导学生认识到生命的休戚与共，学会正确对待自己和他人生命，学会多角度思考问题，培养理性科学精神。

教学情境2　2020年感动中国十大人物之一：武汉快递小哥汪勇。

2020年武汉疫情最严重期间，快递小哥汪勇组织志愿者免费接送医护人员上下班。他偶然在朋友圈看到金银潭医院夜班医护人员的求助信息“由于公交停运，下班后只能步行回家，最远的要走4小时”，这些求助消息刺痛了他的心。“我也怕出事，毕竟每个人的身后都有家庭。”经过思想斗争，汪勇决定出车，“我去守护你们，你们去守护病人”。汪勇被评为2020年度感动中国人物。

教学任务2　围绕以下问题展开小组讨论：①疫情刚开始时，汪勇也非常害怕，但他为什么还是选择去做志愿者？②如果你是滴滴车司机，你会选择去搭载医护工作者吗？③为什么汪勇能被评为感动中国人物？

答案提示2　①因为汪勇想为家乡抗疫出一份力，他意识到家乡人民的生命与全国人民的生命都是紧密相连、休戚与共的；②我会选择搭载医护人员，敬畏生命是我们的内心选择；③新冠疫情袭来后，汪勇以非凡之勇守护着冬夜里“逆行”的白衣天使，体现了生命的休戚与共。

设计意图2　把课堂知识延伸至生活，引导学生的精神成长和行为践履，心存敬畏，守护生命。通过情境决策，引导学生从内心去选择敬畏生命，并逐步提升对现实问题做出合理判断的能力。

（四）善总结、培素养、树自信——议题式教学的归宿

生命宝贵。生命值得肯定与尊重，若能尽己所能地为他人和社会做出更多贡献，生命将会更有价值，更值得敬重。敬畏生命，珍惜现在，把握当下。

四、反思教学过程：突出真实性，发挥主体性

（一）亮点与价值

1.“真”知引领，结合学生生活

本节课依据《课程标准》要求，主要引导学生正确认识生命意义和价值，学会珍爱生命、热爱生活。课例围绕“新冠疫情”这一情境展开，将素材分层呈现，并结合学生实践调查和日常生活中敬畏生命的做法，步步深入，引导学生用眼去观察生活、用心去理解生活、用手去创造生活，让学习活动更具实践性、生活性，力求打造有深度、有温度、生动化、形象化的“生命”课堂。

2.“真”境介入，贴合学生实际

本课采用议题式教学方式，建设议学活动统领下的课堂教学。本课教学设置的三个篇章和两个子议题环环相扣，与总议题相得益彰，让学生在真实情境中通过议学活动去“思”“辨”“探”，帮助学生解决生活中的实际问题。围绕核心情境“新冠疫情”，把抗疫战场变为现实课堂、把抗疫故事用作教育素材、把抗疫元素融入文化建设、把抗疫精神融入课程教学，目标着眼于培养学生的“健全人格”“责任意识”“政治认同”等学科核心素养。[3]

3.“真”情互动，发挥学生主体性

就学习方式而言，本设计体现一个“主”字，以学生主体地位的落实和主动性的发挥为重点来设计本课。课程通过课前实践调查分享、“你演我猜”、小组讨论、情境选择等议学活动，让学生在真实情境中产生思维碰撞，激发学生的思辨意识，充分挖掘学生的主体性。学生是“议”的主体，将“以议促学”和“以学成议”相结合，发挥议题式教学促进学生能力培养、学科核心素养形成的优势。

（二）问题与对策

1. 过渡较生硬，缺乏适当引导

教师在教学中起主导作用，应循序渐进地从易到难、从简到繁地引导学生学习。教师应有针对性地提出问题，实时掌握学生学习情况，在师生互动中引导学生学会思考，在探索中不断提高学生学习能力，把课堂打造成师生互动的舞台，让课堂焕发出生命的活力。

2. 总结较平淡，缺乏境界升华

课堂结尾应体现思想升华、素养提升，也就是对情感态度与价值观目标要有渲染、激发。正如习近平总书记在2019年3月18日学校思想政治理论课教师座谈会上所说：“要坚持灌输性和启发性相统一，注重启发性教育，引导学生发现问题、分析问题、思考问题，在不断启发中让学生水到渠成得出结论。”[4] 有经验的老师应采用“教师寄语”、给学生适当“留白”、最大化地联系学生生活实际等方式给予学生更多思考和探索的指引，促进学生学有所思、学有所悟。

参考文献

[1]“大思政课”我们要善用之（微镜头•习近平总书记两会“下团组”•两会现场观察）[N]. 人民日报，2021-03-07（1）.

[2] 习近平 . 在全国抗击新冠肺炎疫情表彰大会上的讲话 [J]. 求是，2020（20）：4-15.

[3] 沈壮海 .“大思政课”我们要善用之：思考与探索 [J]. 思想政治教育研究，2021（3）：26-30.

[4] 习近平 . 思政课是落实立德树人根本任务的关键课程 [J]. 求是，2020（17）：4-16.

“如何正确面对青春的情绪”议题式教学叙事

——基于“青春的情绪”一课

黄爱英[①]　曾世琳[②]

一、形成教学思路：紧扣青春成长主题，揭开情绪的面纱

（一）根据教材和课标，确定目标和议题

本课是七年级下册第二单元“做情绪情感的主人”第四课“揭开情绪的面纱”第一课时“青春的情绪”的教学内容。本课聚焦中学生在青春期的情绪，是青春生命成长中的主题。“青春期的我们了解自己的情绪吗？我们该如何把握自己的情绪？如何正确面对青春的情绪？”这是一个值得讨论的议题，可以据此进一步探究“情绪的管理”和“调节情绪的方法”，从而达到“情绪—青春期情绪—情感—情操”层层递进的学习效果，培育学生健全人格。

对应教学内容，《义务教育道德与法治课程标准（2022年版）》（以下简称《课程标准》）的要求是“正确认识自己，珍爱生命，能够自我调节和管理情绪，具备乐观开朗、坚韧弘毅、自立自强的健康心理素质”[1]。在“健全人格核心素养”中的具体要求是，学会调控情绪，能够自我调适、自我控制，逐步掌握交往与沟通的技能，学会参与社会公共生活的方法。所以，对应《课程标准》，本课的教学任务主要是引导学生了解情绪的相关知识，学会调节和控制情绪，正确面对青春的情绪，形成乐观开朗、坚韧弘毅、自立自强的健康心理素质。因此，我们在教学中设置了三个篇章：情绪面面观、情绪的青春色调、正确面对青春的情绪。

（二）梳理教材，拟定知识框架和教学环节

根据教材内容和《课程标准》的教学建议，初步确定了本节课的学习目标。首先，通过情境创设，引导学生体验情绪的多样性、复杂性，了解情绪类型及情绪特点，了解不同情绪带来的不同结果。其次，通过案例探究，帮助学生在分析和探讨具体案例

---

① 黄爱英（1982—），女，湖南科技大学马克思主义学院副教授，硕士生导师。

② 曾世琳（1999—），女，湖南科技大学2021级马克思主义理论专业硕士研究生。

的过程中认识和把握情绪的多样性，提高青春期情绪的自我觉察和自我调控能力。最后，通过角色扮演活动，引导学生学会正视情绪，树立积极乐观的人生态度。依据教材，结合《课程标准》，本节课的中心议题确定为：如何正确面对青春的情绪。

本节课内容视角多，生活性较强。通过梳理教材知识结构，从情绪的表现、影响因素、作用，青春期的情绪特点及如何控制情绪等多方面，对教学进行了系统编排，但为了有效整合“青春的情绪”这节课的内容，使讲授的内容“贴近学生、贴近实际、贴近生活”，在遵从教材文本的前提下，按照生活逻辑对其内容进行了重新建构，遵循“厘清认知—情感升华—实践展望”的教学逻辑，将教学思路调整为“感知情绪—认知情绪—理解情绪—控制情绪”。让学生在了解青春期情绪特点的基础上，从感官上体验情绪，通过理性分析产生情绪共鸣，学会正确面对青春的情绪。

（三）围绕议题，设计议学活动和议学任务

为了让本节课内容更贴近七年级学生的实际身心特点，同时也为了避免空洞说教，在课程教学开展前，我们对本课的教法和学法进行了深入研讨和精心设计。初步构想了以下教学篇章。

篇章一：情绪面面观。设置展现“高兴”“愤怒”“害羞”“焦虑”“悲伤”五种情绪的情境，让学生开展情境体验活动，引导学生体验情绪，理解情绪的基本知识，了解人的情绪的复杂多变，探讨影响情绪的多种因素。

篇章二：情绪的青春色调。通过角色扮演，呈现情绪情境，让学生在角色扮演中体验、感悟人物情绪，给予学生更直观的感受，激发学生学习热情，从而更好地理解青春期情绪的特点。

篇章三：正确面对青春的情绪。通过探究与分享活动，向学生呈现“默默和聪聪”的案例，组织学生进行分组讨论，理解情绪影响着我们的观念和行动，积极的情绪可以激励人克服困难、努力向上，而消极的情绪可能会让人止步不前。因此，我们应学会正确对待青春期的情绪，善于激发正面情绪，尽量利用情绪的积极面，克服情绪的消极面，做情绪的主人。

本节课以正确面对青春的情绪为议题主线，情境素材丰富，学生活动形式多样，问题任务层层深入，学生在情境体验中学习掌握关于情绪的知识，了解情绪的多样性及其双重效应，层层递进，对情绪知识的理解逐步从感性认识上升到理性思考的层面，从而在日常生活中学以致用，调控情绪，提升情绪管理的能力。

二、协同教学设计：紧扣设计议题，创设多样化的学习情境

（一）亮点

（1）情节素材围绕主题，情境活动贴近生活。议题式教学积极倡导自主性学习、合作性学习、探究性学习，强调教学要从学生的生活出发，将知识与生活密切联系，引导和启发学生独立思考。因此，应在教学中本着在活动中体验、在体验中感悟、在感悟中成长的理念，围绕教学主题，创设活动情境，鼓励学生积极参与，让学生真正成为课堂的主人。在学法上本着把课堂交给学生的理念，采用情境体验、案例探究、角色扮演等探究式学习方式，寓活动于教学之中，把教学和活动融合起来，在活动中学习，在学习中活动，凸显议题式教学理念。

（2）教学情境活动的开展坚持以学生为本的原则，发挥了受教育者的主体性。在活动中教学，在教学中活动，培养学生主动参与课堂的意识和能力，激发学生自主探究知识的主动性和积极性。在课堂教学中采用以学生学为主，老师组织和帮助为辅的情境式、议题式教学模式。通过创设情境、再现情境、扩展情境，使学生主动参与活动，在活动中认识自我、调试自我、展示自我，在活动参与中获取和吸收知识。

（二）不足

（1）教学活动情境和课堂问题设计的预设大于生成，学生课前的调查内容有限，依然有“戴着镣铐跳舞”的痕迹，需要教师进行有效的任务驱动。教学情境中的素材设置精当、生活性强，课堂活动形式多样，但教学环节的推进和课堂问题设计的预设性突出，如果能考虑更多的生生互学、师生互学，将更能体现以学习为中心的教学理念，彰显更生动、更生成的课堂。这对教师的教学资源挖掘能力、课堂驾驭能力、教学机智要求很高，将是我们在以后的教学中要不断去打磨的地方。

（2）情境素材内容的影响力未能延伸到学生的课后生活，易出现激情褪去，“道理都懂，行为如旧”的现象，教师须有更为长远的考量。闭环式的设计让课堂的“激情—明理—导行”局限于课堂之中，缺乏对课后延伸的考虑。

三、整体教学设计：感受情绪魅力，做情绪的主人

（一）教材与学情

1. 内容分析

（1）本课地位。本课内容是《道德与法治》七年级下册第二单元“做情绪情感的主人”的第一节。以青春时光和青春生命成长为主题，依据学生青春期情绪的特点，

聚焦学生在成长过程中所遇到的相关生活事件及困惑，帮助学生了解情绪的多样性、影响情绪的因素及情绪对个人的影响。同时结合学生青春期的特点，帮助学生掌握调控情绪的方法和技能。

（2）本课内容。

第一篇“情绪面面观”，引导学生认识情绪的含义及人类情绪的多样性，知道喜、怒、哀、惧是情绪的四种基本类型；理解情绪对个人行为和生活的影响和作用，包括情绪的积极作用和消极作用。

第二篇“情绪的青春色调”，引导学生理解青春期的情绪特点，学会激发正面的情绪感受，并学会积极面对负面情绪，让生活更加绚烂多彩。

第三篇“正确面对青春的情绪”，引导学生创造正面情感体验，传递情感正能量，逐渐学会关爱他人，热爱生活。

2. 学情分析

（1）学生心智特征分析。本节课授课对象是七年级学生，教学设计以中学生的心理特征为基点。随着年龄的增长，初中生的抽象思维能力不断增强，自我意识、独立意识也明显增强，处于既依赖又独立、既认同又批判的心理矛盾期。情绪不稳定、思维敏感、遇事冲动等是青春期学生的情绪特点。因此，加强心理健康教育，让他们认识情绪的本质，学会调节和控制情绪非常重要。

（2）学生已有知识经验分析。本课为七年级下册第二单元“做情绪情感的主人”的开篇内容，属于“情绪情感”的起始部分。通过前面第一单元的学习，学生已经对青春时光有了一个较为全面的认识，这为本课学习打下了一定的基础。伴随着生活经验的不断扩展，学生的情感情绪体验也愈加丰富，更应引导学生正确面对情绪，传递情绪正能量，在学习中成长，在成长中收获。

3. 教学目标与重难点

（1）教学目标。了解情绪的类型及情绪的特点；懂得情绪产生和变化的原因；了解不同情绪所带来的不同结果；认识和把握情绪的多样性；体验情绪的多样性、复杂性，提高青春期情绪的自我觉察和自我调控能力；学会激发正面情绪感受，积极追求美好生活。

（2）教学重难点。

教学重点　了解情绪类型和特点，正确认识自己的情绪。

教学难点　了解情绪产生和变化的原因，积极面对自己的情绪。

（二）路线与结构

1. 教学路线

本课采用议学任务引领的情境议题式教学方法，由议题、情境、活动、知识四个要素构成了以下四条线。

议题线　确定本节课总议题为“如何正确面对青春的情绪”，由“情绪体验—揭开情绪面纱—做好情绪管理—品出情感韵味”四个环节组成，使议学贯穿教学始终。

情境线　情绪体验游戏—情绪角色扮演—案例探究与分析—制作“青春的调色板”。

活动线　体验、互动—交流、讨论—探究、思考—总结、发言。

知识线　情绪体验—情绪面面观（情绪的复杂性、多样性）—情绪的青春色调（情绪的双重作用）—正确面对青春的情绪（做情绪的主人）。

2. 教学结构（图1）

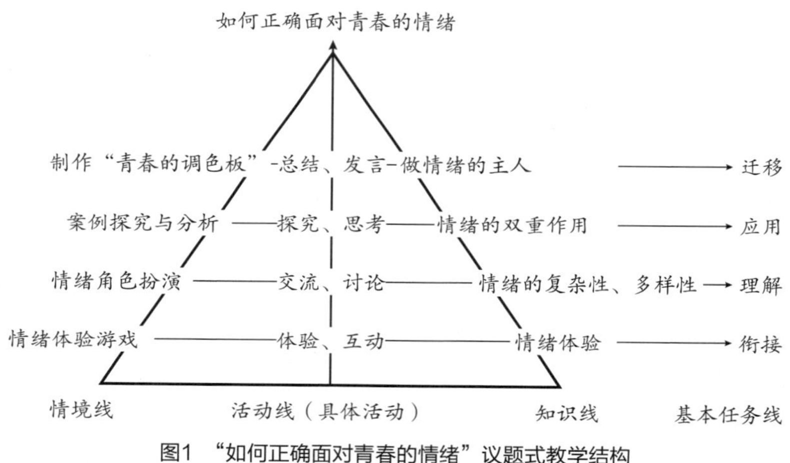

图1　“如何正确面对青春的情绪”议题式教学结构

（三）过程与意图

总议题　如何正确面对青春的情绪

课前暖场　情绪体验游戏。

游戏规则　每个人伸出左手食指抵住左边人的右手掌，同时伸出右手掌抵住右边人的左手食指。当听到“开始”时，立即抓住右边的人，同时防止左手指被别人抓。

学习任务　讲一讲准备状态时的感受、被抓时的感受、没有抓住对方手指时的感受、抓住对方手指时的感受。

答案提示　大家刚才提到的，诸如高兴、紧张、惊喜的感受就是情绪，每个人都有情绪，情绪是人心理活动的重要表现，也是了解别人心理活动的窗口。情绪活动无处不在，无时不在，进入青春期，我们的情绪有着怎样的变化和特点呢？让我们一起走进青春的情绪。

设计意图　创设互动情境，开展情绪体验活动，开门见山导入议题。

篇章一：情绪面面观

教学情境　情绪探究活动：设置5组情绪情境。

学习任务　在下面5组情境中，你会有怎样的情绪感受？①明天我和家人要去野外郊游。②过生日收到好朋友的礼物。③提醒同学别喝生水，遭到同学的白眼。④下课铃响了，老师还在拖堂。⑤父母临时有事，留我一个人在家。

答案提示　人的情绪是复杂多样的，除了常见的喜怒哀惧等基本情绪，还有害羞、焦虑、厌恶等复杂情绪。各种各样的情绪丰富了我们的生活。

设计意图　结合日常生活，理解情绪的表现，使学生在真切感受到情绪多样性、复杂性的基础上思考：为什么青春期的情绪多变呢？情绪对我们有什么样的作用？从而进入篇章二“情绪的青春色调”的学习。

篇章二：情绪的青春色调

教学情境1　角色扮演活动。

陈玲和芳芳是好朋友。一天上学路上，陈玲看到了芳芳，就热情地喊她。芳芳却骑着车从她身边飞驰而过。陈玲心里有些不悦。进了教室，正赶上数学课代表发作业本。芳芳冲着刚进教室的陈玲说：“你怎么错这么多啊。”陈玲一下子爆发了：“你炫耀什么呀！故意找碴儿是吧？”这一幕恰巧被班主任看到，她批评道：“陈玲，你怎么对同学大喊大叫？”陈玲暴跳如雷地大叫：“我怎么这么倒霉呀！”同桌之间扮演陈玲和芳芳。思考如下问题：

学习任务1　①陈玲为什么会有这些情绪变化？②陈玲的这些情绪表现体现了青春期情绪的什么特点？

答案提示1　情绪是一种复合的心理状态，包括内在体验、外显表情和生理反应三种成分。我们的情绪会受多方面因素影响，例如，个人的生理周期、对某件事情的预期、周围的舆论氛围、自然环境等。

与一般时期的情绪相比较，青春期的情绪主要有反应激烈、波动大、固执、细腻、闭锁性和表现性等特点，这些情绪特点带给了我们不同的感受，我们要学会正确对待青春期的情绪。

设计意图1　通过角色扮演，发挥学生主体性，给予学生更为直观的感受，激发学生的学习热情，使学生身临其境地感受青春期情绪变化的多样性、细腻性、冲动性、爆发性。

教学情境2　案例探究与分析。

情境1：默默在一次考试中，把本是强项的数学考砸了，试卷发下来后，他冷静地分析自己出错的原因。没等老师讲评，他就自己改正了错题并写在了本子上。之后的几天，他吃得好、睡得香，精力充沛，学习劲头儿很足。

情境2：语文考试时，聪聪因紧张导致许多原本会做的题目做不出来，一怒之下，把试卷撕了，哭着离开考场。之后的几天，他吃不下饭、睡不着觉，精神恍惚，生病了。

学习任务2　对比上述情境，说说他们面对考试的情绪有什么不同？情绪对我们有什么作用？

答案提示2　①情绪会影响我们的观念和行动，或激励我们克服困难、努力向上，或让我们因为某个小小挫败而止步不前。默默面对考试失利，选择冷静面对，找原因，结果精力充沛，干劲十足。而聪聪则是很紧张且非常冲动，最后精神恍惚，生病了。②情绪具有双重作用：积极情绪可激励我们克服困难，努力向上；而消极情绪可能让我们因某个挫败而止步不前。

设计意图2　在这一环节，从学生实际情况出发，将学生的情感体验和案例探究相结合，既符合学生的认知特点，也可以让学生在探究和思考中拓展思维，提高学习能力，对情绪有更为深刻的体验，为学习知识点“如何正确面对青春的情绪”做好铺垫。

篇章三：正确面对青春的情绪

教学情境1　案例分析，交流探究。

情境1：《儒林外史》中的范进，多年考不中举人，直到50多岁时，终于听到自己金榜提名的喜讯，“喜极而疯”。

情境2：战国时期的孙膑被砍去双脚后，怒而发奋，写出《孙膑兵法》。

学习任务1　试结合以上案例思考：情绪有没有好坏之分？我们要如何正确面对青春期的情绪？

答案提示1　①要主动了解自己的情绪，学会用恰当的方式表达。正确对待青春期情绪，善于激发正面情绪，利用情绪积极面，克服情绪消极面。②掌握调节情绪的合理方法。

学习任务2　你还知道哪些因情绪影响个人心态、生活态度、智力发挥或身体健康的例子？

材料1：一天，德国著名化学家奥斯特瓦尔德牙病发作，使他的情绪很差。他拿起一份稿件，粗看了一下就扔到废纸篓里。几天后，他牙疼好了，情绪也好了，那篇论文又在他脑海闪现。他捡来重读，发现很有价值。经他推荐，此文轰动学术界，该作者后来获得了诺贝尔奖。

材料2：7年前，“雷锋家乡小雷锋”事迹传遍全国。“小英雄”“全国道德模范”“最美中学生”周美玲为救3岁小男孩被渣土车撞上左小腿，经紧急抢救和5次手术，周美玲的左腿才终于保住。“我不后悔，因为我救了一条命！”“想当一名老师，将雷锋精神更好地传承”，这是周美玲的人生理想。2022年高考，周美玲被顺利录取到湖南科技大学马克思主义学院的思想政治教育专业。对于即将开始的大学生活，她说：“进入大学后，我一定要好好学习，让自己变得更优秀、更强大，有更大能力回报社会。”谈及未来，她说：“我选择的是思想政治教育专业。我想当一名教师，教育更多的学生，将雷锋精神更好地传承。”

答案提示2　情绪影响人的智力发挥；情绪影响人的心态，长期的、稳定的、理性的情绪有助于塑造崇高的道德品质。

教师总结　积极情绪像太阳，照到哪里哪里亮。我们应学会正确看待青春期的情绪特点，努力激发正面的情绪，学会合理地调节情绪，尽量利用情绪的积极面，克服情绪的消极面，让情绪为我们服务，做情绪情感的主人。生活就像一面镜子，你对它哭，它对你哭；你对它笑，它也对你笑。希望同学们带着快乐的情绪去学习和生活。

设计意图　从学生实际情况出发，结合生活中的道德模范案例，让学生对情绪有更为深刻的体验，引导学生在具体案例探究中开拓思维，提高学习能力，达到学以致用的教学效果。

四、反思教学过程：在情境中探索，品出情绪的韵味

（一）亮点与价值

（1）教学设计层次分明，推动学生思维螺旋式上升。教师设计安排的课前互动游戏、情绪角色扮演、案例探究与分析及师生共同总结归纳，每一个环节都相互衔接、层层递进，让学生循序渐进地体会情绪的奥秘，品出情绪的韵味。

（2）教学过程遵循情境化路线，培育学生的政治认同素养。本节课的教学素材有

课前自主预习议学单、案例素材、音频、视频等，这些都是源于学生生活、基于学生认知、衷于弘扬正能量的选材，具有感染力和说服力。在道德与法治课中，教师精选的素材能引导学生明理，让学生将情感、道理外化为自觉践行。

（3）基于真实学情的议题设计，彰显思政育人特色。“经师易求，人师难得。”教师承载着传播知识、传播思想、传播真理，塑造灵魂、塑造生命、塑造新人的时代重任。思政课教师，要给学生心灵埋下真善美的种子，引导学生扣好人生第一粒扣子。师生的和谐互动，凭借的是教师亲和力满满的教态和精准的设问，而这些都指向一个目标——尊重学生，以学生为本。正如习近平总书记所指出的：“思想政治理论课要坚持在改进中加强，提升思想政治教育亲和力和针对性，满足学生成长发展需求和期待。”[2]

（二）问题与对策

（1）从教学安排来看，课前准备不是很充分。课堂讨论应先让学生各抒己见，然后再回归课本，教学内容在这一部分处理得稍显简单。对教学材料及课本内容的延伸不够深入。学生回顾知识环节耗时较多，以至于学生进行当堂测验的时间不足。应提前让学生做好预习工作，为课堂探究学习奠定基础。

（2）《关于新时代加强和改进思想政治工作的意见》指出：“要推动新时代思想政治工作守正创新发展……切实加强人文关怀和心理疏导。”[3] 从教学重难点突破来看，对于这节课难点的分析还欠深入，在讲完消极情绪的后果之后，应再启发引导学生学会合理表达情绪。例如，在设置关于默默的问题情境时，设计意图是让学生独立思考，使学生了解青春期负面情绪的消极作用。教师应在此基础上拓展、升华教学主题，引导学生认识到负面情绪不能一竿子打倒，绝大多数让我们低落的负面情绪，只需要转念思考，就可以挖掘出其中积极正面的意义。对此，要引导学生积极思考，正视负面情绪，将负面情绪转化为成长的助力。

参考文献

[1] 中华人民共和国教育部．义务教育道德与法治课程标准（2022年版）[M]. 北京：北京师范大学出版社，2022.

[2] 习近平在全国高校思想政治工作会议上强调：把思想政治工作贯穿教育教学全过程　开创我国高等教育事业发展新局面 [N]. 人民日报，2016-12-09（1）.

[3] 关于新时代加强和改进思想政治工作的意见 [N]. 人民日报，2021-07-13（1）.

“我们应该怎样慎重结交网友”议题式教学叙事

——基于“网上交友新时空”一课

卢学农[①] 李朝阳[②]

一、形成教学思路：创设某同学网上交友的真实情境，关注学生的认知盲点和不当做法

回看本节课教学内容，对应《义务教育道德与法治课程标准（2022年版）》（以下简称《课程标准》）的要求，即引导学生“遵守基本的社交礼仪，理性维护社会公德，理解诚信是做人的基本要求，做到言行一致、团结同学、宽容友爱。”[1]“以‘社会中的我’为议题，通过角色扮演和讨论等方式，理解社会上的角色，以及各种角色之间的相互关系，认识‘人是社会关系的总和’，在与他人的交往中认识自我，正确理解个人与集体、社会和国家的关系”，是《课程标准》教学建议中与本节课内容相关联的一个参考议题。在备课时，笔者发现“我们应该怎样慎重结交网友”是一个值得讨论的议题，可以据此进一步探究“网上交友的特点及带来的影响”。因此，我们在教学中设置了三个教学篇章。

根据《课程标准》教学建议和教材内容，制定本节课的学习目标。通过分析孟小美的交友日记，引导学生辩证看待网上交友带来的影响并分析网上交友的特点，明白互联网只是交友的一个平台；通过分析孟小美聊天记录中的问题，引导学生学会慎重对待虚拟世界中的交友，不沉迷于虚拟世界，学会在现实世界中与他人交往；通过制作网上交友安全手册，引导学生懂得如何慎重结交网友。根据《课程标准》，结合教材，确定本节课中心议题：我们应该怎样慎重结交网友。

“网上交友新时空”这节课主要阐述网上交友的影响、网上交友的特点、学会慎重结交网友。网络开启了我们交友的新时空，网上交友成为学生交友的重要方式。这节课从教材内容上来看，主要有“网上交友”和“慎重结交网友”这两部分，梳理教

---

① 卢学农（1971—），男，湖南科技大学学科教学（思政）教育硕士实践导师，湘潭市湘钢一中教育集团政治教师。

② 李朝阳（1996—），女，湘潭市湘钢一中教育集团政治教师。

材知识结构，找到本节课的知识逻辑，将教材必备知识归纳整合为“为什么—怎么做”的知识结构，从整体上把握本节课的知识框架。让学生通过本课的学习学会用恰当的方式与同龄人交往，建立同学间的真诚友谊。同时，随着互联网的发展与普及，我们也需要合理利用网络交往空间。

本节课内容与学生的日常生活密切相关。习近平总书记指出，年轻人几乎是无人不网、无日不网、无处不网，谁赢得了互联网，谁就赢得青年。[2] 现在的中学生都是“00后”，都是网络“原住民”，网络已成为部分学生交友的重要平台。老师和家长作为成年人，常常反对学生在网上与陌生人交往，但是缺乏正确引导，简单粗暴的说教往往导致学生的反感，甚至对抗。如何让学生辩证地看待网上交友行为呢？备课时，看到有关网络诈骗的相关新闻，恰巧了解到身边学生就有发生过类似事件，这一情境与学生的生活紧密相关，能充分运用学生已有经验，真切引发学生思考。如何让学生在“有意思”的教学情境和教学活动中感受到“有意义”呢？这就需要在课前进行精心的教学设计。由此，笔者初步构想了以下教学篇章。

篇章一：通过出示“龙啸九天”的微信头像，介绍“龙啸九天”的个人信息，利用主人公孟小美的聊天记录了解两人之间发生的故事，引导学生分析网上交友的影响，帮助大家辩证看待网上交友，进而分析出网上交友的特点。

篇章二：展示孟小美与网友的聊天记录，学生通过分析聊天记录中的问题，明白网上交往会有很强的负效应，从而引导学生注意网上交友需要增强自我保护意识，提高判断能力和处理问题的能力。

篇章三：通过揭露网友的真面目及播放民警同志对学生说的话，小组探究得出网上交友安全手册，总结出切实可行的方法，帮助学生增长交友的智慧。

本节课以身边的“同学”孟小美与网友的交往经历为议题主线，情境素材丰富，学生活动形式多样，问题任务层层深入，让学生在情境中学会辩证看待网上交友，并通过身边朋友的“不幸”遭遇懂得应该如何利用互联网这一新的媒介安全地结交朋友。

二、整体教学设计：基于生活化的真实案例，深度探究网上交友的理性选择

（一）教材与学情

1. 内容分析

（1）本课地位。本单元以“朋友和友谊”为核心，从现实生活、网络生活等视角来阐明友谊的重要性、友谊中的误区、怎样建立和呵护友谊等内容。本课是第二单元“友谊的天空”的结尾，对学生正确认识与他人的关系、与他人进行有效的交流和沟通

起总结的作用。

（2）本课内容。本框内容“网上交友新时空”，阐述了“慎重结交网友”的道理；通过本节课的学习，学生认识到网上交友的利与弊，以及网上交友过程中应该注意的问题；倡导在现实中与同伴交往，增加真实而贴近的感受，为友谊奠定可靠的基础。

2. 学情分析

七年级学生正处于人生观、价值观“拔节孕穗”的形成时期。他们已具备一定的认知能力，对身边的事物也比较关心。随着互联网的发展与普及，中学生面临着一个重要的问题，就是如何对待虚拟世界中的交往。有些中学生在现实生活中或缺少关爱，或缺少朋友，或缺少成就感，生活对他们而言或失意或烦恼，于是到网络上寻找寄托或慰藉。而现阶段的学生在看待事物、分析问题、判断事物等方面容易停留浅表，走向极端；缺少辩证分析问题的能力，需要正确价值观的引导。

3. 教学目标与重难点

（1）教学目标。通过分析孟小美的交友日记，能够辩证认识网上交友带来的影响，明白互联网只是一个交友的平台，学会运用互联网络交朋友；通过分析孟小美聊天记录中的问题，学会慎重对待虚拟世界中的交友，不沉迷于虚拟世界，学会在现实世界中与同伴交往；通过制作网上交友安全手册，懂得如何慎重结交网友。

（2）教学重难点。

教学重点　网上交友的注意事项。

教学难点　网上交友的利与弊。

（二）路线与结构

1. 教学路线

本课采用了议学任务引领的情境议题式教学方法，议题、情境、活动、知识四个要素构成了以下四条线。

议题线　由总议题“我们应该怎样慎重结交网友”引领以下情境问题串：结合孟小美的交友日记谈谈网络交友有何影响—针对孟小美面临的困境，大家可以从聊天记录中发现哪些问题—请同学们制作一份网上交友安全手册。

情境线　介绍网友“龙啸九天”的个人信息—展示主人公孟小美的两篇日记—查看孟小美与网友“龙啸九天”的聊天记录—揭露网友“龙啸九天”的真面目—播放民警同志的话—《网上交友智慧歌》。

活动线　分享—游戏—讨论、探究—齐读。

知识线　网上交友的利与弊—怎样慎重结交网友。

2. 教学结构（图1）

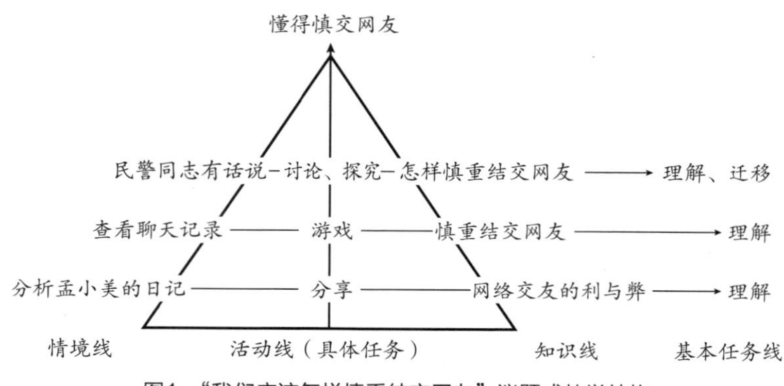

图1　“我们应该怎样慎重结交网友”议题式教学结构

（三）过程与意图

总议题　我们应该怎样慎重结交网友

课前暖场　介绍“龙啸九天”的个人信息。

课前我们出示了网友“龙啸九天”的微信头像并介绍了相关信息。透露“龙啸九天”是我们身边同学新认识的网友，这节课我们将通过主人公孟小美和这位网友相识相交的过程走进第五课第二框“网上交友新时空”。

设计意图　创设情境，激发学生兴趣，开门见山引出课题。

教学情境1　展示孟小美的交友日记。

学习任务1　结合孟小美的交友日记谈谈网络交友有何影响。

师：为了让我们更好地了解他们之间发生的故事，孟小美给我们分享了她的两篇日记，请你结合孟小美的日记，思考网上交友对孟小美产生了哪些影响？

设计意图1　通过身边同龄人的经历，引导学生思考其中的影响，进而得出网络交友的利弊，懂得应该正确利用互联网，把目光更多地放在现实生活中。

答案提示1　积极影响：①分享自己的喜怒哀乐，获得陪伴；②拓展朋友圈，结交新伙伴；③超越时空限制，结交五湖四海、各个领域的朋友；④找到许多志同道合的朋友，发展与培养自己的兴趣。

消极影响：①沉浸网络，忽略了现实生活中的朋友，关闭了与他人沟通的心灵之门；②带有很多不确定性，影响交友的信任感；③不一定真实可靠，存在安全隐患。

教学情境2　展示孟小美和网友“龙啸九天”的聊天记录。

学习任务2　游戏——大家来“找茬”：针对孟小美的困境，大家从聊天记录中发现有哪些问题？

师：孟小美将钱转给“龙啸九天”的事情被妈妈发现了，妈妈大发雷霆，狠狠地批评了孟小美，为了调查事情真相，她们一起查看了聊天记录。针对孟小美的困境，我们可以从聊天记录中发现哪些问题？请大家仔细观察，看看谁找的既准确又全面。我们将通过一个小游戏来检验。

设计意图2　通过寻找聊天记录的问题，引导学生思考，进而学习如何正确地结交网友；设置小游戏增加课堂的趣味性，激发学生的探索欲。

答案提示2　凌晨还在聊天、玩游戏，影响了学习；因为网友发生了亲子冲突，影响了生活；网友见面有风险；随意透露个人信息；轻易转账给网友；网友的行为属于网络诈骗，违反了法律法规。

学习任务3　揭露网友真面目。

由于孟小美遭遇了网络诈骗，妈妈采取了报警的方式，最终在警方的努力下“龙啸九天”被抓获，并揭露其真实身份。据了解，该男子并不是高中生，也不是云南人，他伪造个人信息，已导致十余人上当受骗，共骗取财物20万余元。这是一场有组织、有预谋的网络诈骗，也被称为“杀猪盘”。

学习任务4　小组探究：请同学们制作一份网上交友安全手册。

师：为了让更多的同学学会慎重结交网友，请同学们协助民警，共同制作一份网上交友安全手册。小组合作，时间为三分钟。（播放民警叔叔的话）

答案提示4　①网上交友，要学会理性辨别、慎重选择；②在虚拟世界中交往，要有自我保护意识；③将网上的朋友转化为现实中的朋友，需要慎重；④学会在现实中与同伴交往。

设计意图4　制作网上交友安全手册，既检验学生是否真的从孟小美的经历中吸取了教训，又使学生学会如何慎重结交网友。

学习任务5　师生齐读《网上交友智慧歌》。

网上交友有利弊，你我都要请注意。理性辨别识网友，自我保护最重要。

隐私信息要保密，遇到问题要求助。网上朋友慎转化，遵纪守法是底线。

诚信友善交朋友，真实可靠更精彩。

三、反思教学过程：在情境中探索，在议题中成长

（一）亮点与价值

1. 寻找生活中的真实案例，挖掘学科育人价值

习近平总书记指出，思想政治工作决不是单纯一条线的工作，而应该是全方位的，无处不在、无时不在的，融入式、嵌入式、渗入式的，不能搞成“两张皮”。利用真实案例进行融入式、嵌入式、渗入式的教育是行之有效的方法。整节课能准确把握教材内容，充分挖掘和利用教材文本内容的育人价值，引导学生对案例展开讨论，激发学生学习兴趣，让学生迅速产生代入感，有话可说、有话想说。随着互联网的发展与普及，在网上结交朋友已成为中学生的生活常态，本课关注到了学生成长中的真实困惑，从学生的实际情况出发，从学生生活取景，编撰教学案例，帮助学生解决交友的实际问题。因此，本课在进行了较深入的学情分析后，以一例贯通的方式，设计了以案例讨论为主要形式的教学活动，并结合现实问题，引导学生逐一分析和解决，教学过程流畅，教学效果较好。

2. 注重行为的内化与落实，培养学科核心素养

道德与法治学科的教学形式不应单单停留在案例分析上，更应强调实践，也就是让学生参与到社会实践中，将教学融入实践并延伸到课堂外。这样不仅能让学生更好地掌握文本知识，还能将理论外化为行为，逐渐形成正确的人生观和价值观。在本课中，笔者将教学环节设计为“以介绍主人公为导入—分析主人公的日记—展示两人的聊天记录找问题—小组合作制作网上交友安全手册”，除了通过课堂活动让学生学习书本知识，还注重发挥学生的主体作用，总结课堂所得，归纳出正确运用互联网进行交友的“小法则”。

3. 设计师生平等的教学活动，不断深化学生思维

在本课例的教学过程中，笔者组织了一系列师生、生生平等的有效课堂讨论活动，通过一系列由浅入深的问题，形成思维梯度的问题链，引发学生思考。通过小组合作学习，探讨问题，帮助学生解决真实矛盾，让学生真正能学有所感、学有所悟、学有所得。在讨论过程中，教师充分尊重学生的思维发展，允许学生发表不同看法，鼓励学生进行独立思考，善于引导学生分析，着重培养学生的合作意识和探究意识，提高学生的倾听能力和思辨能力，激发学生的学习动机。

（二）问题与对策

在教学实践过程中也存在一些问题，例如，课堂时间安排不够合理，因本节课需要拓展的内容较多，还须进一步整合素材，优化教学设计。

参考文献

[1] 中华人民共和国教育部．义务教育道德与法治课程标准（2022年版）[M]. 北京：北京师范大学出版社，2022.

[2] 本书编写组．习近平总书记教育重要论述讲义 [M]. 北京：高等教育出版社，2020.

“如何妥善处理个人与集体的关系”议题式教学叙事

——基于“单声与和声”一课

管桂翠[①]　胡翊翔[②]

一、形成教学思路：围绕《课程标准》，把握教学主线

（一）根据教材和课标，确定议题和目标

本课是《道德与法治》七年级下册第三单元第七课“共奏和谐乐章”的第一框。在《义务教育道德与法治课程标准（2022年版）》（以下简称《课程标准》）中，本课具体对应的内容是“正确认识个人和集体的关系，主动参与班级和学校活动；有团队意识和集体荣誉感，感受学校生活的幸福，体会团结的力量”。本单元聚焦“集体”一词，重点辨析个人意愿与集体规则的关系，寻求两者之间的平衡。根据教材内容和《课程标准》要求，本课的总议题确定为“如何妥善处理个人与集体的关系”。学习目标是让学生以课内知识为基础，体验不同角色的真实情感，在选择冲突中进行深入思考与探究，逐渐体会个人意愿与集体规则、个人利益与集体利益之间的关系，在日常生活中能正确处理与他人的关系，树立正确的合作与竞争观念，具有团队意识和互助精神。

（二）教材知识理论内涵探究

个人与集体、个人与社会是人类社会关系中的重要内容。在概念辨析中要把握好个人与集体的辩证关系，如果过分强调个人的价值和利益，单纯强调个人的尊严和权利，淡化集体利益，就会走向极端个人主义，不利于个人和集体的发展；若过分强调集体利益，要求个人无条件地牺牲，也将导致集体丧失服务的具体对象，进而演化成少数人打着集体的幌子谋私利，造成不公平的现象，最终不仅损害个人利益，也将损害集体利益。在本课教学中，应着重教导学生把握好个人与集体的平衡，既要重视个人对于集体、社会、国家的奉献，也要看到国家、社会、集体对于个人的关怀和保护，正确处理个人与集体的关系，弘扬集体主义价值观。

---

① 管桂翠（1986—），女，湖南科技大学马克思主义学院讲师，硕士生导师。

② 胡翊翔（1997—），男，湖南科技大学2021级学科教学（思政）专业硕士研究生。

二、协同教学设计：扩宽教学思维，优化教学情境

在教学环节设计上，构建出整体的教学流程和教学模块，实现教学内容的层层递进。在情境选择上，坚持理论性与实践性相统一的原则，将“思政小课堂”与“社会大课堂”相结合作为切入点，并选取“生态文明建设”这个主题进行情境设计。

生态文明建设人人有责，推动绿色发展，建设美丽中国，需要每一个人的共同努力。习近平总书记指出：“生态文明是人民群众共同参与共同建设共同享有的事业，要把建设美丽中国转化为全体人民自觉行动。每个人都是生态环境的保护者、建设者、受益者，没有哪个人是旁观者、局外人、批评家，谁也不能只说不做、置身事外。”[1]学校教育要加强培育中学生的生态文明意识，而思政课则是完成这一任务的关键课程。教师作为实现中华民族伟大复兴的追梦者、社会主义现代化强国的建设者，引导初中生从小树立社会主义集体价值观具有重要意义。初中“道德与法治”课应深入挖掘生态教育、绿色消费、环境保护等内容，对初中生进行环保教育和人类命运共同体教育，在初中生内心种下集体主义的种子，使之自觉将集体主义价值观内化于心、外化于行，把建设美丽中国化为自觉行动。基于以上几点思考，笔者最终选择了从生态文明这个与全人类息息相关的大主题出发，设计了如下教学情境：

篇章一：选用盗伐者的个人利益与人类生态财产的总利益作为矛盾点，引起学生思考和讨论：“当个人意愿与集体规则冲突时，我们该如何取舍？”。提高学生在两难情境下的判断能力，让其认识到当个人意愿与集体规则冲突时要学会顾全大局，把集体利益和个人利益紧密地结合起来，促进集体与个人的共同发展。

篇章二：承接盗伐者的情境，引用建林者舍己为人、无私奉献为集体护林种树的感人故事，在点燃学生情绪的同时，引导学生思考个人利益与集体利益之间的关系，让其认识到个人利益与集体利益本质上是一致的，个人要以集体利益为最高点，集体要以个人利益为出发点，在辩证统一中不断向前发展。

篇章三：通过角色互换，把思考的关键点直指个人，引出子议题“怎么维护整个集体？”。让学生认识到创建美好集体需要遵守规则，对于集体中不和谐的声音和不合理的行为，我们要以恰当的方式来表达自己的意见，积极提出改进建议。

篇章四：布置课后思考题，回顾课内知识，知道集体的“大乐章”中有很多不同的旋律，当面对不同的意见和矛盾时，要学会冷静处理与其他人的关系，慎重选择处理的方式，不要因个人冲突做出损害集体利益的事。

三、整体教学设计：参与议题商议，树立集体主义观念

（一）教材与学情

1. 内容分析

（1）本课地位。在学习了“集体生活邀请我”“集体生活成就我”之后，本框对“集体”概念进一步深化，明确了个人与集体的关系，同时运用类比的手法，将个人比作单声，将集体比作和声。由此进一步引申出个人与社会、个人与国家同属一个利益共同体的概念，促进学生的道德修养、健全人格和责任意识等学科核心素养的培养。[2]

（2）课本内容。本课设有两目，第一目“个人意愿与集体规则”让学生根据自己的生活经验填写遵守集体规则的例子，进而引导学生反思“如果不遵守规则，会给集体和个人带来哪些影响”，得出个人与集体的冲突并不是完全对立的结论，反思个人意愿的合理性和可能性，学会探寻矛盾冲突的平衡点，找到个人与集体的共同点。第二目“让和声更美”通过“相关链接”模块阐述了“集体主义”的概念，深化了个人利益与集体利益的关系，通过“探究与分享”模块和“拓展空间”模块让学生进行角色换位，帮助学生探寻解决集体与个人、集体内部成员之间矛盾的方法，思考自己作为集体的一员，该如何贡献自己的力量，创建更美集体。

2. 学情分析

（1）学生心智水平。七年级的学生正处于心智和身体发育的重要时期，也正处于人生观、价值观、世界观形成的关键时期。这个年龄段的中学生刚进入青春期或叛逆期，在日常生活中会表现出较强的独立意识，既有幼稚的一面，也有成熟的一面；既有独立性，也有依赖性。在处理个人与集体问题时容易产生冲突，难以准确把握与他人的关系。

（2）学生知识经验。在本课教学中，课本内容与社会生活、家庭生活及个人生活联系紧密，并且已有前两框关于“集体”概念的铺垫，学生对于集体已有一定的认知。结合学生已有生活经验来设置生活化的情境，可以有效地降低学生理解课程内容的难度。

3. 教学目标与重难点

（1）教学目标。本课“单声与和声”直指学生的道德修养、健全人格和责任意识三个核心素养，在课程设计与课堂教学中更适合采用社会中的真实情境，让学生以课内知识为基础来体验不同角色的真实情感，在选择冲突中进行深入思考与探究，逐渐体会到个人意愿与集体规则、个人利益与集体利益之间的关系，学会在日常生活中正确处理自身与他人之间的矛盾，培养集体情感，增强共同体意识。

（2）教学重难点。

教学重点　个人与集体的关系辨析。

教学难点　如何妥善处理与他人的关系。

（二）教学路线与教学结构

1. 教学路线

本课采用的教学方法为议题式教学法，以议题作为中枢，以情境作为载体，以活动作为路径，以任务作为目标。

议题线　以“如何妥善处理个人与集体的关系”作为总议题统领全局，并且用“朱某该不该罚？”“塞罕坝林场建设者感动在何处？”“如何为集体贡献自己的力量？”三个子议题组成议题线。

情境线　以“盗伐树木前后不一样的生活”—“感动中国的塞罕坝林场建设者”—“角色换位思考维护集体利益”为主要情境载体。

活动线　以“两难辩论—小组汇报讨论—角色换位、反思献策—撰写标语”为主要活动形式，一步步完成课堂活动教学。

知识线　通过分析情境资料，运用所学知识，结合教师引导，对议题进行解析和论证，实现知识构建和学科核心素养培养，体现出“议中学”的思想。

2. 教学结构（图1）

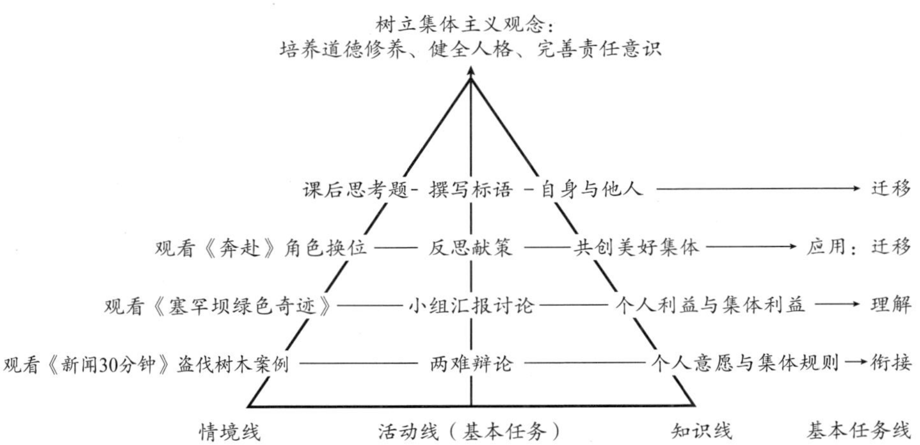

图1　“如何妥善处理个人与集体的关系”议题式教学结构

（三）教学过程与意图

总议题　如何妥善处理个人与集体的关系

课前准备

（1）全班根据座位排列就近分组，提前围绕主题“个体与集体相互依靠和谐共生”进行小组讨论思考并收集资料。

（2）学生自主学习探究，完成小组汇报内容，确定课堂汇报小组代表。

（3）教师在课前审核小组汇报的预习成果。

课前思考题

（1）如果没有集体，个人的生活会是什么样的？

（2）我们为什么要过集体生活？

（3）你心目中的集体是什么样的？

（4）你为集体做过什么？集体为你做过什么？

（5）我们生活的集体中为什么会产生角色冲突？

设计意图　培养学生的团队意识和合作精神，发挥学生的主体性，增强学生对个体与集体的感性认识，锻炼学生分析、概括、总结、归纳、自主思考等思维能力，培养健全人格、提升责任意识等学科核心素养。

篇章一：引入·规则冲突难抉择

教学情境　播放视频：《新闻30分》——“新修订的《森林法》表决通过，国家将严格控制森林年采伐量。”

根据新修订的《森林法》设计情境案例：朱某在生活困难的情况下，盗伐了自家公益林15株天然林木出售，赚得6500元，在发现这个赚钱方法后，又盗伐林木40余棵，赚得数万元，新收入让朱某家里获得了好的生活条件。后来朱某的盗伐行为被警方发现，警方以盗伐林木罪将其抓获，但朱某不理解，认为只是砍伐了自家林木而已，为什么被抓？

子议题　朱某该不该罚？

议学任务　正确处理个人意愿与集体规则之间的矛盾。

议学活动　以辩论方式，引导学生运用辩证思维，深入探讨朱某的个人意愿是否违反了社会规则。

设计意图　以具有争议性的议题作为切入点，激发学生的探究兴趣和讨论欲望，引导学生思考个人意愿与集体规则冲突时该如何取舍，在不同观点和看法中交锋，在“议”中学，逐步理解集体要求的重要性，明白个人利益与集体规则之间要以合理性、合法性为基础来寻找化解矛盾的平衡点。

答案提示　朱某通过砍伐自家树木获得了实际的利益，其行为的确违反了法律法规，破坏了集体规则，破坏了当地的生态环境。在教学时可以从生态环保及相关法律法规的角度，对朱某为什么触犯了法律进行解读。通过摆事实、讲道理，学生了解到公益林的存在是为了保护生态、保存物种资源、改善人类生存环境，是对整个人类集体负责。

篇章二：辩论•寻找利益共同点

子议题　塞罕坝林场建设者感动在何处?

教学情境　播放视频：《塞罕坝的绿色奇迹》。

"高志局四海，万载垂清风。"塞罕坝林场建设者们用三代人的青春，前赴后继、无私奉献，"从一棵树到一片海"，让荒原变得郁郁葱葱；在视频结束后一起学习习近平总书记对此作出的指示："河北塞罕坝林场建设者用实际行动诠释了绿水青山就是金山银山的理念，是推进生态文明建设的一个生动范例。"

教师引导　塞罕坝林场建设者的故事告诉我们，生态文明与我们每个人息息相关，他们用自己的力量为中国的生态环境做出了贡献，每种下一棵小树苗都会让家园变得更好更美。请大家谈谈"塞罕坝林场建设者感动在何处？"。

议学任务　正确看待个人利益与集体利益的关系。

议学活动　以视频展示和学生小组共同商议汇报为主要形式，将建林者为集体利益无私奉献的行为与朱某的行为做对比。

设计意图　通过观看2017年度"感动中国"塞罕坝林场建设者的故事和富有争议性的议题，实现课程内容活动化、活动课程内容化，让学生认识到个人利益与集体利益相互影响、相互促进的关系，认识到建设者们的感动之处是他们为生态环境所做出的伟大贡献，他们是将个人利益与集体利益相融合、相促进的典范。

答案提示　保护生态文明是中华民族永续发展的民生大计。在此情境中，借用林场建设者的光荣事迹与朱某不顾集体生态利益的做法对比，引导学生认识到林场建设者对中国乃至全世界人类生态文明建设的贡献。理解个人与集体的利益关系实际上是相互促进的关系，想要获得个人利益首先要维护集体利益，而更好的集体也会保障个人利益。

篇章三：论证•集体利益共维护

子议题　如何为集体贡献自己的力量?

教学情境　播放视频：《奔赴》——2022年六五环境日主题宣传片

近年来，中国各地大力推进生态文明建设。请同学们思考，作为一名中学生，如果你看见有人践踏花草、乱扔垃圾、危害公共生态环境，你该如何劝解对方（尽量运用本节课所学知识，文明礼貌、有理有据地进行善意提醒）。

教师引导　日常生活中有人扰乱集体秩序，破坏公共卫生。面对这些情况，我们该如何处理？如何说服对方，一同努力共赴美好生活呢？

议学任务　互帮互助，共创美好集体。

议学活动　以辨析为主要形式，探讨如何以个人力量为集体做贡献。

设计意图　“若你是集体利益维护者，你该怎么做？”学生围绕公共环境问题集体献策，以“集体的一员”来激发自己的同理心，提高自己的担当意识和集体意识，反思自己平时该如何融入集体，如何让个人意志与集体意志保持一致，将道德素养入耳入心入脑，内化于心、外化于行，使议题回归课本“让和声更美”，以此完成整体课程教学。

答案提示　在此环节，教师要把握学生的思想动态，引导学生运用课内所学知识来解决问题。在此可采用多个情境，如班级教室、公共花坛、校园操场等，运用多种场景模拟，让学生身临其境，从而强化他们的集体主义意识。

篇章四：梳理·课后思考助巩固

课后思考题

（1）写一写过去自己与身边的人发生争执的往事，结合课堂学习的知识，谈谈如果现在的你“穿越”回去，你该用什么方法处理。

（2）为树立良好的校风班风，请你与小组成员一同设计一则维护共同利益、共创和谐班集体的标语。

设计意图　布置作业让学生在课后进行巩固，将自己所学知识与自身生活实际相结合，使知识与经验有机融合，巩固课堂教学。

答案提示　课后思考题作为课堂外的巩固环节，能帮助学生回顾课堂内容，形成结构化的知识框架。

四、反思教学过程：贯彻大思政观，提升综合素质

（一）亮点与价值

1. 牢记时代重任，实现“以学定教、以教促学”的活动型课堂

习近平总书记在党的二十大报告中指出：“广泛践行社会主义核心价值观，使社会主义核心价值观深入人心，就是要弘扬以伟大建党精神为源头的中国共产党人精神谱

系，用好红色资源，深入开展社会主义核心价值观宣传教育，深化爱国主义、集体主义、社会主义教育，凝聚价值共识，夯实人们践行社会主义核心价值观的思想道德基础。”[3]“道德与法治”课的教学不是单纯让学生掌握知识，而是要将价值导向、实践引导、立德树人、学科育人贯穿整个教学过程，使学生在潜移默化中树立科学的判断能力和价值观念，培育学科核心素养，形成正确的政治认同、良好的道德修养、坚定的法治观念、健全的人格和勇于担当的责任意识，真正改变学生的行为习惯，最终锻炼学生成为高品质的素质人才。

本课选用集体生态文明作为情境载体，通过创设具体、生动、真实的议题，围绕“家庭、社会、个人”三个方面，从尊重学生的角度展开师生双向互动，共同讨论，具有生本性和思辨性，让学生“能说，想说，敢说”，在融洽的师生关系下，展开有挑战性的活动，由浅入深地讲授学科知识，完成教学任务，改变了以往学生被动听课的局面，学生的主体性得到体现，其交流能力、实践能力、合作能力、团队意识都得以提高，综合素质逐步增强。

2. 层层递进，做好初、高中课程的有效衔接

“培养什么人、怎样培养人、为谁培养人”是教育的根本问题。立德树人是高中思想政治课和初中阶段的“道德与法治”课的根本任务。“道德与法治”课作为义务教育的重要课程，承担着培育学生道德品质的重要任务。为了做好与高中思想政治课的有效衔接，缓和初中与高中教学内容与教学方法的差异，帮助学生平稳过渡到高中的学习状态，本课以议题式教学作为桥梁，围绕真实生活，将个人与集体的关系放到个人与生态文明关系的大层面。学生在巧设的议题、真实的情境、有趣的活动、教师的引导中主动思考、共同探究，最终将课本融会贯通，树立集体主义观念。这为高中思想政治课的个人与经济、制度、民族、历史、文化等一系列内容的学习做了铺垫。学生通过本课学习成为一名善于表达自身意见、维护集体利益、遵守集体规则的社会主义合格建设者和可靠接班人。

（二）问题和对策

怎样构建环环相扣的情境，设置有争辩性和思辨性的议题，打造井然有序的活动，这是笔者经常思考的问题。虽然生活中有很多故事值得选用，但需要花费大量时间去筛选、去思考如何将之与课本知识相联系、与学生的生活实际相联系、与教学目标相联系。在本节教学设计中，整体的教学设计有以下两个方面的问题：

1. 情境涵盖不足，缺少连贯性

整体连贯的情境设置有助于调动学生学习兴趣，扩宽学生学习视野，提升学生思维能力。本节课所设情境虽然都与集体生态文明有关，但是“篇章三”中的教学情境与整体情境关联度不大，逻辑联系不强，缺少连贯性。在多次思考后，笔者认为还是应从基础内容着手，将“个人与集体”的共同点和矛盾点作为议题和情境的核心，不断翻阅《课程标准》，以教学提示中的“社会中的我”作为着力点进行思考，一步步缩小情境的选择范围，既要有矛盾冲突，还要与学生的生活相关联，既要教师引导，还要学生自主讨论，将课堂营造成师生互动的舞台，真正发挥议题式教学在提升学生学科核心素养方面的重要作用。

2. 活动形式单一，缺少多样性

在教学过程中采用多种教学活动形式，有助于将教学内容与学生生活实际联系起来，引导学生读懂生活，热爱集体，学会生存，培育学生的学科核心素养。本节课采用了课堂辩论、小组讨论汇报、换位思考等多种课堂活动形式，然而在实际教学过程中，学生的积极性调动不明显，难以达到全员参与、全员提议、全员辩论的理想状态。笔者在多次研读教材、借鉴优秀的教学案例后，认为应不断改进教学活动形式，围绕议题开展小组竞赛、课堂演讲、模拟法庭等多种活动，活跃课堂气氛，让整个课堂变得井然有序而又妙趣横生。

参考文献

[1] 中共中央文献研究室．习近平关于社会主义生态文明建设论述摘编 [M]. 北京：中央文献出版社，2017.

[2] 中华人民共和国教育部．义务教育道德与法治课程标准（2022年版）[M]. 北京：北京师范大学出版社，2022.

[3] 中国共产党第二十次全国代表大会文件汇编 [M]. 北京：人民出版社，2022.

“中学生如何服务社会”议题式教学叙事

——基于“服务社会”一课

梁迎新[①] 罗 娟[②]

一、形成教学思路：以思辨性问题激趣

习近平总书记指出：“要倡导社会文明新风，带头学雷锋，积极参加志愿服务，主动承担社会责任，热诚关爱他人，多做扶贫济困、扶弱助残的实事好事，以实际行动促进社会进步。”[1] 在《义务教育道德与法治课程标准（2022年版）》（以下简称《课程标准》）中本节课对应的内容要求是：“关心社会，知道我国全过程人民民主制度的优越性，了解时政，主动参与社会公益活动和志愿者活动；在团队合作互动中增强合作精神和领导力。”[2] 以“我在社会中成长”为议题，探讨积极参与社会生活对于个人成长的意义，理解社会责任感的重要价值，是《课程标准》教学建议中与本节课内容相关联的一个参考议题。

通读整个单元，本节课“服务社会”可通过国家政策、具体措施、社会现象、榜样人物等教学资源的呈现，重点培养学生的关爱情怀和服务、奉献社会的主人翁意识，懂得在日常生活中主动关爱他人、奉献服务社会，从而增强学生对国家政策的政治认同感，提高学生的公共参与能力。

根据《课程标准》教学建议和教材内容，制定本节课的学习目标。通过了解榜样人物的故事，结合学生自身经历，引导学生明确服务社会的意义，增强学生参与社会公共服务的意识，塑造健全人格；通过分析榜样人物服务社会的经历，引导学生学习榜样身上的科学服务精神，帮助学生增强社会责任感，提升服务社会的能力。通过学习习近平总书记的寄语，了解国家为服务社会所制定的相关政策，采取的一系列措施，增强学生对国家政策、对中国特色社会主义制度的认同感。

根据《课程标准》，结合教材，确定本节课议题：中学生如何服务社会。

本节课从教材内容上来看，主要有“服务社会我成长”和“服务社会我践行”这

① 梁迎新（1975—），女，湖南科技大学学科教学（思政）硕士点实践导师，湘潭县第五中学教师。

② 罗 娟（1992—），女，长沙市北雅中学教师。

两部分，梳理教材知识结构，找到本节课的知识逻辑，将教材知识归纳整合为“为什么—怎么做”的知识结构，从整体上把握本节课的知识框架。

通过第六课内容的学习，学生已明确了责任的重要性，知道在不同的社会角色转换中要分别承担相应的责任，并且乐于成为一个有责任有担当的人。这是本课教学重要的学情基础。如何让学生从感性认识上升至理性认知，这是一个难点，因此，引导学生在实际行动中积极主动地服务和奉献社会成为本课教学的突破点。

备课时，笔者查阅了很多资料，浏览了大量的素材，直到看到当时非常热门的节目——《我是演说家》，听到康瑜的支教故事，便想用到课堂上来，而且这一情境线索与优秀学长刘继的故事相似，也更贴近学生的生活。作为青少年，如何向榜样人物学习，服务和奉献社会呢？江声学校正在开展的“融合合作办学”，旨在帮扶底子薄弱的乡村学校学生，让学生设计活动方案，充分调动学生的积极性和参与感，让教学素材来源于生活且指导生活。由此，我初步构想了以下教学篇章：

篇章一：服务社会我选择。通过观看《娃娃诗》视频，认识歌曲里唱到的一个在菜花地里教孩子们写诗的姐姐——康瑜。了解康瑜的故事，思考：如果你是康瑜，读研或是支教，你会如何选择？为什么？通过制造矛盾冲突点，引起学生思考，激发学生兴趣。

篇章二：服务社会我成长。图文介绍康瑜的选择和支教经历，结合学生自身实际经历，小组交流分享服务社会的意义。认识到服务社会能更好地体现人生价值，促进人的全面发展，培养学生服务社会的意识。

篇章三：服务社会我践行。环节一：图文介绍康瑜和江声学子刘继的支教故事，了解康瑜和刘继在支教中遇到诸多困难时是如何克服的，进一步分小组交流分享，向榜样学习。我们青少年该如何服务社会呢？通过对康瑜、刘继支教经历的分析和探讨，引导学生感受并学习榜样身上的社会责任感与担当精神，从而引导现阶段的中学生通过努力学习科学文化知识、积极参加公益活动、热爱劳动等多种方式服务社会。

环节二：图片呈现习近平总书记寄语、各行各业志愿服务活动、江声学校融合合作办学等，让学生知道国家为服务社会制定了相关政策，采取了一系列措施。国家有号召，国民有行动。让学生充分感受到我们生活中“我为人人，人人为我”的奉献精神，增强学生对国家制度和政策的认同感。

环节三：为配合融合办学，帮扶底子薄弱的乡村学校学生，以小组为单位策划一次与结对班级的“手拉手、共成长”活动。通过引导学生设计班级活动，进一步增强学生服务社会的主人翁意识，提升社会责任感，明确服务社会人人可为的理念。

本节课以支教为议题主线，情境素材丰富，学生活动形式多样，问题任务层层深入，让学生在情境体验中感受国家有号召，国民有行动。让学生充分感受到我们生活中“我为人人，人人为我”的奉献精神，增强学生对国家制度和政策的认同感，明确服务社会人人可为的理念，从而增强社会责任感和使命感。

二、协同教学设计：从结构化任务中明理

本课的教学设计是2020年笔者参加湖南省中小学思政课教师教学基本功展示交流活动时，备课组成员集体精心打磨的一堂课，当时获得了省级一等奖的佳绩。2022年，初中道德与法治新《课程标准》颁布后，重新复盘、审视整个教学设计，备课组基本认为本教学设计有以下突出亮点，同时还对教学设计的改进提出了几点建设性意见和建议。

（一）亮点

（1）在“服务社会”的教学中，情境素材围绕支教这一议题主线，在教学内容中选用了支教青年康瑜的故事作为主情境，选用学生身边的榜样——优秀学长刘继支教的事迹为辅情境，视角由远及近，引导学生感受并学习榜样身上的社会责任感与担当精神，从而引导现阶段的中学生通过努力学习科学文化知识、积极参加公益活动、热爱劳动等多种方式服务社会。

（2）时政、政策、大政方针融入课堂设计。设计中引用习近平总书记寄语，引导学生了解服务社会的内涵，在全民抗疫中，国家有号召、社会各界有参与，感受“我为人人，人人为我”的奉献精神。提升学生服务社会的思想境界，促进“政治认同”的学科核心素养达成。

（3）学生活动融进课堂。江声学子刘继、县内融合办学、“手拉手”班级联谊活动等，是思政课强调生活化学科特点的案例。这些案例能把师生的思维和视觉牢牢地吸引到师生的生活中，从各角度各主体进行阐释，始终紧扣本课主题。倡导服务社会，我们要行动！

（二）不足

（1）情境素材有待整合。情境素材主要围绕支教这一议题主线，其中选用康瑜的支教故事是本课的一个亮点，但在设计中两次出现康瑜在支教中所做出的努力，内容有重合部分，会让学生感觉资源重复且不够高效。若能在“服务社会我成长”和“服务社会我践行”两篇章中，将康瑜如何在服务社会的路途中坚定前行、克服困难的内

容进行整合，再设计追问“她有哪些精神值得我们学习”，则可以把课堂处理得更为细腻和灵动。

（2）“手拉手”活动设计可以更贴合底子薄弱学校学生的需要，提升课堂温度。由学生设计活动方案的形式比较普遍，但融合合作办学、帮扶薄弱学校这一特色活动是本方案设计的独特亮点，它增强了该方案的实用价值，让活动更显温暖。指导老师建议先由本校学生设计方案，再请“手拉手”对应班级学生以视频方式反馈需要帮助的学习或活动事项。学生结合帮扶班级需求将事先设计的活动方案进行调整，不断优化活动形式，实现真学、真帮、真用。

三、整体教学设计：在四线统整中导行

（一）教材与学情

1. 内容分析

（1）本课地位。本单元以“勇担社会责任”为核心。对于成长中的初中学生来说，勇于承担社会责任是一种价值追求，更是一种精神境界。社会和谐、民族振兴、国家富强离不开你我的担当，我们要以真诚的态度、积极的行动，做一个关爱他人、服务社会的人，做一个有益于社会的人。本课是第三单元“积极奉献社会”的结束篇，侧重于学生社会责任感的提升，是积极服务和奉献社会的导行篇，也是本单元的总结和提升篇。

（2）本课内容。本框内容“服务社会”，由“服务社会我选择”“服务社会我成长”和“服务社会我践行”三篇章组成。本框题是第三单元的最后落脚点，基于对责任及关爱他人的认识和理解，侧重于对奉献社会的意义的理解及具体做法的掌握。

2. 学情分析

（1）学生心智特征分析。八年级学生已具有一定的知识、生活阅历和辩证分析问题的能力，理解关爱他人、服务社会的正向意义，多数学生在现实生活中能关爱他人，积极参与社会公益活动，但个别学生受成长环境影响，习惯以自我为中心，也有的学生会以各种理由拒绝参与学校、社区组织的公益活动。他们认为参与社会公益，服务和奉献社会是美好但又遥远的事情，与自己无关，不能正确认识和处理个人、家庭、社会之间的关系。从现实情况来看，有必要加强学生的责任意识和奉献精神，培养其成为一名合格的现代公民。

（2）学生已有知识经验分析。本课为八年级上册第三单元的最后一框内容，通过第六课“责任与角色同在”的学习，学生已明确了责任的重要性，知道在不同的社会

角色转换中要分别承担相应责任，并且乐于成为一个有责任有担当的人。这是本课教学重要的学情基础。

3. 教学目标与重难点

（1）教学目标。通过了解康瑜的支教故事，结合学生自身经历，引导学生明确服务社会的意义，增强学生参与社会公共服务的意识，提升道德修养，塑造健全人格；通过分析、探讨康瑜和刘继支教的经历，引导学生学习榜样身上的科学服务精神，帮助学生增强社会责任感，提升公共参与、服务社会的能力；通过学习习近平总书记的寄语，了解国家为服务社会所制定的相关政策，采取的一系列措施，增强学生对国家政策、对中国特色社会主义制度的认同感。

（2）教学重难点。在服务和奉献社会的实践中实现人生价值，促进个人全面发展。

（二）路线与结构

1. 教学路线

本课采用了议学任务引领的情境议题式教学方法，议题、情境、活动、知识四个要素构成了以下四条线：

议题线　由总议题“中学生如何服务社会”引领以下情境问题串：如果你是康瑜，读研或是支教，你会如何选择？为什么？—康瑜的经历中令你印象最深刻的事是什么？你或你身边的人有类似的志愿服务经历吗？请和大家分享。—请联系康瑜的故事，并结合自身的实际经历，谈谈服务社会可以给我们带来哪些收获。—康瑜在服务社会的路途中坚定前行。面对困难，她是如何克服的？她有哪些精神值得我们学习？—向榜样学习，我们该如何服务社会？

情境线　视频歌曲《娃娃诗》—康瑜的支教故事—学生服务社会的经历—优秀学长刘继的支教故事—我国各行各业的志愿服务图片—本校融合合作办学，帮扶薄弱学校—班级结对，手拉手活动。

活动线　分享—对话、交流—探究—讨论。

知识线　服务社会我选择—服务社会我成长—服务社会我践行。

2. 教学结构（图1）

（三）过程与意图

总议题　中学生如何服务社会

课前暖场　播放视频《娃娃诗》。

设计意图　创设视听化情境，实现情感共鸣，引出情境人物。

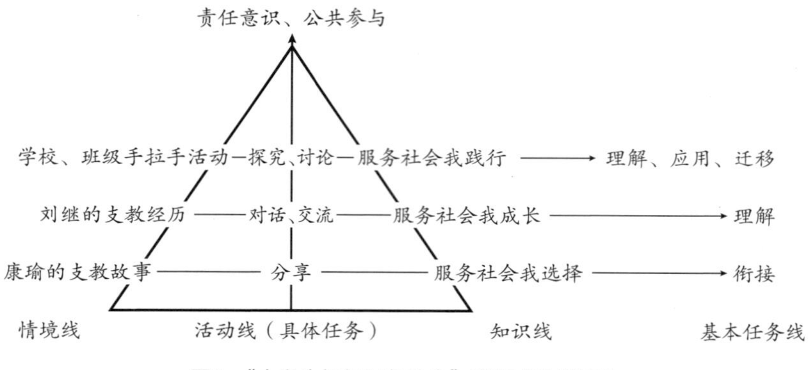

图1 “中学生如何服务社会”议题式教学结构

篇章一：服务社会我选择

师：课前观看《娃娃诗》视频，歌曲里唱到有一个在菜花地里教孩子们写诗的姐姐，就是我们今天要认识的主人公——康瑜。

教学情境　走近康瑜：“90后”学霸，大学毕业被成功保研，但支教一直是她的梦想。选择读研，还是选择去支教，康瑜陷入沉思。

学习任务　自由发言：如果你是康瑜，读研或是支教，你会如何选择？为什么？

设计意图　设计矛盾冲突点，引发学生思考并做出选择，追问学生选择的理由，激发学生兴趣，调动学生的学习积极性。

篇章二：服务社会我成长

教学情境　毅然选择：图文了解康瑜的选择和支教故事。

学习任务1　（1）康瑜的经历中令你印象最深刻的事是什么？

（2）你或你身边的人有类似的志愿服务经历吗？请和大家分享。

答案提示　康瑜为了让大山的孩子们能走出去，让大山的未来更好一点，多次放弃其他选择，让我很感动；康瑜为了让更多人关注并帮助山里的留守儿童，参加《我是演说家》的节目，令人佩服……在我们生活中，在公共场所，我们所做的关爱和帮助他人、保护环境等志愿者活动，或者是对一些不文明行为的劝导，都属于服务社会的行为。

设计意图　通过继续关注人物故事的进展，让学生积极分享他所了解的服务社会的行为，增强服务社会的意识和社会责任感。

教学情境　图片呈现学生及其身边人服务社会的事例。

学习任务2　合作探究：请联系康瑜的故事，并结合自身实际经历，谈谈服务社会可以给我们带来哪些收获。

答案提示　锻炼我们的语言表达和社会实践能力；提升写作的水平；让我们收获他人的认可；获得成就感。

设计意图　通过合作探究，结合学生自身实际经历，帮助学生认识到服务社会能更好地实现人生价值，促进人的全面发展。

篇章三：服务社会我践行

教学情境　坚定前行：图文介绍康瑜在支教中如何应对困难。

学习任务1　康瑜在服务社会的路途中坚定前行。面对困难，她是如何克服的？她有哪些精神值得我们学习？

答案提示　面对艰难环境，康瑜没有退缩，而是选择坚持，克服困难，很坚强；面对不爱学习的学生，康瑜想了许多办法帮助他们，很有爱心；康瑜看到孩子们喜欢看窗外下雨，提议写诗，调动了学生的学习积极性，很有智慧。

教学情境　支教同行：图文介绍优秀学长刘继的支教经历。

学习任务2　合作探究：向榜样学习，我们该如何服务社会？

答案提示　努力学习，将来更好地帮助有需要的人；积极参加公益活动；助人为乐，多帮助身边的人；作为班级一员，认真履职，努力为班级争优创先。

设计意图　以上两个学习任务，通过对康瑜、刘继支教经历的分析和深讨，引导学生感受并学习榜样身上的社会责任感与担当精神，从而引导现阶段的中学生通过努力学习科学文化知识、积极参加公益活动、热爱劳动等多种方式服务社会。

教学情境　拓展活动一：呈现图片组，包括习近平总书记寄语、各行各业志愿服务活动、江声学校融合办学等。

设计意图　通过学习习近平总书记的寄语，让学生知道国家为服务社会制定了相关政策，采取了一系列措施。国家有号召，国民有行动。让学生充分感受到我们生活中“我为人人，人人为我”的奉献精神，增强学生对国家制度和政策的认同感。

教学情境　播放帮扶班级所录视频。

学习任务3　拓展活动二：为配合融合办学，帮扶薄弱学校班级学生，策划并完善与结对班级的“手拉手、共成长”活动方案。

设计意图　通过引导学生设计班级活动，进一步增强学生服务社会的主人翁意识，提升学生的社会责任感，明确服务社会人人可为的理念。

总结　同学们，国家发展，社会进步，离不开我们每个人的努力。让我们用奉献共创温馨家园，用担当铸就中国力量，用真诚迎接美好的明天。

四、反思教学过程：在情境中探索，在议题中成长

（一）亮点与价值

1. 以热点素材为导向，培养学生服务社会的意识

初中道德与法治教学服务于培养学生正确的三观，促进学生的全面发展。在教学内容中以热点事件作为教学主情境，既能调动学生的学习积极性，也能以正确的价值观引领学生，弘扬社会正能量。

在“服务社会”的教学中，情境素材围绕支教这一议题主线，选用了优秀志愿支教青年康瑜的故事作为主情境，分篇章予以呈现，徐徐展开。针对康瑜一开始遇到的困扰——“先读研”还是“先支教”的两难问题，先让学生思考并做出选择，追问选择的理由，制造矛盾冲突点，调动学生积极性。学生作答后，教师并不急于点评，而是告诉学生无论是选择服务社会，去帮助更多的人，还是选择读研，继续提升自己的科学文化素养，以便将来更好、更有力地帮助他人，服务社会，这都是有意义的。引导学生培养服务社会的意识，树立服务社会的志向，无论未来如何选择，我们的最终目的都是服务社会、报效祖国。

2. 以生活素材为基础，引导学生感知服务社会的温暖

学生生活是道德与法治课的素材源泉。初中生的生活范围逐渐扩大，人际关系、社会关系日渐复杂。教师以学生生活为基点，选取最贴近学生的事例，帮助学生解决实际问题，激发学生学习兴趣和热情，引导学生感悟生活中服务社会的温暖，逐步培养服务社会的意识。[3]

在“服务社会”的教学中，设置了“你或你身边的人有类似的志愿服务经历吗？请和大家分享”这一问题，学生踊跃回答，和大家分享生活经历、故事，教师总结，正是因为有如此多的人积极参加志愿服务活动，我们的社会、生活才如此和谐、美好！引导学生充分感知服务社会的温暖，既有带给他人的温暖，也有自身收获到的成长带来的温暖。选用学生身边的榜样——优秀学长刘继支教的事迹为辅情境，引导学生感受并学习榜样身上的社会责任感与担当精神，从而引导现阶段的中学生通过努力学习科学文化知识、积极参加公益活动、热爱劳动等多种方式服务社会。

3. 以实践活动为载体，指引学生服务社会的行为

教师将教学内容融于实践活动，引导学生在亲身体验中将社会责任感内化于心、外化于行。本框内容设置了两个拓展活动。拓展活动一：习近平总书记寄语、各行各业志愿服务活动、江声学校的融合办学等。通过习近平总书记的寄语，让学生知道国家的相关政策与措施。国家有号召，国民有行动。让学生充分感受到我们生活中“我为人人，人人为我”的奉献精神，增强学生对国家制度和政策的认同感。拓展活动二：为配合融合办学，帮扶薄弱学校班级学生，策划一次与结对班级的“手拉手、共成长”活动。通过引导学生设计班级活动，进一步增强学生服务社会的主人翁意识，提升社会责任感，明确“服务社会、人人可为”的理念。课堂氛围活跃，师生互动和谐，教学效果很好。

（二）问题与对策

1. 依据情境资源，要灵活追问

课堂教学活动具有预设和生成双重属性，预设是生成的前提，生成是对预设的超越和发展，两者辩证统一。课堂生成是课堂魅力的重要生长点。在本课教学过程中，因教师急于达成某些教学环节的目标、得出相应结论，在师生互动过程中，有时略显仓促，如在情境二康瑜做出毅然选择后，设问“康瑜的经历中令你印象最深刻的事是什么”，学生积极分享各种动人细节，教师若能及时灵活地追问：“你感受到了康瑜身上怎样的可贵品质？”不仅能在课堂上对学生思维进行有效的提升训练，也能更顺畅地推进下一环节的教学活动。

2. 强化政治认同，应掷地有声

习近平总书记强调：“要从政治上着眼、从思想上入手、从青年特点出发，帮助他们早立志、立大志，从内心深处厚植对党的信赖、对中国特色社会主义的信心、对马克思主义的信仰。”[4] 在本课的教学过程中，教师可利用点评和过渡总结等时刻，进一步旗帜鲜明地、更坚定地宣传党和国家的重大战略任务、中国特色社会主义制度的优越性、党全心全意为人民服务的根本宗旨，以及个人发展要与国家和民族的命运紧密联系的意识等，进一步强化青年一代的政治认同感，让“服务社会”这个话题更有思政味儿!

参考文献

[1] 习近平 . 在同各界优秀青年代表座谈时的讲话 [N]. 人民日报，2013-05-05（2）.

[2] 中华人民共和国教育部．义务教育道德与法治课程标准（2022年版）[M]. 北京：北京师范大学出版社，2022.
[3] 陈兴明．聚焦学科核心素养的教学设计 [J]. 中学政治教学参考，2022（11）.
[4] 习近平．在庆祝中国共产主义青年团成立100周年大会上的讲话 [N]. 人民日报，2022-05-11（2）.

“法律为什么能保障我们的生活”议题式教学叙事

——基于“法律保障生活”一课

周文斌[①] 向梦洁[②]

一、形成教学思路：创生活化情境激趣

习近平总书记指出：“要坚持法治教育从娃娃抓起，把法治教育纳入国民教育体系和精神文明创建内容，由易到难、循序渐进不断增强青少年的规则意识。”[1]思想政治理论课是落实立德树人根本任务的关键课程，法治教育是其重要内容。本节课旨在通过法治教育，弘扬社会主义法治精神，在学生心中种下法治文化的种子，培养青少年的学法尊法守法用法意识，使青少年从小树立宪法意识、国家意识和法治观念。

（一）依据课标，确定教学目标和议题

《义务教育道德与法治课程标准（2022年版）》（以下简称《课程标准》）中要求：“了解法律对个人生活、社会秩序和国家发展的作用，理解法治的本质和特征。”[2]根据《课程标准》，结合教材的具体内容，将教学目标确定为：理解法律的特征，能够区分法律和道德；掌握法律的作用；明白法律将让我们的生活更加美好。本课的总议题为“法律为什么能保障我们的生活”。通过本课的学习，学生能知道法律的基本含义和特征，感受到法律在保障人民生活时所起的作用，敢于并且善于用法律维护自己的合法权益。

（二）梳理教材，建构知识框架和教学篇章

本课的教材内容主要包括法律的特征、法律的作用两个部分。为了培养学生的学科核心素养，在确立总议题之后，结合《课程标准》，将本课的知识框架重构为“法律是什么”“法律为什么有这些作用”“我们应以何种态度对待法律”。建构知识框架后，围绕议题主线，初步将本节课的教学篇章设置为：篇章一，明道法之别，悟法律特征；篇章二，析具体情境，知法律作用；篇章三，享美好生活，有法律保障；篇章四，寻

---

① 周文斌（1981—），女，湖南科技大学马克思主义学院讲师，硕士生导师。

② 向梦洁（1998—），女，湖南科技大学2021级学科教学（思政）专业硕士研究生。

生活日常，探法律踪迹。

（三）围绕议题，设置教学任务

篇章一：明道法之别，悟法律特征。展示材料“3名中学生好心扶摔倒的老奶奶，却反被讹10万”，构建教学情境。以老人摔倒要不要扶的问题，引发学生对于道德和法律之间异同的思考，理解法律的特征。

篇章二：析具体情境，知法律作用。法律让生活更美好，利用两则关于“小云和小冰的上学问题”的材料来构建教学情境，通过探讨法律在案例中发挥的作用，让学生感受到法律的规范和保护作用。

篇章三：享美好生活，有法律保障。通过推动上一篇章中的故事发展来构建教学情境，探究国家强制力的强大作用，明白法律为什么能保障我们的生活。并引申出本课的教学目标，引导学生认识到，法律法规是推广社会主流价值的重要保证，要用法律的权威来增强人们培育和践行社会主义核心价值观的自觉性。

篇章四：寻生活日常，探法律踪迹。观看视频《一生有多少法律保护你》，激起学生情感共鸣，促进学生情感升华。让学生寻找自己日常生活中的法律，引导学生树立法治意识，增强法治观念，形成守法光荣、违法可耻的思想认同。

二、协同教学设计：以结构化任务赋能

形成了初步的教学思路后，经过与备课组的协同探讨，集体交流，发现第一次教学设计存在如下几个问题。

（一）知识结构不够清晰

知识的梳理应该进一步突出教学重难点及逻辑结构。教学目标之一应该使学生在已有认知的基础上有新的认知提升。所以，在梳理本课知识点的过程中要注重逻辑性和结构性。讲解篇章一“法律的特征”时，可以通过梳理道德与法律的区别来建构学生关于法律特征的认知结构。可采用表格方式梳理法律特征，让学生更好地理解知识点。而篇章二初稿的设计较为笼统，知识结构不够清晰，对此，题目的设定应更突出引导性，可以通过法律的多重作用使学生更深地体会其重要性。

（二）学习任务过于单一

初稿设计缺乏实践性的学习任务，学生的主体性没有得到充分调动。特别是在情感升华篇章，视频教学方式过于简单，而要提高知识的迁移和应用能力，需适度加入一些实践性的学习任务。在《课程标准》中，知识点的编排遵循了“是什么—为什么—

怎么办”的思维顺序，但在初稿设计中缺乏“怎么办”环节。“议题式教学要突出实践的价值，让学生做到内化于心，外化于行。”[3]所以，可将篇章四中的思维性学习任务改为实践性的学习任务，将本节课学到的法律知识迁移到生活情境中，增加学生的体验感，提升学生的参与度。

三、整体教学设计：在三线统整中感知

（一）教材与学情

1. 内容分析

（1）本课地位。本课是七年级下册第四单元第九课的第二框，整个第四单元是初中《道德与法治》中法治教育部分的起始单元。本框“法律保障生活”承上启下，引导学生理解法律在生活中的重要作用。总的来说，本课是学生学法尊法守法用法的基础，教材由规则、道德等引出法律的概念、特征和作用，层层递进，由易到难。

（2）本课内容。本课一共包括两目，即“法律的特征”和“法律的作用”。“法律的特征”部分从产生方式、实施手段、调整对象和范围等方面探究了法律、道德和校纪校规的区别，从而引出法律的特征。第二目“法律的作用”主要包括规范和保护两方面，引导学生了解法律的特征和作用，理解法律对生活的保障作用，引导学生感受法律对未成年人的特殊保护和关爱，体会法律让生活更美好的特征，从而开启学生的法治学习之旅。

2. 学情分析

（1）学生心智特征分析。随着年龄和阅历的增长，七年级学生也有了一定的生活经验和社会见闻，他们能感受到生活中法律的存在。但他们的阅历有限，同时身心发展还不够成熟，对法律还停留在片面的认识上。总的来说，初中生对于法律有基础性的认识，但大多是关于法律约束力和强制性的方面，还需要教师进一步教育，引导学生感受到法律的温度和重要性。

（2）学生已有知识经验分析。通过之前的学习，学生已明白在集体共司生活中要遵守一定的规则，才能保证集体的良好秩序与和谐氛围。同时，在上一框“生活需要法律”的学习中，学生对法律已有了基本认识，因此，本节课需在此基础上，引导学生理解法律是如何保障我们的生活的，以及我们作为社会公民可以为法治建设做些什么。

3. 教学目标与重难点

（1）教学目标。通过探究思考和知识归纳，明白法律的特征；通过小组讨论，掌握法律的作用；在小组合作中，探究法律能保障人们生活的原因，同时也巩固对于法律作用的认识；通过实践性任务，提升运用知识解决问题的能力，自觉树立尊法意识。

（2）教学重难点。

教学重点　法律的特征和作用。

教学难点　法律的作用。

（二）路线与结构

1. 教学路线

议题线　结合教学情境，设置探究问题串：结合教学情境探究材料中的主人公该怎么做，以及法律的作用是什么—为什么法庭判决起了作用？探究法律和国家强制力是否万能—头脑风暴，思考自己身边的法律。

情境线　“3名中学生好心扶摔倒的老奶奶，却反被讹10万”—材料“小云和小冰的上学问题”—小云父亲被告上法庭—视频《一生有多少法律保护你》。

活动线　自由发言、小组探究、知识梳理—我是小演员、小组讨论—议一议、小组探究—头脑风暴。

知识线　法律的特征—法律的作用—法律的强制性—法治意识、公共参与意识。

2. 教学结构（图1）

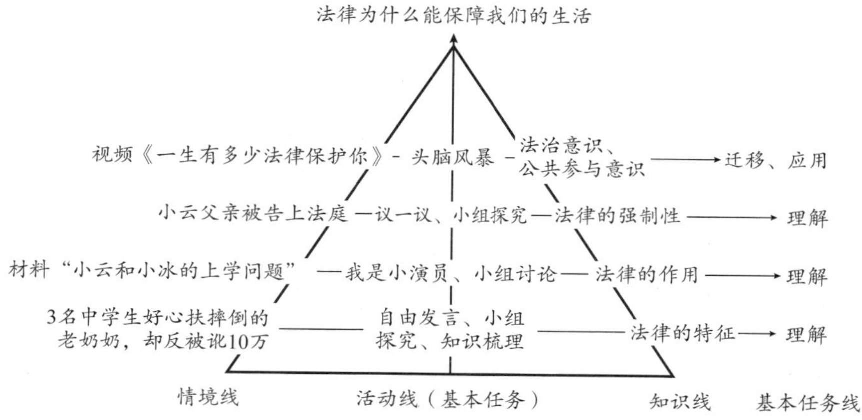

图1　“法律为什么能保障我们的生活”议题式教学结构

（三）过程与意图

总议题　法律为什么能保障我们的生活

课前导入　展示漫画，探讨是否要扶摔倒的老人。

同学们针对老人摔倒扶不扶的问题，展开讨论：有的同学说尊老爱幼是中华民族的传统美德，应该扶起老人；有的同学说自己年龄还小、能力不足，不知道扶不扶得动，也不知道扶起来如何送医院；还有的同学说不能扶，有可能是装摔故意想讹人……各种意见都有。那么，我们来看看以下这个真实的故事，这几名同学是怎么做的，具体又发生了些什么呢？

设计意图　将学生引入教学情境，激发学生的兴趣与思考。

篇章一：明道法之别，悟法律特征

教学情境　展示材料：“3名中学生好心扶摔倒的老奶奶，却反被讹10万”。

3名中学生在放学路上看到一个老婆婆倒在地上了，几个人赶紧帮忙扶起了老人，但没有想到的是，这个老婆婆站起来之后，却说是这些同学把她弄摔的，并提出了高达10万块的赔偿。事情发生的地方正好有监控，监控显示这几个男孩都没有碰到这个老婆婆，但不管怎么说，对方还是死咬她坚持的“真相”。无奈之下，几个人只好一块去了警察局那里，在录像的铁证和民警的帮助下，事情很快就明了了。

相关链接　《中华人民共和国民法典》第一百八十四条 因自愿实施紧急救助行为造成受助人损害的，救助人不承担民事责任。

学习任务1　自由发言：你怎么看待材料中3名中学生及老婆婆的做法？如果你遇到这种情况，你会怎么办？

答案提示1　3名中学生乐于助人，出于尊老爱幼等良好道德素养，帮扶了这位老人，但老人却讹诈。最终借助监控和警察才使这件事得到了妥善解决。如果我们遇到这种情况，我们还是应尽自己所能去帮助他人，但是为了避免一些不必要的纠纷，可以向现场周围呼救，或打开手机进行录像等。

设计意图1　设置此情境问题，激发学生对道德和法律之间区别的思考，明晰法律的特征，同时教育学生在帮助他人时也要注意保护自己。

学习任务2　小组探究：“相关链接”中的《中华人民共和国民法典》是由谁制定的？如果像材料中的老婆婆这样最开始不愿意执行、不愿意服从，我们该怎么办？法律适用于哪些人？对材料中这位老人，是否能网开一面？

答案提示2　法律是由国家制定或认可的，制定和认可是国家创制法律的两种基本形式。法律由国家强制力保证实施，国家强制力保障实施是法律区别于其他行为规范的最主要特征。法律对全体成员具有普遍约束力，公民在法律面前一律平等。

设计意图2　通过合作探究，了解法律特征，知道法律是如何产生的，知道国家强制力主要包括哪些，明白法律面前人人平等。

学习任务3　知识梳理：根据以上情境，从产生方式、实施手段、调整对象和范围方面，讨论法律与道德之间的区别，并且完成议学单上的相关题目。

答案提示3

名称	产生方式	实施手段	调整对象和范围
法律	国家制定或认可	国家强制力保证实施	全体公民
道德	自然形成	舆论、习俗和信仰等力量保证实施	全体公民

设计意图3　表格对比的方式更具有直观性，可以增强学生归纳总结知识点的能力，有助于培养学生政治认同、法治观念等学科核心素养。

篇章二：析具体情境，知法律作用

教学情境　展示材料："小云和小冰的上学问题"。

材料1：七年级学生小云的父亲买了一辆中巴，从事客运生意。为了节省开支，小云的父亲一直想让小云辍学，帮他售票，但小云始终不同意。后来父亲执意要求，小云被迫辍学，学校得知此事后，会同社区、镇政府工作人员，多次做小云父亲的思想工作……

材料2：小冰在校期间不好好学习，三天两头拖拉作业，上课开小差，做小动作，甚至在课堂上和老师发生争吵，经常逃学。小冰父母一直好言相劝，老师也多次做他的思想工作，但小冰一心只想上网打游戏，不愿意学习，甚至想辍学在家玩游戏……

相关链接　《中华人民共和国义务教育法》第四条　凡具有中华人民共和国国籍的适龄儿童、少年，不分性别、民族、种族、家庭财产状况、宗教信仰等，依法享有平等接受义务教育的权利，并履行接受义务教育的义务。

学习任务1　我是小演员：以上述材料为剧本，请学生表演情景剧。

设计意图1　通过学生表演，调动学生的积极性，激发学生兴趣。

学习任务2　小组讨论：小云的父亲应怎么做？小冰能不能因为自己不想上学就辍学？法律依据是什么？从小云和小冰的角度看，法律的作用分别是什么？遇见相似情况，你会怎么办？

答案提示2　小云的父亲应将小云送回学校继续完成学业，而小冰也不能因为自己不愿意上学就辍学。根据《中华人民共和国义务教育法》，适龄的儿童、少年享有平等的接受义务教育的权利和义务，接受义务教育不仅是我们的权利更是我们的义务。对小云来说，法律保护了她接受义务教育的权利，对于小冰来说，法律约束和规范了他的行为，他应履行接受义务教育的义务。由此可见，法律的作用主要体现在两个方面：规范和保护。我们要善于利用法律的武器保护自己的合法权利，同时我们也要做守法小公民，切实履行应尽的义务。

设计意图2　通过分析同龄人小云和小冰关于受教育权的案例，引导学生体会法律的作用，让学生感受到法律就在自己身边，美好生活离不开法律的保护。增强学生尊崇法律、自觉维护法律、运用法律保护自己合法权益的意识和能力。

篇章三：享美好生活，有法律保障

教学情境　展示材料：“在法庭判决下小云父亲将小云送回学校”。

在学校、社区、镇政府工作人员等多次给小云父亲做思想工作后，小云父亲仍不愿送小云去上学。小云无奈之下向人民法院提起了诉讼，运用法律武器维护自己的受教育权。最终法院判定小云父亲应依法保证小云入学接受并完成义务教育，小云终于能重返校园。

学习任务1　议一议：为什么各方对小云父亲的劝说都没有起到作用，而法庭判决起了作用？为什么说法律能保障我们的生活？

答案提示1　法庭是国家强制力的重要组成部分，当道德、社会习俗、舆论、信念等力量难以发挥作用时，必须借助强大的国家力量，法律与其他行为规范不同，是由国家强制力保证实施的。国家强制力主要包括军队、警察、法庭、监狱等。

设计意图1　深入探究法律为什么能保障我们的生活，从法律是由国家强制力保障实施的这一显著特征入手，让学生进一步明白法律区别于其他行为规范的最主要特征，同时加深学生对于法律的尊崇。

学习任务2　小组探究：国家强制力的力量如此强大，是否可以滥用？现代社会中的一切事是否都可以通过法律来解决？

答案提示2　法律的实施以强大的国家力量作为后盾。国家强制力的运用必须以合法为前提。法律是人类一定历史时期的产物，它是社会规范的一种，正所谓“法律引导人们向善，道德指引人们自律”，法律不能替代其他社会规范的作用。

设计意图2　增强法治的道德底蕴。要把法治教育与道德教育结合起来，以道德滋养法治精神。

篇章四：寻生活日常，探法律踪迹

教学情境　播放视频：《一生有多少法律保护你》。

学习任务　头脑风暴：以小组为单位，从自己的生活入手，探寻生活中的法律。

答案提示　法律遍及我们生活的方方面面，早上上学路上的行人和司机都要遵守《道路交通安全法》，确保自己的人身安全；能够接受教育是法律赋予我们的受教育权；父母抚养孩子不仅是爱也是责任，法律明确规定了父母有抚养未成年子女的责任与义务；老师能够在一定范围内对我们进行训诫但不能体罚，这也是法律对同学们的保护等。法律与我们的生活息息相关，生活中处处有法，可以说法律无处不在，我们每一个人从出生到成长、上学、工作、结婚乃至死亡都受到了法律的保护。

设计意图　让学生明白生活离不开法律，法律保障我们的生活。从学生自身的生活出发去找寻法律的踪迹，让学生更加切实地感受到法律对生活的保障作用，明白法律的重要性。

四、反思教学过程：在综合实践中优化

（一）亮点与价值

1. 情境设置贴近学生生活

情境作为议题式教学的依托，其创设要能够帮助学生获得必备的知识和能力，提升学生运用知识去认识、分析和解决现实问题的能力。“在思政课教学中，教师要根据教学内容和学生实际情况，善于发现和选择身边习以为常、极具特色的教学资源，创设生活化的教学情境，从而激发学生的学习兴趣，巧妙地为课堂教学服务。”[4] 学生每天的日常生活中都要跟法律打交道，但是学生往往容易忽视法律在生活中的保障作用，做不到知法、懂法、用法。所以，在整个教学设计中，所有的情境都是围绕着学生日常生活中可能会碰到的事件去展开的。这种真实生动的情境，能让学生感受到课堂的亲和力，设身处地地思考和解决问题，充分激发学生的兴趣和热情，有利于教学目标的顺利实现，达到事半功倍的效果。

2. 注重核心素养和实践能力的培养

《课程标准》中明确要求道德与法治课要围绕核心素养展开，所以学科核心素养的培养是道德与法治课程在教学中必须要考虑的问题。在整个教学设计中，无论是议

题的确定、教学情境的建设，还是学习任务的布置，都指向了核心素养的培养。整个议题式教学设计都围绕着学生法治意识的培养展开；在教学情境的设置中采用真实的社会新闻，培养学生的主人翁意识，使学生能够关心社会、关心国家；通过探究法律实施过程中的国家强制力的作用，以及国家强制力不能滥用的规则，来培养学生的政治认同；篇章四通过探寻学生身边存在的法律来培养学生的法治意识。

（二）问题与对策

1. 部分学习任务浅显，难以做到启发性教育

本节课篇章三中关于"法律为什么能保障生活"的探究，所给的材料侧重于法律与其他行为规范的显著区别，以及法律的特征，但未能明确法律能保障生活的原因是多方面多层次的。通过课堂反馈，如果教师不予以提醒，学生的思维会局限在这一点上，看不到法律保障生活的其他原因。习近平总书记强调，"要坚持灌输性和启发性相统一，注重启发性教育，引导学生发现问题、分析问题、思考问题，在不断启发中让学生水到渠成得出结论"[5]。这就要求我们要注重启发性教育，在不断启发中培养学生认识问题、分析问题、解决问题的能力。所以在教学中，不能局限于某一方面的灌输，要启发学生进行多方面探究。就本课而言，还可以启发学生探究法律的人民性，在立法过程中要寻求社会大众的意见；探究法律的科学性，立法应从实际出发，科学合理地规范社会关系。引导学生知道法律既是神圣威严的，又是温情民主的。

2. 实践性任务较少，难以做到明理于行

缺乏课前的资料收集或相关调查的设计，学生的课前准备可能只停留在教材的阅读上。学生在日常生活中容易感知到一些社会乱象，但他们可能很少会将其与法律联系到一块，在教学设计优化中可以增加相关方面的调查设计。为了达到明理的目的，学生必须参与社会生活，进行社会实践。[6]应当增加一些课前调查的学习任务，让学生围绕"你在生活中需要遵循哪些法律"，针对身边的同学和家长展开调查，可以将部分调查结果在课堂上分享，这样也有助于整堂课的展开，同时实现明理于行的教学效果。

参考文献

[1] 中共中央文献研究室．习近平关于全面依法治国论述摘编 [M]. 北京：中央文献出版社，2015.

[2] 中华人民共和国教育部．义务教育道德与法治课程标准（2022年版）[M]. 北京：

北京师范大学出版社，2022.

[3] 蔡军 . 议题式教学在初中道德与法治课新尝试的探讨 [J]. 上海教育科研，2019（6）：85-88.

[4] 吴先丹 . 议题式教学中的深度学习 [J]. 中学政治教学参考，2020（10）：36-37.

[5] 习近平 . 思政课是落实立德树人根本任务的关键课程 [J]. 求是，2020（17）：4-16.

[6] 孔万国 . 道德与法治课明理教学的思考 [J]. 中学政治教学参考，2021（47）：40-42.

“我们应该怎样创造精彩的人生”议题式教学叙事

——基于“活出生命的精彩”一课

何　昕[①]　王静怡[②]

一、形成教学思路：围绕议题设计环节

（一）根据教材和课标，确定目标和议题

《义务教育道德与法治课程标准（2022年版）》（以下简称《课程标准》）对本单元的学习要求是引导每个学生懂得生命的价值和意义，树立正确的人生观和价值观，尊重和敬畏生命，热爱生活，实现生命价值，成就幸福人生。依据《课程标准》要求及教材内容，确定本节课议题为“我们应该怎样创造精彩的人生”。学习目标是引导学生了解生命的价值，以及应怎样活出生命的精彩。结合当前社会热点事件，以议题式教学法为主，在各个子议题中穿插活动教学法、探究式教学法及情境式教学法等方法，对七年级上册《道德与法治》第十课“绽放生命之花”中的“活出生命的精彩”的知识进行再构建。让学生理解生命的意义，关注自身发展、关切他人生命，设身处地地为他人着想，用认真、勤劳、善良、坚持、责任、勇敢书写自己的生命价值。

（二）梳理教材，拟定知识框架和教学环节

依据《课程标准》及教材内容，初步拟定本节课的知识框架及教学环节。本框题的知识结构主要包括三个部分：人们对待生命的不同态度，个体生命与他人、社会的关系，以及我们应该怎样让自己的生命更有价值。本框题设置三个教学环节，由表及里、由浅入深、层层递进，引发学生思考生命的价值。

（三）围绕议题，设置教学任务

在明确本框题知识结构和教学环节之后，围绕教学主题收集相关素材，构建相应情境，引导学生独立思考，在真实情境中去感悟和理解生命的意义。

篇章一：展示人们对待生命的不同态度

情境案例1：课本“探究与分享”中几位16岁中学生对待生命的态度。

---

① 何　昕（1982—），女，湖南科技大学马克思主义学院讲师。

② 王静怡（2002—），女，湖南科技大学2020级思想政治教育专业本科生。

教学任务1：同是16岁学生，他们身上体现出哪些不同的生命态度？你期待自己16岁的时候是怎样的状态？

情境案例2：课本“探究与分享”中下雨天男子倒地，路过的几位中学生有着不同的态度。

教学任务2：请你分别评价这两种不同的态度，如果你遇到这种情况，会如何选择？

篇章二：探究个体生命的意义，以及与他人、社会的关系

每个人对生命的态度不仅决定着自身的生命质量，也会对他人和社会产生影响。

（1）每个生命都会在生活中展现出千姿百态，有的人消极，有的人积极，我们只有敞开胸怀，不断尝试与他人、社会、自然建立联系，对生命的感受力、理解力才会不断增强，自己的生命才能得到滋养，变得丰富、充盈。

（2）个人都是社会的一分子，不能离开社会而独立存在，我们不仅要关注自身发展，也要关切他人生命，设身处地地思考并善待他人，共同营造友善和谐的社会。

篇章三：引导学生思考如何活出精彩人生

情境案例：向学生展示被授予“时代楷模”称号，被誉为“中国大山里的海伦•凯勒”的贵阳盲人女教师刘芳的事迹。

教学任务：将学生分为四人小组展开讨论。刘芳如何对待生命？为什么在双目失明后她还能活出精彩人生？设想如果自己是一个盲人会怎样对待生命。比较之下，讨论刘芳为什么能在平凡生命中创造如此不平凡的事迹。

篇章四：课堂小结

展示名人名言：马克思说过“人只有为同时代人的完美、为他们的幸福而工作，自己才能达到完美。如果一个人只为自己而劳动，他也许能成为著名的学者、伟大的哲人、卓越的诗人，然而他永远不能成为完美的、真正伟大的人物”。

二、协同教学设计：明确任务，注重学生已有经验的调用

思路初成后，备课组协同设计、集体讨论，发现上述教学设计存在以下主要问题。

（1）学生已有经验未能得到重视，应增加课前资料收集或相关活动设计。因为“活出生命的精彩”的课程导入案例比较贴近学生生活，学生可从日常生活中了解、感知所学内容。

（2）本节课选择的情境略显分散。本节课内容较易理解，但知识点很琐碎。因此，在讲解的过程中应该注意将典型案例贯穿起来形成一条情境主线。

（3）情境代入是本课亮点，但任务要求有些泛化，需加以明确。这个环节是本节课较为有趣的环节，若能让学生亲自参与，将有利于学生对学习重点的掌握。教师需细化任务要求，明确学生的分工，让这一环节更具可操作性。

三、整体教学设计：具化任务，展开活动

（一）教材与学情

1. 教材内容分析

（1）本课地位。第十课“绽放生命之花”是七年级上册《道德与法治》教材的最后一课，承接第八课“探问生命”和第九课“珍视生命”，前两课让学生懂得生命的特点及重要性，而本课则是在此基础上教会学生如何在有限的生命中创造出无限的价值，从而将学到的理论知识外化于实践活动。本框题“活出生命的精彩”作为第十课的第二框，同时也是整本教材的最后一个框题，对全书具有升华的作用。

（2）本课内容。本课围绕“人们对待生命的不同态度”，以及“我们应如何实现生命的价值”这一主题展开。第一目内容“贫乏与充盈”，通过“探究与分享”中几个境遇不同的16岁中学生对待生命的态度，引出每个生命在生活中都呈现出千姿百态的特点，而对待生活的不同态度关乎自身生命的质量。第二目内容“冷漠与关切”，通过设置情境引发学生思考，人与人在关切中得到温暖，在冷漠中得到伤感，教会学生不仅要关心自身，还要关切他人，共建和谐社会。第三目内容“平凡与伟大”，提供了一些名人事例，让学生感受伟人之所以伟大，是因为其给后人留下了宝贵的物质财富和精神财富。最后在“探究与分享”中列举“最美巡守员”和“最美司机”的例子，落笔小处，让学生理解生命虽平凡也能创造伟大。

2. 学情分析

（1）学生心智特征分析。七年级学生处于一个重要的身份转换期，从小学生成长为中学生，身心发展经历着比较大的变化，但此时，他们的心智尚不成熟，正处在人生的“拔节孕穗期”，更需要教师的精心引导和栽培。如何认识生命的意义，明确生命的目标，促进生命的发展，提高生命的质量，是中学生在这一成长过程中必须面对和思考的问题。

（2）学生已有知识经验分析。在第八课“探问生命”和第九课“珍视生命”中，学生已经学习了生命的特征及应怎样对待生命，对生命有了初步思考。同时，七年级学生在生活中也已有了一定的经验和体悟，但此时他们的心智尚未完全成形，对事物的分辨和判断的能力还不强，还需要教师加强引导。

3. 教学目标与重难点

（1）教学目标。培养学生真诚善良、乐观向上、求真务实的人生态度，不断滋养和充盈自己的生命；懂得人与人之间应相互关切，不仅要关注自身发展，还要设身处地地为他人着想，既要照亮自己也要温暖他人，营造和谐社会；明确每个人的生命都具有独特意义，生命的伟大在于创造和奉献，在平凡中闪耀出伟大；通过情境展示，培养学生做出正确道德判断和行为选择的能力，并在自主思考和教师引导中掌握知识。

（2）教学重难点。

教学重点　认识到对待生命的不同态度及其对自身生命质量、对他人和社会的影响。

教学难点　应该如何实现生命的价值。

（二）教学路线与结构

1. 教学路线

本课采用议题式教学方式，由议题、情境、活动和任务四个要素形成如下四条线：

议题线　确定本节课主议题为“我们应该怎样创造精彩的人生”，其中包含两个子议题：“为什么要对生命保持真诚热情、积极向上的态度？”“如何让生命在平凡中闪耀出伟大？”

情境线　围绕盲人女教师刘芳的故事展开，以“课前实践调查分享—刘芳刚失明不久时及对失明释然后对待生命的两种不同态度—刘芳开导处于困境的学生—刘芳的生活经历”为线路，紧紧围绕议题循序渐进。

活动线　课前调查分享—分组讨论、小组汇报—情境代入与选择。

知识线　不同的人对待生命的不同态度—不同态度对自身生命质量及对他人、社会的影响—如何创造精彩的人生。

2. 教学结构（图1）

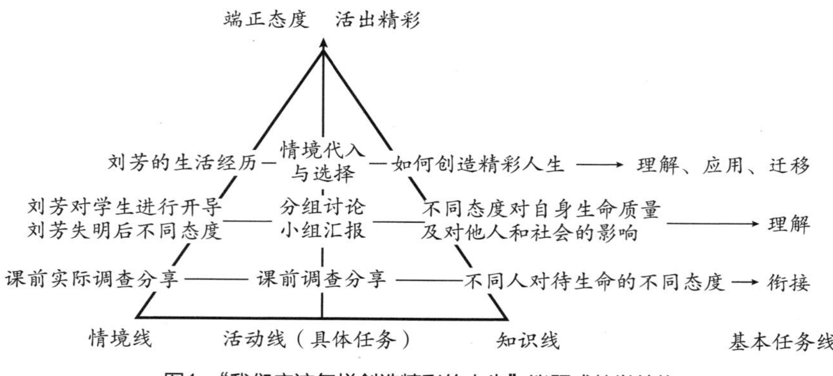

图1　“我们应该怎样创造精彩的人生”议题式教学结构

（三）教学过程与意图

主议题　我们应该怎样创造精彩的人生？

篇章一　新课导入

教学情境　我们在成长过程中会遇到许多人和事，他们曾有过怎样的经历？又有哪些生命故事？请选择其中一人，将他对生命的热情、努力活出生命精彩的故事记录下来。

学习任务　同学们自由发言，分享自己课前调查收集的素材和例子。

答案提示

人物（事例）	对生命的态度
自己的父母	积极向上、认真负责地坚守在自己的岗位上
“我”自己	用心学习，认真钻研学习中的难题，履行好作为一名学生认真学习的义务
同学小明	专注地做自己热爱和有兴趣的事情，认真过好生命中的每一天
名人（例如：保尔•柯察金）	将整个生命和全部精力献给为人类解放而斗争的事业，为社会的发展贡献自己的力量
言之有理即可，尽量选择正面素材	

设计意图　结合生活实际，让同学们自主探索生活中人们对待生命的不同态度，调动学生的积极性，激发学生的学习兴趣，为新课内容的学习做好铺垫。

子议题一　为什么要对生命保持真诚热情、积极向上的态度？

篇章二：揭示不同态度对生命的影响

教学情境1　刘芳，贵州农村中学的一名女教师，被誉为“中国大山里的海伦•凯勒”。2007年刘芳患上视网膜色素变性，在26岁时永久性失明。2008年初冰雪灾害时，小区停水停电，她拎着大桶摸索着下6楼去提水。巨大的冰坨子在头顶摇摇欲坠，天寒地冻，一步一滑，最后她累得晕倒在地……不知道多少次绊倒、磕伤、撞墙、烫出水泡、摔碎杯子，现在她小腿上还是青一块紫一块的，这还只是她生活的一小部分，真实情况更加难挨。绝望、沮丧、灰心，她也想过放弃。但是缓一缓之后，又释然了：“哭也是一天，笑也是一天。生活不能改变的话，就改变生活的态度。”从此她更加努力，将讲义全部装在心里，视力越来越差，课却讲得越来越精彩，她的班级成绩不仅没有退步，反而教出了两个语文中考单科状元，在白云三中至今无人超越。

学习任务1　为什么刘芳在双目失明之后依然能充盈自己的生命？假如刘芳没有转

变自己的态度，继续沉溺于绝望之中，她还能取得今日的成就吗？将学生前后4人并为一个小组展开讨论，合作探究2~3分钟，讨论完成后小组代表发言。

答案提示1 （1）刘芳眼睛沉入黑暗，心却抓住了光明。她积极面对生活困境与难题，热爱生活、不断探索，没有陷于悲观消极，终于使生命得到了滋养。

（2）假如刘芳继续悲观消极，就不能取得今日成就，或默默无闻一生，或接受别人给她的病退、休息的建议，并且将责任归结于病痛，无法活出生命的精彩。

设计意图1 小组合作形式给课堂教学注入了活力，充分发挥了生生间交流、协作的主体性作用，增强了学生的参与度，使学生体验了合作学习的乐趣，拓宽了视野，增强了学习兴趣。

教学情境2 受到视力影响，从2008年起，刘芳接受学校安排，转型担任心理辅导教师，为学生引路。2009年某天，有一个女生陷入思想困惑。刘芳找到她，得知她是因为来自重组家庭，而觉得自己是一个多余的人。刘芳用一块布蒙上她的眼睛，让她感受盲人的一天。一天后，刘芳问她这样生活容易吗，姑娘说不容易，于是刘芳便开导说："我天天都是这样生活的。我都能好好活着，你有眼睛，又漂亮又可爱，完全可以比我活得更精彩，为什么要放弃自己呢？"姑娘的眼泪大滴大滴地落在刘芳手上。

袁凤梅初三时父亲病逝，刘芳把她当女儿来照顾。袁凤梅回忆："我最难的时候，刘妈始终陪在身边。她很少触碰我的伤心事，像阳光一样包容着我。"如今，袁凤梅已经大学毕业，并且也成为一名老师，在不久前的教师节，袁凤梅向刘芳发来短信："刘妈，感谢命运中出现了您。"

学习任2 为什么刘芳能受到学生们的喜欢？我们在生活中应怎样对待他人的生命？小组合作探究，讨论完后由小组代表发言。

答案提示2 刘芳不仅以身作则、为人师表，认真对待自己的生命，而且在生活中用一点一滴的爱，在孩子们心中留下长久的温暖。刘芳在与学生的相互关切中传递温暖，设身处地地思考并善待学生，用真诚感动学生，受到了学生的尊敬。我们也应关切他人生命，用心对待他人，共同营造一个互信、友善、和谐的社会。

设计意图2 再现刘芳对待学生的情境，让学生在情境中获得情感的体验和道德的实践。

子议题二 如何让生命在平凡中闪耀出伟大？

篇章三：引导学生思考如何活出精彩人生

教学情境 刘芳的善良、乐观与坚强感染着身边的每一个人。同事毛艳红说："刘芳给了我们很多力量。她都能认真过活，我们有什么理由随便过？”刘芳在电脑上装了盲人软件后，写作成了她最大的乐趣。令人惊叹的是，她先后完成了两部长篇小说，一部17万字，一部28万字，其中一部已出版。她在小说《石榴青青》前言中写道：“一条河，在地面奔腾时是一条河，在地下流淌时还是一条河，最后它们都奔向了大海，在那里它们的灵魂是平等的。”

学习任务　结合刘芳的事迹，说一说刘芳为什么能在平凡生命中有这么多不平凡的事。如果你是一个盲人，你会怎么做？学生自主思考。

答案提示　（1）生命虽然平凡，但也能创造伟大。一个人的伟大与否不在于其地位的高低，而在于他能否运用自身才智和劳动，创造出比自己有限的生命更长久的、不平凡的社会价值，为我们留下宝贵的物质财富和精神财富，影响一代又一代的人。刘芳用自己的乐观和坚强感染着身边人，面对生活的考验不放弃、不懈怠，用认真与坚持书写着自己的生命价值，因此她的生命在平凡中闪耀出了伟大。（2）即使面对生活的艰难考验，也不能陷于绝望，要不放弃、不懈怠。

设计意图　三个环节都通过刘芳的事例来讲述，由浅入深地提问，引导学生在循序渐进的过程中展开思考并获取知识，让学生在理论知识与具体生活应用之间建立学习和联想的桥梁，更有利于消化和吸收学习的内容，促进学生知行统一，完成本节课的教学目标。

篇章四：课堂小结

展示名言　人只有为同时代人的完美、为他们的幸福而工作，自己才能达到完美。如果一个人只为自己而劳动，他也许能成为著名的学者、伟大的哲人、卓越的诗人，然而他永远不能成为完美的、真正伟大的人物。——马克思

教师总结　本节课主要学习了三个知识点：一是不同人对待生命的态度，二是这些态度对生命质量的影响，三是如何活出精彩人生。对待生命，我们应不断充盈它，在关切自己生命的同时善待他人，懂得生命拒绝冷漠的道理，将自己的生命和他人的、集体的命运联系在一起，为家庭的美好和社会的发展贡献自己的力量，用真诚、勤劳和善良书写自己的人生华章。

设计意图　对课堂进行收尾小结，巩固本节课所学，加深学生印象，引导学生将个体生命和他人的、集体的、民族的、国家的甚至人类的命运联系在一起，进一步促进学生树立正确的三观，达到课程教学要求。

四、反思教学过程：在综合实践中优化

（一）亮点与价值

本节课依据《课程标准》的要求进行具体规划，通过一个主议题、两个子议题、四个教学环节层层推进，循序渐进地引导学生进行探究和思考，突出了学生的主体地位，让学生在知识、能力、情感等方面都得到了较大的收获。其中，本节课的亮点主要表现在以下几个方面：

（1）情境设计方面。习近平总书记指出："心有榜样，就是要学习英雄人物、先进人物、美好事物，在学习中养成好的思想品德追求。"[1] 所以，整个课堂主要是围绕盲人女教师刘芳的故事展开，为学生提供一个榜样的形象，并且以一条明确的主线串联起本框题的重点内容，主题和知识点都较明确，能让学生印象深刻的同时对知识有更深层次的理解。

（2）问题设计方面。"以真问题的设计为支点，精准寻找，充分准备。"[2] 因此，本节课的每一个问题都经过了细致考量，在符合教学主题的同时达到满足教学内容的要求，让学生能通过合作探究或自主思考得出答案，激起学生学习的兴趣，调动学生参与的积极性。

（3）师生互动方面。习近平指出，推动思政课改革创新要"坚持主导性和主体性相统一"。[3] 本节课和以往教学相比，采用议题式教学，更能突出学生的主体地位，从以往"重结论轻过程"转向"重结论的同时更重过程"，不仅要求学生掌握知识，还注重学生获得知识的过程，更强调教师的引导作用和对学生自主思考能力的培养，让学生学会学习。

（二）问题与对策

首先，课程设计的环节较多。这要求教师具有良好的时间把控能力，否则容易讲不完所设计的内容，若难以把控时间，可以适当缩减情境素材。

其次，对老师随机应变的能力要求较高。本课所设计的环节突出学生的主体地位，需要老师灵活引导。因此，议题式教学更需要教师具有丰富的教学经验、扎实的知识基础和良好的应变能力。

最后，缺少让学生在脑海中形成知识框架的环节。学生学习完相关知识后若没有形成知识体系就比较容易遗忘。教师应及时提供思维导图，帮助学生形成知识框架。

参考文献

[1] 习近平．从小积极培育和践行社会主义核心价值观 [N]. 人民日报，2014-05-30（1）.

[2] 马云飞，肖龙海，董洪丹．核心素养导向下学科教学“真问题”的设计：意蕴、形态与寻解 [J]. 中国电化教育，2022（9）：122-129.

[3] 习近平．思政课是落实立德树人根本任务的关键课程 [J]. 求是，2020（17）：4-16.

“什么样的集体才是美好集体”议题式教学叙事

——基于“憧憬美好集体”一课

宋劲松[①] 林英姿[②]

一、形成教学思路：围绕议题设计环节

《义务教育道德与法治课程标准（2022年版）》（以下简称《课程标准》）对本节课的教学要求是“学生能够运用所学知识，分析和明辨日常生活中的是非善恶，平等待人，乐于合作，相互帮助，具有合作意识和集体主义精神，在团队合作互动中增强合作精神和领导力”。“以‘社会中的我’为议题，通过角色扮演和讨论等方式，理解社会上各种角色之间的相互关系，在与他人的交往中认识自我，正确理解个人与集体、社会和国家的关系”是《课程标准》教学建议中与本节课内容相关联的一个参考议题[1]。根据《课程标准》教学建议和教材内容，初步制定了本节课的学习目标：引导学生结合自身经历，了解美好集体的含义和作用，以积极的心态参与美好集体建设，增强参与社会公共服务的意识，增强社会责任感。根据新课标，结合教材，确定了本节课的中心议题：什么样的集体才是美好集体?

本节课的教材内容非常清晰，主要由“共同的愿景”和“良好的氛围”这两部分组成。为便于学生掌握本节课内容，为后续的“议”做好知识性铺垫，构建了本节课的知识框架，理顺了教学思路，精心设计了以下教学环节。

篇章一：情境导入，激发共情。引导学生结合自身所在的班级，谈谈对美好集体的认识。从学生自身出发，从身边事物出发，引发同学们的学习热情和讨论兴趣，引出本课主题，为下一环节做好铺垫。

篇章二：描述愿景，催生动力。通过描述和总结自身所在班级的班风、学风，同学们认识到一个美好集体要有共同的愿景，明确共同愿景的含义及其对美好集体建设的价值引领作用，引导学生认识到共同愿景是集体的精神凝聚力，是推动集体发展的内驱力。组织小组讨论，得出集体生活的意义，认识到在集体生活中大家能够获得成

---

① 宋劲松（1974—），女，湖南科技大学马克思主义学院教授，博士生导师。

② 林英姿（1999—），女，湖南科技大学2021级学科教学（思政）专业硕士研究生。

长的快乐，拥有充实的生活，增强向上的力量，养成团结的精神。

篇章三：设置模块，小组合作。分组合作，共同探讨班级所拥有的美好氛围。围绕教学目标，设置了四个模块，并将全班分为四个学习小组。四个模块分别是“美好集体是民主、公正的”“美好集体是充满关怀与友爱的”“美好集体是善于合作的”“美好集体是充满活力的”。再通过观看视频，设置情境，引导同学们总结出美好集体氛围的四个特征，进一步增强学生的集体荣誉感。

篇章四：展示文化，建设班级。请同学们举例说明自己所知道的获国家级表彰的美好集体。设计教学任务：班级成员应怎样建设班集体？你所经历过的集体生活给你带来了什么记忆？通过合作探究活动，进一步培育学生的责任意识，提升其集体责任感，增强其担当精神和参与能力。

本节课以授课班级为议题主线，情境素材鲜活，模块任务清晰，活动探究深入，学生在情境体验中感受到美好集体是由“共同的愿景”“良好的氛围”两部分构成的，增强学生的集体荣誉感。同时，从班集体引申到国家这个大集体，厚植学生的爱国情怀。

二、协同教学设计：明确任务，注重学生已有经验的调用

思路初成后，经备课组交流研讨，上述教学设计有其亮点，也存在问题。

（一）亮点

（1）情境是议题式教学的一个重要载体。生活化的真实情境如同“活水”被引入课堂，它能让知识活起来、让学生动起来[2]。本节课中，导入环节采取引导学生运用个人经验来浅谈美好集体的方式，激发了学生的学习热情，有利于学生更好地理解什么样的集体才是美好集体。

（2）注重培养责任意识。初中课标的核心素养是政治认同、道德修养、法治观念、健全人格和责任意识。本节课把学习目标定位为培养学生的责任意识和公共参与能力。所有的教学和学习活动都围绕这一目标来设计和展开。

（二）不足

（1）学生的已有经验未能得到充分调用。“憧憬美好集体”这一课非常贴近学生生活，学生在日常学习和成长中有较多了解。在优化教学设计时，应增加课前资料收集或者相关活动的设计。

（2）情境模拟是本课亮点，但任务要求有些泛化，需要加以明确。这个环节的趣味性很高，学生对此十分感兴趣，通过学生亲自参与，让他们身临其境，有利于他们

掌握“憧憬美好集体”这一课的重点内容。而最初版的任务设置比较泛化，学生对于“集体”这一概念比较好理解，但并不真正了解“美好集体”的形成要素。所以教师需紧扣其要素进一步设置情境，让学生在具体鲜活的情境中把握“美好集体”的内涵。

三、整体教学设计：具化任务，展开活动

（一）教材与学情

1. 内容分析

（1）本课地位。本节课是教材第八课“美好集体有我在”的第一框，位于“共奏和谐乐章”之后，意在帮助学生在理解个人、小群体、集体间关系的基础上，进一步感受集体的美好。同时，本框又位于“我与集体共成长”之前，具有承上启下的地位。

（2）本课内容。本节课内容围绕美好集体展开，主要探究集体愿景的含义及其作用、美好集体的特征和意义，引导学生在憧憬和建设美好集体的过程中感受个人对集体发展的作用，结合国家大事、身边小事，通过生动、鲜活、具体的人和事来讲道理，激发学生乐于共建共享美好集体的积极性，从而落实课标的要求，正确认识个人与集体的关系，主动参与班级和学校活动，具有团队意识和集体荣誉感，感受学校生活的幸福，体会团结的力量。

2. 学情分析

（1）学生心智特征分析。七年级学生开始进入少年期，心理也相应产生变化，自我意识开始发展。但七年级学生毕竟刚刚步入少年期，理性思维、抽象思维的发展仍然有限，他们在知识经验、心理品质方面依然保留着小学生的一些特点，看问题比较感性和表象，缺乏深入思考和辩证分析的能力。

（2）学生已有知识经验分析。通过对上一课内容“共奏和谐乐章”的学习，同学们已经对于“集体”这个概念有了初步了解与认识。因此，可以充分利用学生已有的认知和经验，引导学生理解美好集体的内涵与形成要素，感知到美好集体是可以通过班级的共同努力培育起来的，从而增强学生对建设美好集体的责任感。

3. 教学目标与重难点

（1）教学目标。结合学生自身经历，引导他们了解美好集体愿景的含义和作用，增强参与社会公共服务的意识；通过情境模拟和观看视频，学生了解美好集体的特征和良好集体氛围的特征，引导学生投身于美好集体的建设，增强社会责任感；通过阐述集体生活的意义，引导学生积极参与到建设美好集体的具体行动之中。

（2）教学重难点。

教学重点　掌握美好集体的特征。

教学难点　理解集体生活的意义。

（二）路线与结构

1. 教学路线

议题线　由总议题“什么样的集体才是美好集体”引领如下问题串：同学们所在的班级是一个优秀集体吗？为什么？—班级中哪些事让你觉得它是一个美好集体？—你心目中憧憬的美好集体是什么？—美好集体有哪些特征？—集体的共同愿景的作用是什么？

情境线　以视频《湘潭江声实验中学1519班》为主题情境，分析美好集体特征—探讨良好班集体氛围—展示班级文化建设。

活动线　自由发言—分组合作、展示汇报—小组讨论。

知识线　共同愿景的含义和作用—良好的班集体氛围—集体生活的含义。

2. 教学结构（图1）

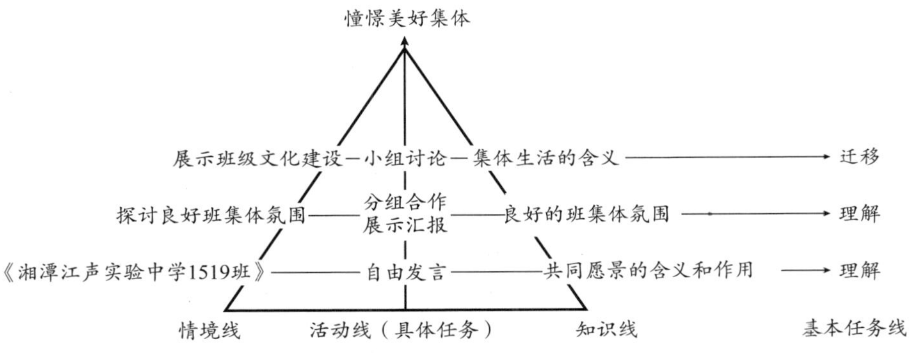

图1　“什么样的集体才是美好集体”议题式教学结构

（三）过程与意图

总议题　什么样的集体才是美好集体？

篇章一：情境导入，激发共情

教学情境　运用学生经验浅谈美好集体的特征。

学习任务　自由发言：你觉得1519班是一个优秀的班集体吗？请谈一谈你所憧憬的美好集体有哪些特征。

答案提示　1519班是一个优秀的班集体。有的同学认为美好集体是团结协作、愉快交往和个性成长的；有的同学认为美好集体是向上、充满活力和公平的……

设计意图　结合学生自身经验，激发学习兴趣。

篇章二：描述愿景，催生动力

教学情境1　展示并解读1519班班徽。

学习任务1　分组谈论：学生解读班徽的构成元素及其表达的美好集体的愿景和作用。

答案提示1　班集体成员在班徽寓意的指引下，实现了一个接一个的班级目标，从中得出集体的愿景包括拥有共同的梦想、向往美好的前景、承担共同的使命、认同正确的价值观和形成一致的目标和追求。愿景的作用：一是集体的精神动力之源，是推动集体发展的内驱力；二是引领集体成员团结一致，开拓进取。

设计意图1　分享话题，通过对美好集体的讨论，引导学生由浅入深地认识美好集体的共同愿景的内涵与意义，增强学生对建设美好集体的责任感。

学习任务2　自由发言：讲述近期班上发生的事情，你认为这些事情距离共同愿景的目标近吗？除了班集体，我们还有哪些集体呢？

答案提示2　总结班上同学为了实现集体愿景所努力做的事情。除了班集体，我们了解的集体还有家庭、学校和国家等。

设计意图2　知识拓展与延伸，让学生明白集体不单单指班集体，形成社会责任感。

篇章三：设置模块，小组合作

教学情境1　良好氛围的基本内容：四组学生通过情境模拟方式来展现。

学习任务1　分组合作，展示汇报：通过合作探讨，分析美好集体的特点。

答案提示1　特点：美好集体是民主的、公正的，是充满关怀与友爱的，是善于合作的，是充满活力的。

设计意图1　通过参加情境活动，促进感性认识向理性认识升华，实现学科逻辑与生活逻辑相统一。培育学生的科学精神、公共参与等学科核心素养。

教学情境2　播放《湘潭江声实验中学1519班》视频。

学习任务2　观看视频，感受良好集体氛围。并请同学们举例还有哪些集体拥有这样的良好氛围。

答案提示2　看完视频，进一步认识到良好氛围的四个特征。

设计意图2　通过播放身边典型优秀班级的事例，启发学生认识美好集体的良好氛围，激发他们行动的动力。

篇章四：展示文化，建设班级

教学情境　播放获国家级表彰的先进集体——中国人民解放军航天员大队典型事例，说说我们应该怎样为建设美好班集体而努力，并说说自己是否有类似的集体生活经历及它带给了你什么启示

学习任务　小组讨论：班级成员应如何建设班集体？请问集体生活的意义是什么？完成必备知识的结构化梳理（图2）。

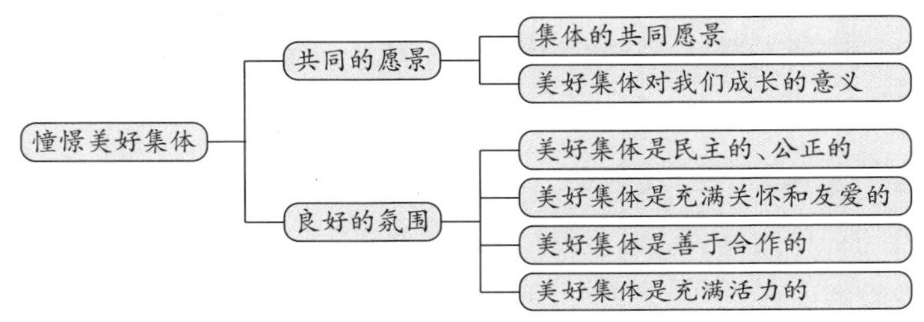

图2　“憧憬美好集体”知识结构图

答案提示　班级成员应从以下几个方面来建设班集体：确立班集体共同的奋斗目标；树立正确的班级舆论，培养良好的班风；发挥班委会和骨干的核心力量；开展各种有意义的教育活动。集体生活的意义：美好集体是我们共同学习、共同生活的精神家园，引领我们成长，在美好集体中，每个人都能获得丰富的精神养料，拥有充实的精神生活，感受集体的关爱和吸引力，凝聚拼搏向上的力量，坚定自己的生活信念。

设计意图　合作探究活动，梳理知识体系，解读美好集体的意义，为知识的理解和应用打好基础。

四、反思教学过程：在综合实践中优化教学设计

（一）亮点与价值

1. 知识梳理突出重点，凸显逻辑

本课注重运用思维导图突出知识重点和逻辑思路。学生在学习过程中，经常会遇到一个问题，即上课能听懂，而考核常出错，其主要原因就是没有真正掌握和消化知识点，没有构建突出重点和体现逻辑的知识框架。思维导图有利于学生理清知识结构，明确重点知识，消化书本内容，也有利于帮助学生总结、消化并形成记忆，加强对知识点内在联系的掌握，提升学习效果。

2. 体验式学习有效激发学习兴趣

体验式学习旨在为学生提供真实或模拟的环境和活动，让学生通过参与来获得感

悟与认知，并进行交流、分享与反思，总结上升为理性认识。本节课的重点和亮点在篇章二和篇章三，活动形式丰富、有趣，有利于激发学生的学习兴趣。

（二）问题与对策

1. 课堂时间的安排有待优化

在实际教学过程中，发现课堂安排时间不够合理，环节太紧凑，如果不能控制好分组合作时间，则无法完成预定的学习任务。究其主要原因：本节课设计的教学环节过多，学生课前准备不充分。具体优化措施：提前布置课前预习和资料收集任务，精简教学环节。

2. 课堂教学未能紧扣时政热点

时政热点可以作为真实情境，并对议题式课堂教学具有现实意义。习近平总书记指出，思政课教师视野要广，要有知识视野、国际视野、历史视野，通过生动、深入、具体的纵横比较，把一些道理讲明白、讲清楚[3]。因此，思政课堂应充分结合时政热点。教师在教学过程中充分运用时事热点能有效提升学生的参与度，达到实现知识迁移和强化情感体验的目的。

参考文献

[1] 中华人民共和国教育部．义务教育道德与法治课程标准（2022年版）[M]. 北京：北京师范大学出版社，2022.

[2] 沈雪春，梁英姿，柳翠．思政课议题式教学叙事[M]．苏州：苏州大学出版社，2021.

[3] 习近平．思政课是落实立德树人根本任务的关键课程[J]. 求是，2020（17）：4-16.

"怎样做一个负责的公民"议题式教学议事

——基于"我对谁负责？谁对我负责？"一课

韩　平①　李　伟②

一、形成教学思路：创设疫情情境，感受责任意味

习近平指出："青年一代有理想、有本领、有担当，国家就有前途，民族就有希望。"[1] 思政课是落实立德树人根本任务的关键课程，本节课教学设计通过阐述在疫情中，正是因为每个人都扮演着自己的角色，承担着自己应有的社会责任，才使得社会有序平稳发展，旨在使学生懂得，社会和谐、民族振兴、国家富强，都离不开你我他的责任和担当。通过第一单元的学习，学生对"我"成长其中的社会有了初步认识，第二单元讲述了有关社会中的规则、道德及做守法公民的相关知识，为学习本节课知识奠定了重要基础，架构了单元之间的桥梁。教学设计主要分为以下三步。

（一）根据《课程标准》，明确教学议题与教学目标

课标是教学的纲领性依据。《义务教育道德与法治课程标准（2022年版）》（以下简称《课程标准》）中增加了核心素养内涵。其中指出责任意识这一核心素养应具备承担责任的认知、态度和情感，并能转化为实际行动。责任意识主要表现为：主人翁意识、担当精神、有序参与。[2] 根据《课程标准》和教材内容，初步确立了本节课的教学目标，本节课应着重讲清责任的含义、责任的来源、角色与责任之间的关系，懂得每个人都要履行自己的责任，才能共享更幸福美好的生活，从而明确议题"怎样做一个负责的公民"，并形成了学习目标和活动设计的大致方向。

（二）梳理教材，构建知识框架

每个人在社会中都扮演着相应的角色，并承担着不同的责任。应明确"哪些人在为我负责，我需要为哪些人负责"，对于为我负责的人，要心怀感激；对于为国家和社会负责的人，要常怀崇敬之心，引导学生树立责任担当，在生活中尽责履责。依据本

---

① 韩　平（1981—），男，湖南科技大学马克思主义学院副教授，硕士生导师。
② 李　伟（1998—），女，湖南科技大学2021级学科教学（思政）专业硕士研究生。

节课的知识内容，初步设立了四个篇章，即识责—担责—尽责—履责。篇章一为认知责任概念，即通过教学情境的对比明晰概念；篇章二是责任与角色之关系，即通过情境创设来明确责任与角色的关系；篇章三是明了责任的担当，即联系现实生活，明确自身所担负的责任；篇章四是畅青年之作为，即启迪学生要以积极的心态面对责任，勇于承担责任。通过四个篇章向学生们讲明责任的概念等，学生明白担负责任的重要性和必要性，积极承担相应的责任，达到本节课的教学目标。

（三）围绕议题，设置教学活动

社会生活是最好的教材、最好的课堂、最好的老师，人们对人和社会的认识归根到底源于现实社会生活，因此，本节课采用了近年来贴近学生生活的热点话题——新冠疫情，对本课知识点进行了串联，能够引导学生成功地走进社会、感悟社会，加深了学生对“责任”一词的理解，使得本课题具有生活性、代表性、时代性。由此，初步设计了导入环节和四个教学篇章。导入为生活化导入，通过《抗击疫情，众志成城》视频播放，激起学生心中的高涨情绪，引导学生产生情感上的共鸣，为学习本节课奠定良好的情感基调。四个教学篇章为：

篇章一：探责任之真知。理解责任概念，这一环节要解决的是“什么是责任”和“责任的来源”两个问题。情境导入涉及由医护人员到学生自身的角度转变，将自身代入，将知识与日常生活相结合。

篇章二：辨责任与角色之关系。明晰责任与角色之间的关系，本环节主要分析疫情期间医护人员、志愿者和建筑工人等各个岗位的人们所承担的责任，导出不同角色具有不同责任这一观点。

篇章三：明责任之承担。明确责任承担的对象，这一环节知晓责任的承担包括你我他。通过对学生在疫情中所做的事情的讨论，引出我们要对自己负责；通过以小见大，引出医护人员和志愿者都在为我们的生命健康而奋斗，从而理解很多人为我们承担责任，体会履责的高尚。

篇章四：畅青年之作为。在情境中运用知识，即知识迁移环节。通过辨析履行责任是否只是伟人或杰出的人所承担的任务，对今天所学课程进行回顾。联系实际生活，思考自己在生活中扮演了什么角色，以积极的心态面对责任。

二、协同教学设计：凸显核心概念，筑牢责任意识

（1）导入环节，在播放《抗击疫情，众志成城》视频前展示钟南山院士图片，通

过提问“钟南山院士为何这么疲惫”，并播放视频，导入新课。改进原因有两个：其一，直接播放视频，缺乏目的性，不能很好地引发学生对于所要讲授知识的认真思考；其二，通过设疑引出视频，调动学生探索未知的积极性，为本课的学习打下良好的基调。

（2）讲授环节，将教学情境1“联系学生自身的游戏互动”与教学情境3“疫情期间工作人员的履职行为”的内容进行对调，即将“责任来源”“责任与角色的关系”这两个知识点的情景进行变换。从钟南山等典型人物过渡到在疫情中履行自己相应责任的各个寻常角色，再过渡到学生自身，从“不平凡”的人到“平凡”的人，以此带入学生自身的责任，能够加深理解。

（3）迁移环节，将简单的教学问题改为教学设问。通过引入他人关于责任的观点，提出相应教学任务，激发学生学习的积极性。将“反驳书”的题目由“履行责任你我他”改为了“履行责任，我在行动”，旨在从学生角度出发，引发学生深思，加强学生的责任意识。

三、优化教学设计：在学思议中树立责任意识

（一）教材与学情

1. 内容分析

（1）本课地位。本课是《道德与法治》八年级上册第三单元“勇担社会责任”第六课“责任与角色的担当”第二框“我对谁负责　谁对我负责”内容。主要涉及责任的含义、责任的来源、责任与角色之间的关系等内容。为了让学生更好地理解本节内容，选择的案例和探究的问题都是接近学生生活，具有生活化特征。

（2）本课内容。本框题包含“我对谁负责　谁对我负责”“做负责的人”两个子框题。第一目主要阐述责任的含义、责任的来源、责任与角色之间的关系，明晰责任的相关概念。第一目的学习是为第二目“责任你我他”进行铺垫，二者承上启下。第二目主要从自身和他人角度阐述责任。第一部分主要阐明自己要对自己负责；第二部分阐明许多人在为我们承担责任，启迪学生既要对自己负责，也要对他人负责。

2. 学情分析

（1）学生心智特征分析。八年级学生正处于青春期阶段，思维活跃，对新知识、新情景具有较强的好奇心，有一定分析问题和解决问题的能力。虽然比七年级的学生成熟，但对于很多事情仍缺乏一定的辨析能力，特别是现在学生多处于家人的宠溺中，考虑问题多从自身角度出发，容易忽视他人的利益和感受。

（2）学生已有知识经验分析。在日常生活中，学生已习得了一些简单的行为规

范，比如遵守交通信号灯、不乱丢垃圾等，履行了一定的社会责任。但他们对于“责任”内涵的认识还是比较模糊，例如，对自身不同角色所应承担的责任缺乏清晰认知，也存在逃避履责的现象。所以，他们需要在老师的引导下全面理解责任的含义、责任与角色的关系，学会对自己负责的同时也对他人负责，勇于承担自己应担负的责任，共享更幸福美好的生活。

3. 教学目标与重难点

（1）教学目标。引导学生树立责任意识，知晓责任的含义和来源，懂得人因不同的社会身份而担负着不同的责任，加强自身行为规范、品德修养，感受积极承担责任的乐趣。

（2）教学重难点。

教学重点　责任的概念、来源；不同的角色担当不同的责任。

教学难点　以积极心态面对责任，享受积极承担责任的乐趣。

（二）路线与结构

1. 教学路线

议题线　由“怎样做一个负责的公民？”议题引出以下问题串：钟南山和唐志红的事迹体现了责任的什么特点？—体现了责任与角色怎样的关系？—生活中有哪些承担责任的人物或事迹？—我们应如何履责？

情境线　设置疫情情景引领互动—猜猜我在扮演谁—学生对疫情的印象—畅青年之作为。

活动线　讨论、对话—游戏活动—小组讨论—讨论。

知识线　责任的概念、来源—责任与角色的关系—履行自己应有的责任—撰写履责“反驳书”。

2. 教学结构（图1）

（三）过程与意图

议题　怎样做一个负责的公民？

课前暖场　时光倒流至2020年，一张图片成为大家眼中的焦点。图片中疲惫的钟南山院士坐在列车上短时间休息，他为何如此疲惫？让我们来探寻背后的故事，视频中展示了钟南山院士的“繁忙日程”，这体现出其什么样的品质呢？恪尽职守，尽职尽责，奔走在疫情一线。引出思考，什么是责任？我们该肩负起什么样的责任？

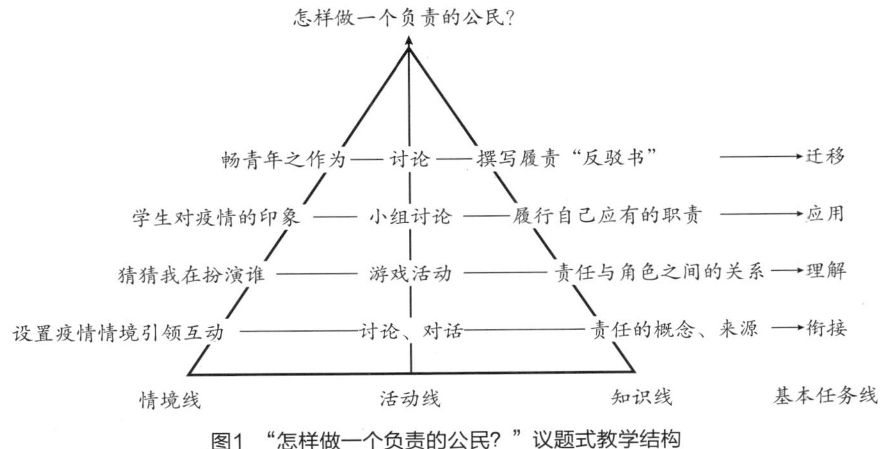

图1 “怎样做一个负责的公民?”议题式教学结构

设计意图 导入是课堂教学的重要环节，导入得好不好在某种程度上影响着教学效果。生活化的导入设计，能激发学生的学习兴趣，增强学习效果。

篇章一：探责任之真知

教学情境1 分享典型人物事迹。

材料1：从2002年的SARS到2020年的新冠疫情，钟南山一直坚守在抗疫一线，成为公共卫生事业应急管理的建设者，也成为恪尽职守的科学家代表。

材料2：唐志红曾担任黄冈市卫健委主任，在湖北疫情肆虐时期，他面对中央指导组派出的督查组的询问却“一问三不知”。经黄冈市委研究决定，免去其行政职务。

学习任务1 钟南山院士为何能得到大家的认可?唐志红又是为何被罢免了职务呢?

学习任务2 由此总结出责任的内涵。

教学提示1 钟南山一直坚守在抗疫一线，坚守医生救死扶伤的职责，受到大家的称赞。而唐志红作为卫健委主任，却不关心、不了解疫情情况，未尽到自己应尽的职责，所以被罢免。

设计意图1 通过鲜明对比，知晓两人的差距，一人履行责任，一人未履行责任，让学生更直观地体会责任的含义。

教学情境2 展示视频：新冠疫情期间奔走在一线的工作人员。

视频文字：发热门诊的医护人员；建筑工人在疫情暴发地建立方舱医院；众多企业向疫情区送去物资……

学习任务3 小组讨论，说说视频中不同人物都承担了哪些责任，其为何承担这些责任？

教学提示2　医护人员承担着治疗病人、救死扶伤的责任，其责任来源于职业要求、道德规范；建筑工人担负着短日之内建造方舱医院的承诺，其责任来源于对他人的承诺、职业要求。由此我们可以看出责任的来源多种多样。

设计意图2　播放视频，感受到疫情期间不同角色人物都在尽其所能承担责任。引导学生思考，更好地理解责任的来源。

篇章二：辨责任与角色之关系

教学情境3　猜猜我在扮演谁。

游戏“猜猜我在扮演谁”：以小组为单位，进行角色扮演，猜出贴近生活的人物角色及其所承担的责任，导出责任的来源。

学习任务1　大家扮演了哪些角色？承担了什么责任？每个人的责任是否一样呢？

教学提示3　小组合作。作为学生，我们要努力学习；作为子女，我们要体恤、孝敬父母；作为餐厅工作者，要承担起大家的饮食安全责任；作为抗疫医护人员，则要坚守在抗疫一线等。导出知识点，即每一个角色都意味着要承担相应的责任。

设计意图　以小组为单位进行角色扮演。一方面，有利于调动学生的学习积极性和主动性，增加学习兴趣，营造良好的学习氛围；另一方面，角色贴近生活实际，便于学生理解责任与角色的关系。

学习任务2　小组讨论，在生活中，我们所承担的责任是一成不变的吗？

教学提示4　在学校，你们是学生；在家庭，你们是孩子；以后工作，你们则是工作人员。场景决定角色，不同角色承担不同责任。

设计意图2　通过设问，引发学生头脑风暴，深入思考角色与责任之间的关系；结合学生自身及日常，遵循学生的认知规律，更好地阐述知识点。

篇章三：明责任之承担

教学情境4　播放视频：疫情期间中学生的日常。

视频介绍　疫情期间，有的同学不出门，不给社会添乱；有的同学因父母在疫情一线，承担了所有家务……

学习任务1　小组讨论，你在疫情期间做了什么呢？

教学提示5　认真洗手，出门戴口罩，做到对自己的健康负责；专注上网课，做到对自己的学业负责。责任离我们并不遥远，做好自己应做的事就是承担责任。

设计意图1　展示疫情期间学生的日常图片，将其代入生活情景，深刻理解对自己负责的内涵。

教学情境5　疫情期间见闻材料。

材料1：武汉身患渐冻症的院长张定宇奋战一线30天：没有从天而降的英雄，只有挺身而出的凡人。自己说到感觉很累，走路都迈不开脚，记者问，“可以歇歇吧”，而他却说：“我以后会被固定在轮椅上，现在为什么不多做点。”

材料2：2022年，上海疫情从3月持续到6月。各个省（区、市）都派出了救援队伍，共同防御疫情，医护人员们自动请缨，前去支援。在当地更是有热心的摊主自觉承担起做饭、送饭的职责。

学习任务　在同学们的生活中，有哪些人为我们承担着责任呢?

教学提示6　我们在享受生活时，不仅靠的是自身的责任，而且还受惠于他人的责任。

设计意图2　通过材料示例及联系自身实际，让同学们深刻体会责任的崇高，知晓担负责任之伟大。晓之以理，动之以情，为下一个知识点的讲授奠定基础。

教学情境6　出示图片：“疫情中的你我他”生活现实。

有人在疫情高峰期，遵守社会治安，不乱出行，有人却明知疫情存在，到处游访；有人面对医护工作者，笑脸相迎，体恤万分，有人却百番刁难，恶语相对，不配合工作；有人不顾疫情争相请缨做志愿者，不顾自身安全，而有人却面对志愿者的服务不懂得感恩。

学习任务3　小组讨论，面对前者与后者，你更想成为哪种人呢?

教学提示7　前者与后者的不同之处，可以通过两个方面体现出来。一方面，在履行自己必要的职责时，要怎么做；另一方面，在面对他人的付出时，要怎么做。

设计意图3　学生自主探究与思考，开放性提问，发散思维。学生身临其境，引发对两种不同行为的深刻思考。让学生知道，自己既要担负责任，也要尊重他人的劳动成果。

学习任务4　面对他人的付出，我们应该怎么做呢？作为班级中的一员，又要怎么做呢?

教学提示8　指导学生联系现实生活，懂得尊重他人的付出，爱护他人的劳动成果，同时也要担负自己责任。只有履行相应的责任，我们才能共享美好的生活。

设计意图4　联系自身生活，给学生以启迪，在自己日常生活中要担负起相应的责任。

篇章四：畅青年之作为

教学情境7　播放自制微视频——《小人物　大责任》。

视频文字：陈祥榕提道，“清澈的爱，只为中国”，在守边护边时壮烈牺牲；陶勇提道，“让患者康复，这种价值感比任何荣誉和金钱都更珍贵”，陶勇团队研发了眼内液检测技术，为七万眼疾患者提供了精准诊断服务；黄文秀提道，“总是要有人回来的，我就是要回来的人”，她主动请缨到贫困地百坭村工作，冒雨开车返回岗位，遭遇山洪，不幸牺牲……

学习任务　有人认为责任是杰出人物应该履行的，作为普通人不需要履行责任。这一观点遭到很多人的质疑，责任难道只应该由“大人物”来履行吗？请从作为“小人物”的我们自身出发，撰写一篇300字的“反驳书”，名为《履行责任　我在行动》。

教学提示　小人物生而平凡，但也应履行自己应有的责任。履行自己应有的职责，在对他人负责的过程中体会快乐和幸福，是人生一大幸事。

设计意图　播放视频，让学生感受到承担责任之快乐，承担责任之意义，承担责任并不仅仅是大人物之作为，小人物也会因勇于承担责任而伟大，启迪学生在日常生活中积极履行责任。

四、反思教学过程：立足素养，优化教学

（一）亮点与价值

1. 以核心素养“立意”，意在树人

《课程标准》明确提出，“核心素养是课程育人价值的集中体现，是学生通过课程学习逐步形成的正确价值观、必备品格和关键能力”[3]，培养初中生的核心素养是教师在备课、上课、研讨等环节都必须始终紧扣的关键点。本课教学设计在教学目标的确定、教学情境的选取、议题活动的开展等方面都是围绕着核心素养而展开的。在导入环节，通过展示钟南山相关图片和视频，初步确立学生对责任的感知；在讲授环节，通过情景的创设及联系自身，形成对自身应负责任的正确认知，通过履行自己的责任去规范自身道德品质和行为习惯，内化于心，外化于行。在此过程中，提高初中生的责任意识、健全人格和道德修养的核心素养。

2. 以创设情景“立容”，意在启情

创设的情景是课堂的风景线，“教师应当采取理论与实践相结合的方法开展教学活动，以促进学生全面发展”[4]。本节课在情景创设时，为了让学生更好地理解“为何负责让我们生活更美好”议题，主要从学生感受深刻的新冠疫情着手，并设置了学生自主探究环节，符合学生的身心发展规律，引导学生认识到履行责任的重要性和意义，

启发学生积极地承担自己应履行的责任，在履行责任的过程中体会快乐和幸福。

3. 以辨析式教学“立法”，意在深知

议题式教学的核心在于议题的可议性。辨析式教学旨在引导学生结合情景展示观点，在价值冲突中澄清错误观点，引导学生增强由表及里分析问题的能力。本节课篇章二设置了思考题“在生活中，我们所承担的责任是一成不变的吗”，篇章三设置了思考题“面对前者与后者，你更想成为哪种人呢”，篇章四设置了思考题“责任难道只应该由‘大人物’来履行吗”，引起学生的认知冲突，通过联系生活或自身经历探究问题，引导学生进一步理解所学知识。

（二）问题与对策

1. 课堂时间安排不合理

在实际教学中发现，因设置活动较多，教学时间较为紧凑，若不能控制好时间，则无法完成预定的学习任务。究其原因：本节课设置的教学环节过多，学生活动也较丰富，再加上学生准备不够充分，难以控制时间。优化措施：一是要精心，过程设计要学会放弃；二是要精到，教学环节要学会整合；三是要精讲，教学内容要学会组织。可以将环节四“畅青年之作为”设置为课后作业，以此来把握好课堂教学时间。

2. 课堂互动设计不完善

在教学活动中，教师是主导，学生是主体。教师要精心设计教学过程，给予方法指导，并合理调节和把控教学过程。本课篇章二，设置了游戏互动环节，以小组为单位进行角色扮演，以便让学生弄清楚角色与责任的关系。但在教学设计时，对游戏现场状况欠全面考虑，也没有充分考虑到学生的参与度，所以，教学活动的有序性有待加强。优化措施：一是要课前精心设计，二是要充分预判教学设计环节中可能出现的情况，提前做好相应准备。

参考文献

[1] 习近平．习近平谈治国理政（第三卷）[M]. 北京：外文出版社，2020.

[2][3] 中华人民共和国教育部．义务教育道德与法治课程标准（2022年版）[M]. 北京：北京师范大学出版社，2022.

[4] 王爱玲．初中道德与法治教学中学生责任意识的培养措施探究 [J]. 教育管理与教育研究，2022（15）.

“为什么说国家好，大家才会好”议题式教学叙事

——基于“国家好　大家才会好”一课

陈武进[①]　肖露珊[②]

一、形成教学思路：紧扣摆脱贫困，探究巨变原因

回看本节课的教学内容，对应《义务教育道德与法治课程标准（2022年版）》（以下简称《课程标准》）中的要求是：“了解中国特色社会主义制度的优越性，坚定道路自信、理论自信、制度自信、文化自信，能够在生活和学习中自觉维护国家主权、尊严和利益”“以‘我们的美好生活’为议题，收集全面建成小康社会、脱贫攻坚所取得的伟大成就，知道党领导人民成功走出中国式现代化道路，创造了人类文明新形态，理解我国已开启全面建设社会主义现代化强国新征程”是《课程标准》教学建议中与本节课内容相关联的一个参考议题。在备课时，我发现“为什么说国家好，大家才会好”是一个值得讨论的议题，可以据此进一步探究“国家利益是人民利益的集中体现”这一内容。因此，我们在教学中设置了三个子议题：“大家好，好在哪里？”“国家好，有何表现？”“为什么说国家好，大家才会好？”

根据《课程标准》教学建议和教材内容，初步制定本节课的学习目标。通过参与公共生活调研，感知生活的可喜变化和国家的发展进步，体验生活的幸福美好，增强对祖国的热爱之情。通过探究交流，了解国家利益的内涵和外延，知道国家核心利益的基本内容，认识到只有国家好，大家才会好，树立维护国家利益的意识。科学认识国家利益和人民利益的关系，坚定对中国特色社会主义的认同。根据《课程标准》，结合教材，将本节课的中心议题确定为：为什么说国家好，大家才会好？

“国家好，大家才会好”这节课主要阐述国家利益的内涵与外延；国家利益是人民利益的集中体现，反映广大人民的共同需求；国家利益至上，人民利益高于一切，两者相辅相成。在当代中国，国家利益与人民利益是高度统一的。实现中华民族伟大复兴，最鲜明的特点就是将国家和人民视为一个命运共同体，将国家利益和人民利益

---

① 陈武进（1973—），男，湖南科技大学学科教学（思政）专业实践导师，湘潭县中小学思政教研员。

② 肖露珊（1988—），女，长沙市雨湖区长郡双语雨花中学政治教师。

紧密联系在一起。这节课从教材内容上来看，主要有“认识国家利益”和“国家利益是人民利益的集中体现”这两部分内容，梳理教材知识结构，找到本节课的知识逻辑，将教材必备知识归纳整合为“是什么—为什么”的知识结构，从整体上把握本节课的知识框架。本课第一框与第二框有必然联系：国家好，大家才会好，我们生活在社会主义的好国家等政治认同到位了，才能够更好地落实第二框，引导学生坚持国家利益至上的价值观念和正确言行。

习近平总书记在2019年3月18日学校思想政治理论课教师座谈会上强调，青少年阶段是人生的“拔节孕穗期”，最需要精心引导和栽培[1]。本节课的内容视角宏大，理论性较强，但学生在生活中的切身体验还不够，如何让学生从感官上体验、感悟并理性分析、认同呢？备这堂课时，正值我国全面脱贫攻坚取得显著成果，脱贫攻坚是绝对的“热词”之一，而且这一议题线索与学生的生活感受紧密相关，能够充分调动学生的已有经验。如何高效地完成教学任务，让学生在“有意思”的教学情境和教学活动中感受到“有意义”呢？这就需要课前的精心设计了。由此，我初步构想了以下教学篇章。

篇章一：大家好。通过展示课前调查的三代人13岁时的愿望和三代人当下的幸福生活，引导学生体验照片背后的幸福，实现师生情感的共鸣，真切感受到人民利益得到维护就是“大家好”。

篇章二：国家好。播放《叙利亚国内现状及叙利亚孩子们的愿望》视频和《新中国70年来的伟大成就》视频，两相对比，进一步激发学生对国家发展的自豪感和自信心，理性认同“国家好，大家才会好”。同时，为下一篇章做好铺垫。

篇章三：好国家。图文介绍我国减贫事业的推进及成效，并探究我国减贫事业取得举世瞩目的成就，为其他国家减贫提供了哪些经验？进一步交流分享“国家好”“大家好”“好国家”三者之间的关系。通过了解我国减贫事业的推进及成效，认识到我国贫困人口不断减少、人民生活日益改善，主要得益于国家坚持以人民为中心的发展思想，坚持人民利益与国家利益相辅相成、高度统一，从而进一步增强对中国特色社会主义优越性的认同。引导学生把握“国家好”“大家好”“好国家”之间的关系，培养学生的科学精神和思辨能力；深入领悟以人民为中心的好国家才能真正实现国家好、大家好的完美统一，坚定对中国特色社会主义的高度认同。

本节课以摆脱贫困为议题主线，情境素材丰富，学生活动形式多样，问题任务层层推进，让学生在情境体验中感受到国家利益至上、人民利益高于一切的社会主义中国是个好国家，强化身为中国人、身处社会主义国家的政治认同感，进一步升华“国家好，大家才会好”的内在逻辑。

二、协同教学设计：创设教学情境，改进探究性问题

本课教学设计是2019年笔者参加湖南省“立德树人”中学思政教师风采大赛时，备课组成员集体精心打磨的一堂课，获得了省一等奖的佳绩。时隔三年，《课程标准》颁布后，我们重新复盘、审视了整个教学设计，备课组基本认为本教学设计的以下亮点突出，同时还对教学设计的改进提出了几点建设性意见和建议。

（一）亮点

（1）情境素材围绕“摆脱贫困”这一议题主线，设计了家里三代人13岁时的心愿调查、中叙两国人民生活及新中国成立70年前后的对比，学生感受中国共产党领导人民实现国家利益、维护人民利益的艰难壮阔的历史发展进程。在横向、纵向多维度情境对比中，学生能更深切地感受到中国共产党的伟大和祖国成就的来之不易，珍惜幸福生活，为美好生活而不断奋斗。

（2）情境素材的设计结构完整，层层深入，将学生必备知识和能力素养要求融为一体，形成“大家好—国家好—好国家”的课堂层次和结构。从学生的感性认知到理性认同，再到合作探究，既尊重了学生的认知规律，也符合学生的思维逻辑。篇章标题既呼应了课题，又提升了学生思维层次。我们一致认为第三篇章“好国家”，是对教材内容与教学习目标钻研透彻后凝练出的点睛之笔，是本课设计区别于一般教学思路的精妙之处。

（3）精心设计的探究性议题设问精巧实用。本节课的问题设计紧扣摆脱贫困这条议题主线，探究性议题设问由小到大、由浅入深，体现了议题式探究性问题的梯度、广度和力度。其中，学生认知层面的“是什么—为什么”中的“国家好，大家好；大家好，国家好”在中国必然成立的原因是什么？这一问题具有一定的挑战性，学生可能难以从中国共产党的领导、社会主义制度的优越性等角度来思考，但这正是生生、师生合作探究的价值所在。

（二）不足

（1）知识归纳与呈现方式偏生硬，易给人留下老师急于求成的印象。在备课过程中，我们将各篇章的知识点概括为：“大家好”——人民利益得到维护；“国家好”——国家利益得到实现；“好国家”——国家利益是人民利益的集中体现。这样的知识总结逻辑通顺、大气简约。但也由于知识点的逻辑呈现过于凝练，议题之下对国家利益的内涵与外延无法进行更全面的阐释。

（2）选用摆脱贫困这条教学情境主线，教育力度稍欠火候。课前考虑到学生对贫困的感知比较表浅，我们讨论决定给学生布置课前调查，去关注自己家中三代人13岁时的愿望，以此来帮助学生认识“大家好”；通过同时代叙利亚同龄人的愿望，感受社会主义制度的优越性。在教学实践中，学生的课前调查分享还比较单薄，当下生活的多维度对比仅依赖视频、图文等教学资源，对学生情感有较强的冲击力，但依然存在激情过后，一切如旧的可能。

（3）情境议题设问还有待进一步完善、优化。在第三篇章中，情境问题之一——我国减贫事业取得举世瞩目的成就，为其他国家减贫提供了哪些经验？这个问题的跨度、难度较大，首先八年级学生自身的阅历有限，又难以从课本上找到相关信息，这样的问题抛给学生，会让学生感觉合作探究难度较大，在讨论的过程中容易产生挫败感，从而影响学生课堂参与的积极性。为此，我们在备课中对呈现我国减贫事业的推进的这一自制视频素材，不断进行优化，从党到政府、中央到地方、干部到群众多个维度予以呈现，以期给学生更多维度的启发和引导。

三、整体教学设计：感受生活巨变，体悟制度优越性

（一）教材与学情

1. 内容分析

（1）本课地位。本单元以“维护国家利益”为核心，从国家、人民的不同视角来阐明国家利益至上、树立总体国家安全观、共同建设美好祖国等内容。本课是第四单元的开篇，是对学生进行爱国主义、国情教育的铺垫。

（2）本课内容。本框内容“国家好，大家才会好”，阐述了“国兴我荣，国衰我耻”的道理；厘清国家利益的内涵和外延，在国家利益和人民利益的统一关系中，认识到“国家利益是人民利益的集中体现”，增强学生的爱国主义情感，强化政治认同。

2. 学情分析

（1）学生心智特征分析。八年级的学生正处于人生观、价值观的“拔节孕穗”期。他们拥有了一定的认知能力，对社会事物比较关心，具有一定的抽象思维能力，初步掌握了对比、归纳等方法。但在看待事物、分析问题、是非判断等方面容易走极端，需要教师正确的引导。

（2）学生已有知识经验分析。通过前面的学习，学生已经对社会生活有了一个较为基础的认识，对当前国家富强、人民幸福安康有了一定的感受，这是重要的认知基础。

3. 教学目标与重难点

（1）教学目标。通过参与公共生活调研，感知生活的可喜变化和国家的发展进步，体验生活的幸福美好，增强对祖国的热爱之情；通过探究交流，了解国家利益的内涵和外延，知道国家核心利益的基本内容，认识到只有国家好大家才会好，树立维护国家利益的意识；正确认识国家利益和人民利益的关系，坚定对中国特色社会主义的认同。

（2）教学重难点。

教学重点　国家利益的内涵和外延；正确把握国家利益和人民利益的关系。

教学难点　正确把握国家利益和人民利益的关系。

（二）路线与结构

1. 教学路线

本课采用了议学任务引领的情境议题式教学方法，由议题、情境、活动、知识四个要素构成了以下四条线。

议题线　由议题“为什么说国家好，大家才会好”引领以下情境问题串：爷爷奶奶、爸爸妈妈和你，三代人13岁时的愿望是什么？你们当前的幸福生活是怎样的？—对比我们和叙利亚孩子的生活，你有怎样的感触？要实现孩子们的愿望，叙利亚政府应该做些什么？—我国减贫事业取得举世瞩目的成就，为其他国家减贫提供了哪些经验？“国家好”“大家好”“好国家”三者之间的关系是什么？—共同唱响《我和我的祖国》。

情境线　歌曲《我爱你中国》—三代人13岁时的愿望—视频《叙利亚国内现状及叙利亚孩子们的愿望》—视频《新中国70年来的伟大成就》—我国减贫事业发展历程—齐唱《我和我的祖国》。

活动线　分享—对话、交流—讨论、探究—演唱。

知识线　大家好（人民利益得到维护）—国家好（国家利益得到实现）—好国家（国家利益是人民利益的集中体现）。

2. 教学结构（图1）

（三）过程与意图

总议题　为什么说国家好，大家才会好？

课前暖场　播放暖场视频，出示“祖国在我心中”的校训图片。

歌曲《我爱你中国》唱出了我们每个人对祖国最深厚、最纯洁、最高尚、最神圣的情感。国泰才能民安，国强才能民富，我们每一个人的命运都与祖国发展息息相关。

设计意图　创设试听化情境，实现情感共鸣，开门见山引出课题。

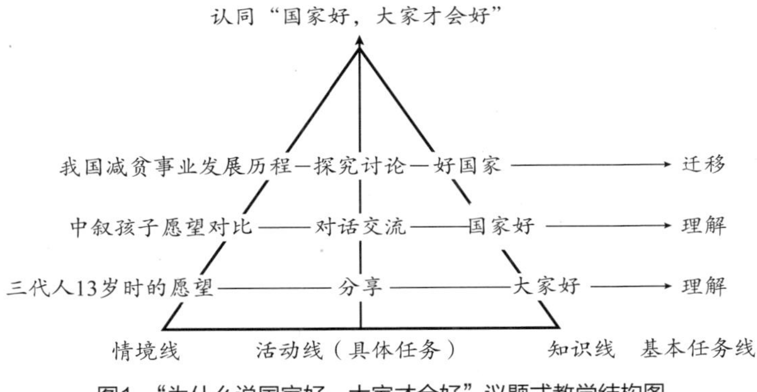

图1 “为什么说国家好，大家才会好”议题式教学结构图

篇章一：大家好

教学情境 家里三代人13岁时的愿望。

学习任务1 课前调查展示分享（一）。

师：课前我布置大家开展了“三代人的13岁”主题调查。你们家三代人13岁时的最大愿望分别是什么呢？有哪些同学愿意分享一下？

设计意图 引导学生通过参与公共生活调研，在参与中体验人民生活由一穷二白到衣食无忧的显著变化，并在对比中感受我们的生活一代比一代好，我们都是追梦人，从而增强对中国梦的认同感。

学习任务2 课前调查展示分享（二）。

设计意图2 引导学生体验照片背后的幸福，达到情感共鸣，真切感受到人民利益得到维护就是“大家好”。

篇章二：国家好

教学情境1 播放自制微课视频——《叙利亚国内现状及叙利亚孩子们的愿望》。

学习任务1 对比我们和叙利亚孩子的生活，你有怎样的感触？

答案提示1 同学们，我们不是生活在一个和平的年代，但幸运的是，我们生在一个和平的国家。回家、买新玩具、买新衣服，这些在我们看来轻而易举就能实现的想法，却是叙利亚孩子们最大的心愿。

设计意图1 通过对比中叙国家面貌、人民生活现状及孩子们的愿望，使学生在情感上初步体验“国家好，大家才会好”，激发爱国热情，增强国家自豪感。

学习任务2 小组探究：要让孩子们的愿望得到实现，叙利亚这个国家应该做些什么？

答案提示2　叙利亚可以向我们中国这样的正义国家寻求帮助，也可以向联合国寻求援助，给予叙利亚一些人道主义援助。大家提出的这些做法，其实都是建议叙利亚捍卫、维护自己的国家利益。一个国家，如果连自己国家的核心利益都维护不了，何谈人民幸福?

设计意图2　通过合作探究，了解国家利益的内涵和外延，知道国家核心利益的基本内容，增强维护国家利益的责任感和使命感。

教学情境2　播放微课视频——《新中国70年来的伟大成就》。

学习任务3　请你用一个词或一句话来描述今日的中国。

答案提示3　这盛世如你所愿；此生无悔入华夏，来世再生种花（中华）家……70年，我们的祖国风雨兼程，砥砺奋进，成就辉煌，中华民族迎来了从站起来到富起来再到强起来的伟大飞跃。我们的国家利益一步一步得到了真正的实现，我们的国家越来越好!

设计意图3　通过了解中国70年来的发展进程和主要成就，进一步激发学生对国家发展的自豪感和自信心，认同“国家好，大家才会好”。同时，为下一篇章做铺垫。

篇章三：好国家

教学情境1　播放自制微课影集——《我国减贫事业发展历程》。

学习任务1　在历史长河中，近代中国也和叙利亚一样：民族内忧外患，国家一穷二白，人民在贫困线上苦苦挣扎。

设计意图1　通过了解我国减贫事业的推进及成效，认识到我国人民生活日益改善，贫困人口不断减少。

学习任务2　小组探究：我国减贫事业取得举世瞩目的成就，为其他国家减贫提供了哪些经验?

答案提示2　摆脱贫困，是人类自古以来的梦想。70多年来，我们始终坚持国家利益至上，始终坚持人民利益高于一切，把人民对美好生活的向往当作党和国家的奋斗目标，依靠全国人民的艰苦奋斗，创造了人类发展史上一个又一个的奇迹。我们始终坚持以人民为中心，处理好了国家利益和人民利益的关系。

设计意图2　通过了解我国减贫事业的推进及成效，认识到减贫成绩主要得益于国家坚持以人民为中心的发展思想，坚持人民利益与国家利益相辅相成、高度统一的发展理念，从而进一步增强对中国特色社会主义优越性的认同。

学习任务3　理顺“大家好”“国家好”“好国家”的关系。

答案提示3　只有国家好，大家才会好；大家好，国家会更好。我国70多年来的发展成就有力地证明了：只有在坚持以人民为中心、国家利益与人民利益高度统一的好国家，才能实现国家好、大家好的完美统一，才能实现国家富强、民族振兴、人民幸福的中国梦。有国才有家，国家好，大家才会好，我们切实感受到了“我和我的祖国一刻也不能分割”。

设计意图3　引导学生把握“国家好”“大家好”“好国家”之间的关系，培养科学精神和思辨能力；深入领悟以人民为中心的好国家才能真正实现国家好、大家好的完美统一，才能实现中华民族的伟大复兴，从而坚定对中国特色社会主义的高度认同。

教学情境2　《我和我的祖国》歌曲。

学习任务4　师生齐唱《我和我的祖国》并进行课堂总结。

答案提示4　70多年时光，我们亲爱的、热爱的祖国，从温饱不足迈向全面小康，从贫穷落后迈向富足先进，我们的祖国更加国泰民安、繁荣富强。祖国永远在我们心中，我们愿和祖国一同成长，一起奋斗，为实现中华民族伟大复兴的中国梦而不懈努力!

设计意图4　通过师生同唱《我和我的祖国》，发自内心地表达对祖国的热爱和依恋，愿与祖国一同成长，一起奋斗，为实现中华民族伟大复兴的中国梦而不懈努力!

四、反思教学过程：在情境中探索，在议题中成长

（一）亮点与价值

1. 教学设计层次分明，推动学生思维螺旋式上升

“国家好，大家才会好”是八年级上册第八课第一框内容，是学生视野扩展到国家层面的重要一课，教学目标是激发学生的家国情怀和强烈的民族自信心和自豪感，切身体悟到个人利益和国家利益的密切关联。有明确的立意，在课堂中有教师的课前调查分享、美好生活照片集、中叙两国孩子的愿望对比、关注我国的减贫事业、师生齐唱《我和我的祖国》，教学中的每一个环节都将学生的情感和理性认识推向更高的维度，教学过程流畅，教学效果喜人。

2. 教学过程遵循情境化路线，培育政治认同素养

本节课的教学素材有课前调查、图片、音频、视频等，这些都是源于学生生活、基于学生认知、忠于弘扬正能量的情境选材。感受美好生活的照片集、中叙两国孩子的愿望、我国减贫事业的进程等自制视频，极具感染力和说服力。教师精选的素材才能“激情”，才能引导学生“明理”，让学生将情感、道理内化为自觉“践行”[2]。

3. 基于真实学情的议题设计，彰显思政育人特色

尽管这一堂课是竞赛课，关乎教师个人和学校的荣誉得失，但唯有真实生成的课堂才可能是“优秀”的道德与法治课。在这一堂现场课中，教师和学生的和谐互动，凭借的是教师极具亲和力的教态和精准的设问，这些都围绕一个核心——尊重学情。因此，课堂中才会爆发出“此生无悔入华夏，来世再生中华家”的深情感慨，分享中才会有“我为我是中国人而自豪”的由衷感慨，分析时才会有“我们有信心打赢脱贫攻坚战，啃下这根硬骨头”的高度认同。

4. 课堂中师生情感激荡共鸣，学生的思维不断深化

“国家好，大家才会好”的情感线很明确，怎样才能让这节情感课更扎实更有效，将学生的感性认识和理性认识更好更充分地结合起来呢？梳理这一框题的知识内在逻辑关系就显得尤为必要：只有在坚持以人民为中心、国家利益与人民利益的高度统一的好国家，才能实现国家好、大家好的完美统一，才能实现国家富强、民族振兴、人民幸福的中国梦。有国才有家，国家好，大家才会好。

（二）问题与对策

（1）教学过程中预设大于生成，学生课前的调查内容有限，依然有“带着镣铐跳舞”的痕迹，需要教师进行有效任务驱动。

习近平总书记强调指出，广大教师要做学生锤炼品格的引路人，做学生学习知识的引路人，做学生创新思维的引路人，做学生奉献祖国的引路人[3]。在本节课中，教师充分开发和巧妙运用了微课资源，素材精当、时政性强，能很好地培育学生的家国情怀，课堂活动形式多样。但教学环节的推进和课堂问题的设计预设性突出，如果能考虑更多的生生互学、师生互学，更能体现以学习为中心、以学生为中心的教学理念，彰显更生动、更生成的课堂。但这对教师的课堂驾驭能力、教学机智要求很高，将是我们在以后的教学中要不断去打磨的地方。

（2）本课内容的影响力未能延伸至学生的课后生活，易出现激情褪去，道理都懂，行为如旧的现象，教师须有更长远考量。

习近平总书记指出：“思政课教师在教学中要把统编教材作为依据……要让不同类型的学生都爱听爱学、听懂学会，需要做很多创造性工作。要在教学过程中进行多样化探索，通过多种方式实现教学目标。”[4]情境素材、歌曲演唱都能极大地激发学生的学习热情和激情，提升学生面对真实复杂社会情境的能力和素质，也能提升学生的政治认同、道德修养、责任意识。但课堂闭环式的设计让课堂的“激情—明理—导行”

局限于课堂之中，教师缺乏对课后延伸的考虑，本课还可以设计成一节网络主题活动课，以互联网为平台，在线收集材料，同屏互动总结，课后仍在网上延续课上话题讨论，激发学生的参与热情，扩大教学的受益面，延长本课教学的影响力，更好地体现学生学习的主体性和主动性。

参考文献

[1][4] 习近平. 思政课是落实立德树人根本任务的关键课程 [J]. 求是，2020（17）：4-16.

[2] 沈雪春，梁英姿，柳翠. 思政课议题式教学叙事 [M]. 苏州：苏州大学出版社，2021.

[3] 习近平在北京市八一学校考察时强调 全面贯彻落实党的教育方针 努力把我国基础教育越办越好 [N]. 人民日报，2016-09-10（1）.

“如何服务和奉献社会”议题式教学叙事

——基于“积极奉献社会”一课

黄爱英[①] 胡馨壬[②]

一、形成教学思路：围绕志愿服务，增强责任意识

习近平总书记指出：“青年一代有理想、有本领、有担当，国家就有前途，民族就有希望。”[1]《义务教育道德与法治课程标准（2022年版）》（以下简称《课程标准》）提出“能以积极态度对待自己面对的各种挑战，主动承担自己力所能及的责任，具备服务社会、奉献社会的意识和能力”的要求，其中，“以‘我在社会中成长’为议题，探讨积极参与社会生活对于个人成长的意义，理解社会责任感的重要价值”[2]是《课程标准》教学建议与本节课内容相关联的一个参考议题。根据《课程标准》并结合教材内容，我确定本节课的中心议题：“如何服务和奉献社会？”引导学生探讨“个人与社会”的关系，并设置了三个教学环节：服务社会，助我成长；服务社会，我来践行；服务社会，我来策划。

依据《课程标准》的教学建议和教材内容，制定本节课的学习目标。通过分享交流，领悟志愿活动的收获和成就，调动学生的积极性和参与度；通过合作探究，理解服务和奉献对个人发展的作用和意义，探索服务和奉献社会的方法和途径，增强社会责任感；通过社会实践活动，将理论和实践相结合、课上和课下相结合，切身体会服务和奉献社会的意义，树立担当精神和奉献精神。从教材内容上来看，本节课由“奉献助我成长”和“奉献社会我践行”两个部分组成，前者侧重于引导学生体会服务和奉献社会对个人成长的意义，后者侧重于在社会实践中培养学生的服务意识和奉献精神。在梳理教材的知识结构，厘清本节课的知识逻辑后，可以归纳为“为什么—怎么做”的结构。本课的两框存在必然联系：只有认识到服务和奉献社会对个人成长的意义，才能积极参与社会活动，从中培养和强化责任意识，树立担当精神和奉献精神。

本节课内容兼具理论性和实践性，但学生的生活经历不够，如何让学生在意识上

---

① 黄爱英（1982—），女，湖南科技大学马克思主义学院副教授，硕士生导师。

② 胡馨壬（1997—），女，湖南科技大学2021级马克思主义理论专业硕士研究生。

认同，进而转化为自身的实际行动呢？备课时，恰逢2022年北京冬奥会举办，志愿者的无私奉献成为北京冬奥会一道亮丽的风景线，这一情境线索正好与学生密切相关。因此，初步确定以下教学环节。

篇章一：服务社会，助我成长。学生展示参与志愿服务的照片并分享其中的故事和收获，增强学生服务社会的获得感和成就感；分析曹师傅的事例，播放冬奥会志愿者的采访视频，引导学生认识到服务社会对个人成长的意义。

篇章二：服务社会，我来践行。播放音频《中国共产主义青年团团歌》，引导学生体会共青团在服务社会中的模范带头作用，明白服务和奉献社会也需要青年人担当责任；组织学生探究交流，加深学生对中国青年志愿者协会的了解，鼓励学生积极参加社会公益活动；播放大国工匠艾爱国的相关视频，引导学生主动向榜样学习，明白服务和奉献社会需要热爱劳动、爱岗敬业，强化学生的责任意识。

篇章三：服务社会，我来策划。通过小组合作制订微公益活动策划书，引导学生积极参与服务和奉献社会的实践活动，实现知与行的统一。

本节课以志愿服务为议题主线，通过丰富的情境材料和多种教学形式，使学生体会到积极服务和奉献社会的重要意义，强化社会责任感，树立担当精神和奉献精神，将理论知识转化为实际行动。

二、协同教学设计：创设教学情境，改进探究性问题

我们对《课程标准》的教学目标和教学建议进行了认真研读，结合以往教学经验，制定出了与《课程标准》要求相适应的教学设计。备课组针对如何提高课堂教学的质量，对本课教学设计提出了一些有针对性的建议。

（一）亮点

（1）情境素材内容选取，紧绕教学内容。本节课主要围绕志愿服务，选取了北京冬奥会视频短片、北京冬奥志愿者专访视频及2021年大国工匠年度人物艾爱国的相关采访视频等。从这些情境中，学生能更为深刻地体会服务和奉献社会对个人成长的意义，进而将理论知识转化为实际行动，积极参加社会公益活动。

（2）教学结构设计完整，知识和实践结合。“搭建课堂‘骨架’是教学设计的重中之重”[3]，梳理本节课的教学内容，厘清内容逻辑，进而形成了“为什么—怎么做”的教学结构，既遵循了学生的认知规律，又符合学生的逻辑思维。课前让学生分享以往经历和收获，感悟参与社会活动的快乐，调动学生的积极性。通过情境，引导学生

探索服务社会在个人成长中的作用，探讨在现实生活中如何服务和奉献社会，制订微公益活动策划书，将理论知识应用到现实生活中。

（3）探究性议题设问，紧扣《课程标准》要求。本节课紧扣志愿服务这一议题主线，从分享以往的志愿服务经历，到为什么要服务和奉献社会，再到探究如何服务和奉献社会，探究性议题设问由“为什么”到“怎么做”，从理论到实践的过程，体现了情境倡导下的议题式探究性问题的层层递进。

（二）不足

情境议题设问还有待进一步完善。首先，八年级学生自身的阅历有限，分析和解决问题的能力还有待加强，学生依据问题有针对性地讨论探究的难度依然较大，在讨论过程中容易产生挫败感，从而影响学生课堂参与的积极性。为此，教师备课应多采用视频、图片等形象化方式呈现知识点，才能打造有声有色、有滋有味的课堂。

三、整体教学设计：强化社会责任意识，积极服务和奉献社会

（一）教材与学情

1. 内容分析

（1）本课地位。“勇担社会责任”是八年级上册教材的第三单元，其核心内容是“社会责任”。通过前面两个单元的学习，学生对社会生活和社会规则已经有了一定的了解，本单元在此基础上进行进一步深化，引导学生明确社会责任，并积极主动服务奉献社会。本单元也为第四单元的学习打下了基础。因此，本单元在逻辑结构上起着承上启下的作用。本课是第三单元最后一框，对培养学生社会责任感，树立担当精神和奉献精神有着重要的作用。

（2）本课内容。本框“服务社会”主要由“奉献助我成长”和“奉献社会我践行”两个部分构成。第一部分主要是引导学生知道参与社会活动和对社会负责不仅可以“体现人生价值”，还可以“促进我们的全面发展”，引导学生自觉自愿承担社会责任。第二部分主要是让学生认识到服务和奉献社会不仅需要“青年担当责任”和“积极参与社会公益活动”，还需要“热爱劳动，爱岗敬业”，培养学生的社会责任感，帮助学生树立担当精神和奉献精神，从而强化学生的责任意识。

2. 学情分析

（1）学生心智特征分析。八年级学生具备一定的知识储备、生活阅历和辩证分析问题的能力，对服务社会有着不同程度的认识和理解。大多数学生基本认同服务社会

的正向意义，在现实生活中也能积极参与社会公益活动。但由于家庭、环境等因素的影响，有些同学产生了以自我为中心的心理，以各种理由拒绝参与学校、社会组织的公益活动，缺乏担当和责任意识。

（2）学生已有知识经验分析。通过前面两个单元的学习，学生对社会责任和社会规则已有一定的了解，明白责任的重要性，懂得不同社会角色要承担相应责任，明白应该努力成为一个有责任有担当的人，这也是本节课教学活动开展的重要基础。

3. 教学目标与重难点

（1）教学目标。通过分享经历，感悟服务社会的收获和成就，强化学生的社会责任感，引导学生树立服务和奉献社会的意识，培养敬业和奉献精神，成为一个有益于社会发展的人；通过探究交流，理解服务社会对个人成长的意义，知道服务和奉献社会需要青年担当责任和积极参与社会公益活动，还需要热爱劳动、爱岗敬业；通过活动策划，增强学生关注社会和服务社会的能力。

（2）教学重难点。

教学重点　感悟服务社会的意义；积极参与服务社会活动，增强社会责任感。

教学难点　积极参与服务社会活动。

（二）路线与思路

1. 教学路线

议题线　以“如何服务和奉献社会”为总议题，引领如下问题串：通过这次志愿服务活动，你有哪些收获？曹师傅的行为为什么能影响周围人？曹师傅的事迹对我们有何启示？从采访视频中，我们可以得到什么启示？—大家了解中国共产主义青年团吗？听完团歌后，有什么感想？我们从搜集到的关于中国青年志愿者协会的资料和事迹中得到了什么启示？大国工匠艾爱国对待工作的态度中有哪些可贵的精神？你从中得到了什么启示？—以小组为单位，制订一份微公益活动策划方案。

情境线　北京冬奥会视频短片《温暖的雪花》—曹师傅事迹—志愿者采访视频——音频《中国共产主义青年团团歌》—视频《工匠精神的杰出代表：艾爱国》—制订一份微公益活动策划方案。

活动线　分享交流—探究讨论—实践活动。

知识线　服务社会，助我成长（服务社会的意义）—服务社会，我来践行（如何服务社会）—服务社会，我来策划（社会实践）。

2. 教学结构（图1）

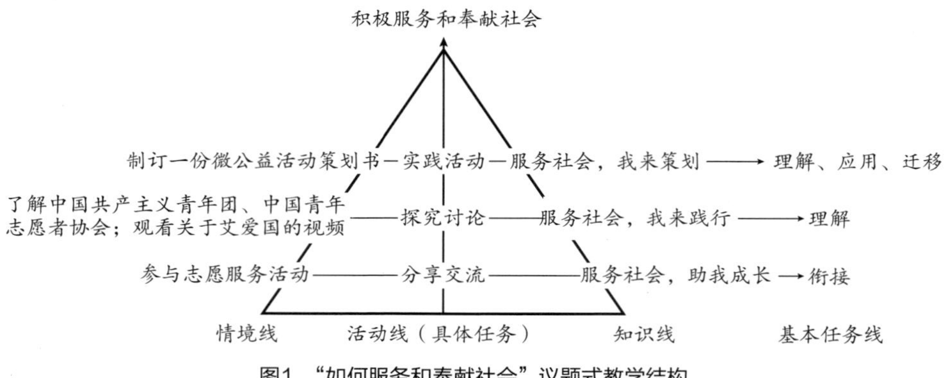

图1 “如何服务和奉献社会”议题式教学结构

（三）过程与意图

总议题　如何服务和奉献社会？

新课导入　播放视频，展示图标。

课前观看2022年北京冬奥会视频短片《温暖的雪花》。视频中志愿者们活跃在赛场内外，成为冰雪盛会中一道亮丽的风景线。本次北京冬奥会志愿者的标志采用国际通用手势“我爱你”，体现了国际化、时尚化、年轻化。标志的上半部分图形由寓意着连胜的“VVV”组成，象征着志愿者“手拉手”参与冬奥会的热情，下半部分图形是“笑脸”，表达了“奉献、爱与微笑”的主题。习近平总书记在北京冬奥会残奥会总结表彰大会上强调“要在全社会广泛弘扬奉献、友爱、互助、进步的志愿精神，更好发挥志愿服务的积极作用，促进社会文明的进步”[4]。正是因为有了一个个志愿者的无私奉献，北京冬奥会才得以顺利举行。今天就让我们一同走进第三单元第七课第二框“服务社会”。

设计意图　通过视频和图片的方式导入新课，调动学生的诸多感官，吸引学生注意，激发学生的学习兴趣，做好教学铺垫，从而引入教学。

篇章一：服务社会，助我成长

教学情境1　分享志愿服务故事；退休工人曹师傅的公益经历；采访北京冬奥志愿者的视频。

学习任务1　展示照片，分享故事和收获。

师：课前布置同学们搜集志愿服务活动的照片，请同学们分享收集到的照片和故事，并谈谈感想。

设计意图1　学生分享志愿服务的故事和感想，充分调动学生的积极性。

学习任务2　引用事例——退休工人曹师傅热衷于公益事业。

曹师傅热衷于公益事业，得到了大家的尊重和认可，周围的人也受到他的影响，纷纷加入到公益事业中。曹师傅的行为为何能影响到周围人？

答案提示2　评价一个人的价值应该看他贡献了什么，而不应当看他得到了什么。曹师傅服务社会的行为就是他不求回报地对社会的贡献，他服务社会的行为体现了他的人生价值，得到了大家的认可，因此能影响到周围人。

设计意图2　通过曹师傅事迹，引导学生思考服务社会和人生价值之间的关系。

学习任务3　小组探究：曹师傅的事迹对我们有什么启示？

答案提示3　服务社会、帮助他人、参加公益活动，在帮助别人的同时，也会让自己获得成就感和满足感。在现实生活中，我们每个人都无一例外地享用着社会所提供的生活和学习资源，人人都有责任回报社会，尽己所能地帮助他人和服务社会。只有积极为社会做贡献，才能得到人们的尊重和认可，实现我们自身的价值。

设计意图3　小组探讨，引导学生认识和理解服务社会的意义，强化学生的社会责任意识。

学习任务4　播放视频——《冬奥志愿者专访》。

从视频中我们可以得到什么启示？

答案提示4　冬奥志愿者们纷纷表示收获多、意义深远。有的提升了自己专业水平，有的学习和拓展了相关的知识，有的锻炼了意志等。服务社会不仅能体现人生价值，还能促进个人的全面发展。在服务社会的过程中，视野得以拓展，知识得以丰富，观察、分析和解决问题的能力及交往合作能力得以提升，道德修养也得以提高。

设计意图4　通过观看视频，学生能够更直观地领会服务社会不仅能体现人生价值，还能够促进自身的全面发展，提高学生主动参与社会服务活动的积极性，增强社会责任感，树立担当精神和奉献精神。

篇章二：服务社会，我来践行

教学情境1　中国共产主义青年团；中国青年志愿者协会；工匠精神杰出代表艾爱国的视频。

学习任务1　播放音频——《中国共产主义青年团团歌》。

大家了解中国共产主义青年团吗？听完团歌，有何感想呢？

答案提示1　中国共产主义青年团是中国共产党领导的先进青年的群团组织，是广大青年在实践中学习中国特色社会主义和共产主义的学校，是中国共产党的助手和后备军。习近平总书记明确指出，“党和人民事业发展离不开一代又一代有志青年的拼搏奉献”[5]。在新时代，共青团要组织青年参加改革开放和社会主义现代化建设的实践，为发展社会生产力、提高人民生活水平不懈奋斗，为实现全面建设社会主义现代化强国的第二个百年奋斗目标建功立业。所以，服务和奉献社会，需要我们青年的担当精神。

设计意图1　通过了解中国共产主义青年团，感悟共青团在服务社会中的模范带头作用。

学习任务2　小组探究：从搜集到的关于中国青年志愿者协会的资料中得到了什么启示？

中国青年志愿者协会是共青团中央主管的，由青年志愿者组织和个人自愿结成的全国性、专业性、非营利性社会组织，是共青团在实践中培养社会主义事业建设者和接班人的重要组织平台。

答案提示2　我们应积极参与服务和奉献社会的活动。环境保护、社区服务等都是社会公益活动的具体形式。无论参加哪种形式的社会公益活动，我们都要从实际出发，讲求实际效果。

设计意图2　通过探究交流，引导学生了解志愿服务活动，明白通过社会公益活动服务社会，应从我们开始，从身边小事开始。

学习任务3　播放视频——《工匠精神的杰出代表：艾爱国》。

大国工匠艾爱国对待工作的态度中有哪些可贵的精神？你从中得到了什么启示？

答案提示3　艾爱国对待工作认真负责、精益求精。这让我们明白服务和奉献社会，还需要我们热爱劳动，爱岗敬业。“劳动是一切幸福的源泉。”[6]我们不仅要努力学习，还要增强劳动观念，培养敬业精神，学会全力以赴、精益求精、追求卓越，为将来成为合格的社会主义建设者做好准备。

设计意图3　通过学习榜样人物及其先进事例，大力弘扬劳模精神、劳动精神、工匠精神，引导学生树立以辛勤劳动为荣、以好逸恶劳为耻的劳动观，鼓励学生热爱劳动、勤于劳动、善于劳动，在劳动中强化社会责任意识。

篇章三：服务社会，我来策划

教学情境　微公益活动策划案。

学习任务　以小组为单位，制订一份微公益活动策划方案。

答案提示　微公益活动虽小，但是意义重大。越来越多的人开始参与社会微公益活动，例如，敬老院慰问活动、爱心义卖活动等，旨在通过积极参加微公益活动，从而关注社会，担当起社会责任，进而促进社会和谐。

设计意图　通过制订公益活动策划方案，提高学生热情，鼓励学生积极参与服务和奉献社会的活动，强化学生的社会责任意识。

四、反思教学过程：在情境中探索，在议题中提升

（一）亮点与价值

（1）坚持“以学生为中心”的教学理念。教师创设问题情境，学生积极交流探讨，激发学生学习的兴趣，引导学生拓展和延伸思维。这充分体现了“以学生为中心”的教学理念，使学生在合作中学习，在学习中成长，提高学生的课堂参与度和积极性。

（2）借助情境式教学强化学生的责任意识。情境式教学服务课堂结构，提高课堂实效，更具感染性和说服性，能牵引学生进入情境，体会意义，升华精神。

（3）说理教育与启发引导相结合，促进学生深入理解。教师深入浅出地讲清、讲透道理，让学生明白服务社会对个人成长的意义。同时，采取讨论、交流等方式，引导学生在探讨中做到学思相融，真正让道理入心、入脑。

（4）课堂教学与课外实践相连接，鼓励学生知行合一。课堂教学让学生知晓道理、收获知识。同时，引导学生动手制作微公益活动策划书，将所学知识与实际联系起来，达到认识和行动的统一。

（二）问题与对策

未能全面预设学生在讨论中可能出现的问题。课堂上采取个人分享、小组讨论等教学方式，坚持了以学生为中心，发挥了学生的主体性作用，激发了学生的学习热情，提高了课堂教学氛围。然而，课堂上对某个问题的争论过于激烈，不仅会扰乱课堂的正常秩序，而且也会对教学产生不利的效果。针对这一问题，需要教师发挥其主导作用，正如习近平总书记强调的：“坚持主导性和主体性相统一。思政课教学离不开教师的主导，同时要加大对学生的认知规律和接受特点的研究，发挥学生主体性作用。”[7]因此，教师在教学过程中不仅需要优化情境问题的设计，让学生可议、可辨、可悟，还需要加强教学组织能力，引导课堂交流正常有序进行，同时注意“引导于‘恰到好处’时”[8]，把握好引导的“度”。

参考文献

[1] 习近平．习近平谈治国理政（第三卷）[M]. 北京：外文出版社，2020.

[2] 中华人民共和国教育部．义务教育道德与法治课程标准（2022年版）[M]. 北京：

北京师范大学出版社，2022.

[3] 蒋国生 . 打造优秀教学设计策略探究：以八年级上册“服务社会”一框为例 [J]. 中学政治教学参考，2021（22）:78-80.

[4] 习近平 . 在北京冬奥会、冬残奥会总结表彰大会上的讲话 [N]. 人民日报，2022-04-09（2）.

[5] 习近平 . 在庆祝中国共产主义青年团成立100周年大会上的讲话 [N]. 人民日报，2022-05-11（2）.

[6] 习近平 . 在全国劳动模范和先进工作者表彰大会上的讲话 [N]. 人民日报 .2020-11-25（2）.

[7] 习近平 . 思政课是落实立德树人根本任务的关键课程 [J]. 求是，2020（17）：4-16.

[8] 王慧君 . 议题活动中的教师角色改进 [J]. 思想政治课教学，2022（9）：36-39.

“如何用全面的眼光看待国家的发展”议题式教学叙事

——基于“关心国家发展”一课

朱湘虹[①]　彭　珊[②]

一、形成教学思路：梳理教材逻辑，明确目标议题

议题式教学与新课改相适应，在联结核心素养和课堂教学上具有显著优势。本课按照“依据课标，确定学习目标—梳理教材，建构知识框架—围绕议题，设置教学任务”的思路进行设计。

（一）依据课标，确定学习目标

在《义务教育道德与法治课程标准（2022年版）》（以下简称《课程标准》）中，与“关心国家发展”这一框有关的内容有“热爱家乡，热爱伟大祖国，热爱中华民族，自觉铸牢中华民族共同体意识，有以实现中华民族伟大复兴为己任的使命感”“了解中国特色社会主义伟大成就”“为自己是中国人而感到自豪”“了解中国特色社会主义的优越性，坚定道路自信、理论自信、制度自信和文化自信”。根据《课程标准》的要求和教学建议，我们初步确定了本节课的学习目标：通过全面认识国家取得的辉煌成就和面临的诸多问题及解决问题的举措，引导学生用发展的全面的眼光看问题，激发学生对祖国取得成就的自豪感和对国家未来发展的自信心，坚定中国特色社会主义道路、理论、制度和文化自信，践行社会主义核心价值观。与此同时，根据《课程标准》确定这节课的议题为：如何用全面的眼光看待国家的发展？这一议题契合本课的价值追求，有利于培育学生的政治认同素养。

（二）梳理教材，建构知识框架

确定好“如何用全面的眼光看待国家的发展”这一议题后，我们便开始梳理教材内容，本课的教材内容逻辑十分清晰，共分为两目。

---

① 朱湘虹（1968—），女，湖南科技大学马克思主义学院副教授，硕士生导师。

② 彭　珊（1998—），女，湖南科技大学2020级学科教学（思政）专业硕士研究生。

第一目为“为祖国的成就感到自豪”，主要从学生的感性认识出发，帮助学生了解祖国取得的伟大成就，激发学生对祖国的自豪感。这一目主要包含两层意思：其一，国家的飞速发展，带动并促进社会的方方面面发生了可喜变化；其二，祖国所取得的巨大成就，令世界瞩目，使我们倍感自豪。

第二目为“对未来充满信心”，引导学生由感性认识上升为理性认识，强调在看到我国取得了巨大成就的同时，也要客观理性地正视发展中面临的问题，要知道国家正在着力解决这些问题，并不断取得积极成效，要对国家未来的发展更加充满信心和期待。

（三）围绕议题，设置教学任务

以“如何用全面的眼光看待国家的发展”议题为主线，整合教学素材，我们采用一个导入环节和三个篇章来对这一课的内容进行结构化处理。

导入篇：感受生活变化　体会幸福生活。播放视频——《老人关心国家大事，党的二十大召开每天守着看直播》。学生分享观看视频后的感悟，并说一说最近关注到的国家大事。教师引导：每一个中华儿女都会为伟大祖国取得的辉煌成就感到由衷的骄傲和自豪，为了祖国更加美好的明天，我们应该众志成城，脚踏实地，共同奋斗。那么，怎么认识国家发展中的成就与问题？我国采取了哪些措施来解决发展中的问题？今天，我们在这节课中一探究竟，一起学习“关心国家发展”。

篇章一：自豪中国——祖国成就，我心自豪。设计“厉害了，我的国”知识抢答赛，通过知识抢答和学生分享的形式，调动学生的积极性，活跃课堂气氛，引导学生了解国家取得的成就，激发学生的爱国之情。

篇章二：砥砺中国——正视现实，奋进前行。先设置一个思考辨析问题：“有人认为，我国现代化建设取得了举世瞩目的成就，因此我国已经是发达国家了。你认同这个观点吗？你的理由是什么？”随后展示有关食品安全的时政故事案例——“土坑酸菜存在严重食品安全问题”，引导学生正视我国在发展中存在的问题，帮助学生充分了解国家为解决这些问题做出的积极努力及所取得的重大成效，坚定对国家未来发展的信心。

篇章三：自信中国——牢记使命，心向未来。通过播放视频《疫情下的中国速度》，创设议学情境，学生结合视频内容进行小组合作讨论，引导学生感受中国速度、中国力量，坚定学生对国家未来发展的信心。

二、协同教学设计：优化议学活动，注重学生情感体验

教学思路初步形成后，经过与备课组老师的协同设计和集体讨论，笔者发现上述教学设计中还有几个值得改进的地方。

（一）选择学生熟悉的生活化情境素材作为导入

“关心国家发展”这节课的教学内容着眼于国家宏观层面，学生难以将教学内容与自身的生活实际相联系，实现知识的有效迁移。因此，备课组老师提出，在导入环节可利用学生熟悉的生活化素材，建议引入湘潭市创建文明城市的素材作为议学情境，通过播放视频《莲乡新貌》，引导学生关注自己周围生活方方面面的新变化，再通过探究和讨论，进一步让学生领悟，正是由于国家的不断发展，才会有如今越来越幸福美好的生活，为激发学生的爱国情感做好铺垫。

（二）议学活动设计要更注重学生的情感表达

第一篇章：自豪中国——祖国成就，我心自豪。设置“厉害了，我的国”知识抢答赛，通过答题的方式了解国家取得的成就，但涵盖的内容有限，学生了解的国家取得的巨大成就不够全面，学生的爱国情感也不能得到充分激发和表达。经过与备课组老师的讨论，我们在这一篇章重新设计了两个活动，第一个活动是让学生在课前收集好关于祖国所取得成就的相关图片或绘画，在此基础上，开展“制作中国名片”的活动，要求学生用精准的词语概括中国名片所涉及的关键词，并列举出主要成就，同时附上图片或绘画，最后，由同学们进行投票，选出制作得最好的名片。第二个活动是“告白祖国——写给祖国的三行诗”，将对祖国的情感写成三行诗，让学生充分表达对祖国的自豪和热爱。这两个活动的设计很好地实现了学生由认知体会到情感升华的目的，符合学生的认知规律，能更好地发挥学生的主动性，提升学生的课堂参与感。

（三）落实大单元教学理念

大单元教学思维改变了以往单课授课的定式思维，主张在大单元视域中进行整体设计。教师要深刻把握大单元的整体逻辑，并将学习目标、学习内容、学习效果融为统一的整体。因此，备课组老师建议在“第三篇章：自信中国——牢记使命，心向未来”，播放视频《疫情下的中国速度》，引导学生结合视频内容进行小组合作讨论，设置问题——“作为初中生，我们应该如何为祖国的发展贡献自己的力量？”促使学生将理论知识落实于具体行动，实现“知情意行”的有效转化。此外，备课组老师还提出，可以加入一个课后拓展延伸环节，通过组织开展“我眼中的祖国发展”展示活动，

推进教学目标、教学内容与教学效果落实核心素养的要求，实现向更高一级的素养层次的进阶，以保障议题式教学的实施宽度。

三、整体教学设计：感悟祖国发展　抒发爱国情感

（一）教材与学情

1. 内容分析

（1）本课地位。“关心国家发展”位于人教版初中《道德与法治》八年级上册第四单元第十课第一框，属于整本书收尾内容的一部分。学生在前面已经认识了“我”与集体、他人、社会、国家的关系，在本学期的最后应该养成关心国家发展的政治敏感性，学会一分为二地看问题，既要知道祖国取得的伟大成就，增强民族自豪感，同时也要学会正确看待祖国在发展中出现的问题及解决措施，对祖国未来充满信心。本框的学习可以为第二框“天下兴亡，匹夫有责”的学习奠定良好的认识基础。

（2）本课内容。“关心国家发展”是第十课“建设美好祖国”的第一框内容。本框有两个条目：为祖国取得的成就感到自豪和对未来充满信心。第一目主要引导学生从感性认识出发，从生活中的不同方面关注国家发展，感受国家所取得的巨大进步，增强对国家的自豪感；第二目主要介绍国家在发展过程中面临的挑战和阻碍，国家正在积极解决问题并已取得了显著的成效，要对国家未来发展充满信心。

2. 学情分析

八年级学生已经具备一定的政治素养，知识面正在逐渐展开，对祖国发展现状有了一定的了解。然而，仍有部分同学过于重视学习成绩，缺乏国家主人翁意识，对国家发展关注不够，使命感不强；还有部分学生虽然非常关心国家发展，对重大时事、社会问题也颇感兴趣，但认识不够全面。

3. 教学目标与重难点

（1）教学目标。通过参与活动，提高学生对国家成就和面临问题的全面了解，用发展的眼光看待我国建设中的问题，激发学生的爱国情感和对祖国所取得成就的自豪感，增强对国家未来发展的信心。

（2）教学重难点。

教学重点　为国家的发展成就而感到自豪。

教学难点　正视国家发展中的问题，增强对国家未来发展的信心。

（二）路线与结构

1. 教学路线

本课采用了议学任务引领的情境议题式教学方法，由议题、情境、活动、知识四个要素构成了以下四条线：

议题线　以“如何用全面的眼光看待国家的发展”议题引领如下问题串：国家取得的巨大成就有哪些？—你认同我国已经是发达国家了吗？为什么？—国家采取了哪些措施保障食品安全？—你还知道哪些国家在发展中面临的问题及采取的应对措施？—抗击疫情为什么我们会取得胜利？—作为初中生，我们应该如何为祖国的发展贡献自己的力量？

情境线　湘潭市创建文明城市宣传片：《莲乡新貌》—制作中国名片、告白中国—时政故事案例：“土坑酸菜存在严重食品安全问题”—情境视频：《疫情下的中国速度》。

活动线　分享举例—展示分享—辨析讨论—互动交流。

知识线　体会幸福生活—自豪中国（了解我国在发展过程中取得的巨大成就）—砥砺中国（把握国家在发展中面临的问题及采取的应对措施）—自信中国（对国家未来的发展充满信心和期待）。

2. 教学结构（图1）

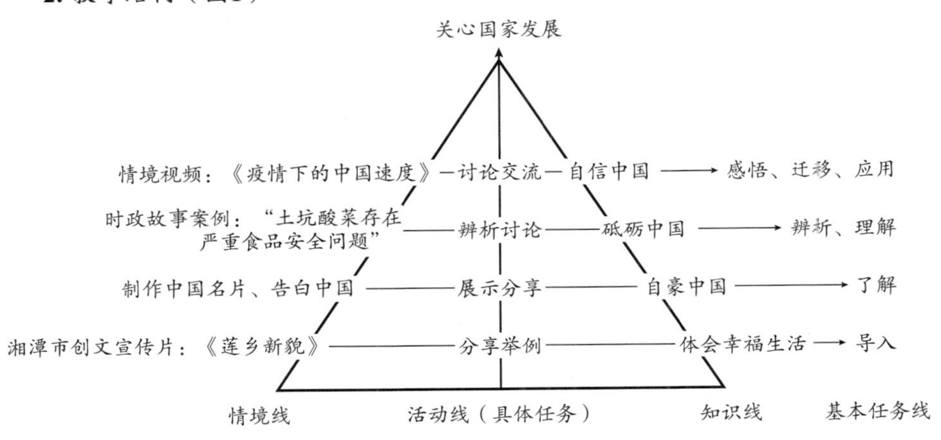

图1　“如何用全面的眼光看待国家的发展”议题式教学结构

（三）过程与意图

总议题　如何用全面的眼光看待国家的发展？

导入篇　感受生活变化，体会幸福生活

学习任务1　播放视频：《莲乡新貌》——湘潭市创建文明城市宣传片。

今年，湘潭市奏响了文明创建工作攻坚最强音，一个个务实之举、一件件民生实事，破除了为创建而创建的形式主义，促进了城市环境面貌、社会公共秩序、居民生活品质等的共同提升。

自由分享　视频中你看到了什么？有什么感受？

设计意图　以湘潭市创建文明城市为背景，通过视频引导学生关注身边方方面面的变化，领悟到正是由于国家的日益强大，我们才能有如此幸福的生活，切入课题，为激发学生的爱国情感做铺垫。

篇章一：自豪中国——祖国成就，我心自豪

学习任务1　制作心中的“中国……”名片。

中国的“名片”是什么？是源远流长的华夏文明，是奔腾不息的长江黄河，是闻名世界的中国天眼……中华人民共和国成立以来，日新月异的中国有了更多闪亮的“名片”。

课前准备：布置学生课前查找国家发展取得的成就，并收集相关图片或绘画。

活动要求：

①写出你心中的中国名片，用词语进行精准概括，并列举出主要成就；

②可适当地配有绘画或图片美化名片；

③最后，由同学们投票，选出制作得最好的名片。

提示：可以从政治建设、经济发展、文化教育、生态文明、国际影响等方面思考。

学生成果展示

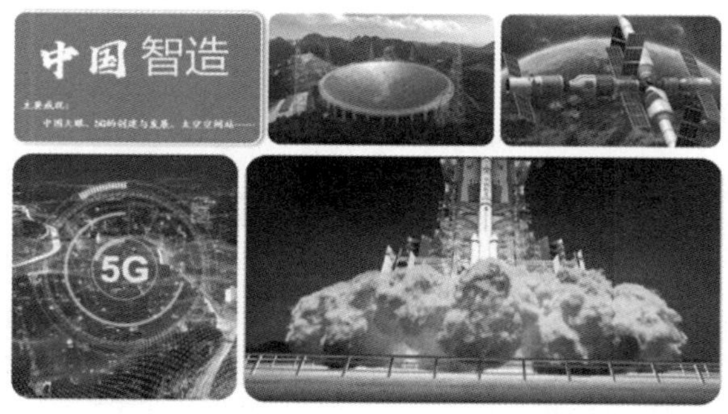

教师点拨　现如今，我国在国际舞台上扮演着越来越重要的角色。今天，中国向世界展现出的是一派欣欣向荣的气象，祖国的伟大成就令世界瞩目！

学习任务2　告白祖国——写给祖国的三行诗。

将想对祖国说的千言万语，化作这三行诗，表达你的爱！

活动要求　写完后，大声朗读出来！

学生成果展示示例

历史长河中隐忍爆发的你，
新纪元里日益强大的你，
都是我心中最好的你！

设计意图　设置“制作心中的‘中国……’名片”和“告白祖国——写给祖国的三行诗”两个活动，来调动学生参与课堂的积极性，突出学生的主体地位，活跃课堂气氛，让学生充分感受祖国取得的巨大成就和国际社会的高度赞誉，点燃学生的爱国情、强国志、报国心。

篇章二：砥砺中国——正视现实，奋进前行

学习任务1　小组探究：有人认为，我国现代化建设取得了举世瞩目的成就，因此我国已经是发达国家了。你认同这个观点吗？你的理由是什么？

教师点拨　在看到我国取得巨大成就的同时，我们也要正视发展中面临的各类问题。例如，人均国内生产总值的世界排名还不高，发展不平衡、不协调、不可持续问题仍然突出，部分群众生活面临一些困难等。

学习任务2　展示时政故事案例——2022年“3•15”晚会曝光湖南插旗菜业有限公司加工生产的老坛酸菜存在食品安全问题，随即引发舆论关注。

要求：全班同学一起认真观看视频，认真思考并参加小组讨论，交流分享。

问题：（1）结合你的所见所闻，说一说你知道的有关食品的问题。（2）国家采取了哪些措施保障食品安全？

教师点拨　①城市居民日常生活中最不放心的食品类别为肉及肉制品，其次是乳及乳制品。在食品安全环节中，老百姓最不放心的是食品生产加工环节，其次是餐饮和集体供餐环节。②加强食品安全监测；完善食品安全相关标准；完善食品安全相关认证等。

学习任务3　以小组为单位，分工协作，讨论：你还知道哪些国家在发展中面临的问题及采取的应对措施？

教师点拨　习近平总书记在党的二十大报告中指出：“五年来，我们党团结带领人民，攻克了许多长期没有解决的难题，办成了许多事关长远的大事要事，推动党和国家事业取得举世瞩目的重大成就。”[1]可见，国家一直在采取各种积极措施，稳增长、促改革、调结构、惠民生、防风险，着力解决各种发展中的问题，取得了一系列历史性成就，发生了一系列历史性变革。我们要对国家的发展更加充满信心和期待！

设计意图　通过辨析活动，引导学生深刻感受党和国家为解决发展中的问题所做出的努力，坚定对国家未来发展的信心；通过小组合作探究，引导学生从实际生活的时政案例出发，正视国家发展中的问题，帮助学生初步形成正确认识和分析现实问题的能力，培养科学精神。

篇章三：自信中国——牢记使命，心向未来

学习任务1　播放视频：《疫情下的中国速度》。

新冠疫情发生以来，在以习近平同志为核心的党中央坚强领导下，全党、全军、全国各族人民团结一心，凝聚起打赢疫情防控阻击战的强大合力。火神山、雷神山医院的建成诠释着“中国速度”；“疫情拐点”“武汉解封”见证着“中国奇迹”；党员、干部、公安干警、医护人员冲锋在抗疫一线彰显着“中国精神”……

结合视频内容，小组合作讨论：在疫情防控中，我们为什么会取得重大积极成果？作为中学生，应如何关心国家发展？应如何为实现中华民族伟大复兴而奋斗？

教师点拨　在疫情防控中，我们取得重大积极成果的重要原因是我国具有特色鲜明的道路、理论、制度和文化优势。作为初中生的我们，要不断学习科学文化知识，不断丰富知识储备，掌握建设祖国的本领；要积极参加社会实践活动，提高实践创新能力；要不断增强自身公民意识和社会责任感，为祖国发展献计献策……

设计意图　引导学生感受中国速度、中国力量，坚定学生对国家未来发展的信心；引导学生理解自己与国家发展的密切关联，明确青少年要主动担负起为中华民族伟大复兴而奋斗的历史重任，并号召青少年要持续努力奋斗。

课后拓展延伸

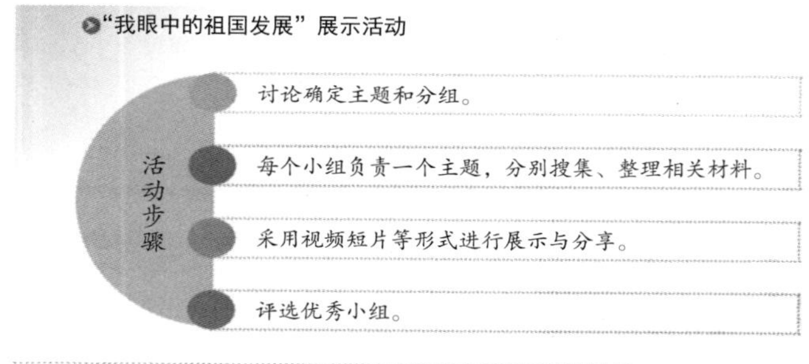

四、教学反思：优化议学情境设计，尊重学生主体地位

（一）亮点与价值

1. 目标内容科学精准

本节课的学习目标是引导学生感知中国特色社会主义的实践成就，学会用辩证发展的眼光分析社会问题，增强学生的国家意识和国情观念，树立民族自尊心、自信心、自豪感。不论是从情感态度价值观、能力和知识三维目标的角度，还是从培养学生的政治认同、道德修养、法治观念、健全人格和责任意识的学科核心素养的角度，本教学设计都立足于《课程标准》、教材内容、学生发展需要，紧扣目标，合理设计。

2. 情境资源丰富精致

教学情境创设要紧密联系学生的现实生活，在学生的日常生活中发现、挖掘情境资源。导入环节运用了湘潭市创文宣传片《莲乡新貌》，贴近学生的生活，让学生感受到家乡的发展，激发学生的家国情怀和自豪感；通过设置制作中国名片、书写三行诗等互动活动，让学生充分参与课堂，体会国家取得的重大成就，激发学生的国家意识、爱国情怀；展示时政故事案例——“土坑酸菜存在严重食品安全问题”，引导学生思考社会发展中存在的问题；再展示《疫情下的中国速度》视频资料，引导学生感受国家的强大，树立民族自尊心、自信心、自豪感。这三个情境巧妙地与教材内容、学生认知规律和接受特点相契合，实现了理论逻辑、生活逻辑、认知逻辑的统一融合，注重启发式教育，在不断启发中让学生水到渠成地得出结论。

3. 活动流程大气精巧

在议题式教学中，设计的活动与其承载的学习内容只有成为“水”与“乳”的关系，彼此交融，才能让学生在参与活动的过程中，既有参与的积极性与热情，又有深入的思考和素养上的提升。[2] 这堂课的活动设计具有很强的调动性，充分发挥了学生在课堂中的主体性。此外，我们还精心设计了议学案，在议学案问题任务单的驱动下，学生的认知、能力、情感目标逐层递进，教学环节安排环环相扣，学生活动真实、扎实、有效。例如，在学生小组合作探究过程中，规则设置明确，老师指导到位，学生分工协作，真正让学生在活动中学会合作，全面提升了学生分析解决问题的能力，增强了学生的规则意识、责任意识。

（二）问题与对策

1. 问题设置的导向性不够明显

“知识存在于具体的、情境性的、可感知的活动之中，不是一套独立于情境的知识符号，它只有通过实践应用活动才能真正被人所理解。”[3] 从情境中找到素材、设计问题，才能有效引发学生思考，调动起学生的主动性、积极性。在观看《莲乡新貌》视频后，我们设计的问题是：“视频中，你看到了什么？有什么感受？”但是，这一设计并没有很好地达到预定目标。如果在谈感受之前，从情境中再增设一个问题：“文明城市的创建给你和家人的生活带来了哪些改变？”这样，更能够结合学生的生活实际，激发学生思考，调动他们参与课堂的积极性。

2. 学生情感体验的激发不够到位

第三篇章设置《疫情下的中国速度》视频情境的目的是增强学生的国家意识和国情观念，树立民族自尊心、自信心、自豪感。但是，在课堂这个环节，学生对国家国情的情感体验没有激发到位。应再次优化教学设计，在第二篇章的合作探究环节，增设1~2个过渡问题，引导学生进一步了解国家国情，形成爱国情感。

3. 课堂教学效果需进一步提升

本节课根据知识点需要选择情境，但比较分散，缺少主题，情境的设计应该有一个主线贯穿其中，才能更聚焦知识点，更突出教学重点难点；第一篇章设计的两个活动应更加彰显学生学习的主体地位，要想方设法让全班同学都参与到既竞争又协作的教学探索中来，让学生真切感到自己才是学习的积极参与者和主人，并为自己的积极参与及多方面收获感到兴奋、幸福；第三篇章选择的议学情境材料时效性有待提升，“国内外形势、党和国家工作任务发展变化较快，思政课教学内容要跟上时代，只有不断备课、常讲常新才能取得较好教学效果”[4]。第三篇章的议学情境材料应更具时效性，才能把思政课讲得更有感染力，更有针对性和实效性。

参考文献

[1] 中国共产党第二十次全国代表大会文件汇编 [M]. 北京：人民出版社，2022.

[2] 李晓东 . 义务教育课程标准（2022年版）课例式解读 • 道德与法治 [M]. 北京：教育科学出版社，2022.

[3] 张大均 . 教育心理学（第三版）[M]. 北京：人民教育出版社，2015.

[4] 习近平 . 思政课是落实立德树人根本任务的关键课程 [J]. 求是，2020（17）：4-16.

“如何理性参与网络”议题式教学叙事

——基于“合理利用网络”一课

唐佳海[①]　楚佳琪[②]

一、形成教学思路：围绕生活情境主题，探究用网理性选择

《义务教育道德与法治课程标准（2022年版）》（以下简称《课程标准》）中与本节课教学要求对应的是法治教育板块中辨别媒体不良信息，了解网络环境中如何保护未成年人隐私等合法权益。以《课程标准》为延伸，我们发现“如何理性参与网络”是一个值得深入思考的议题，可以据此进一步探究中学生与社会生活间的深层次关系。

根据《课程标准》中的教学建议和教材内容，制定本节课的学习目标，着眼于培养“道德修养”“法治观念”“责任意识”等学科核心素养。以“线上教育助力学习”的案例搭建情境线，引入情境辨析，引导学生结合生活实际，明辨网络利弊，提升媒介素养；通过探讨网络案例、谣言辨析游戏，引导学生精准识别网络风险，用法律武器维护自身合法权益；通过展示建言献策新渠道，增进学生对理性参与互联网的情感认同，懂得以高度责任感参与网络生活，用实际行动弘扬网络新风。结合《课程标准》的要求与学习目标，确定本课的议题是：如何理性参与网络？议学活动统领下，紧扣三个子议题：“共享文明新生态——网络生活优势何在？共建道德新风尚——网络风险如何化解？共汇民智新渠道——网络新风如何弘扬？”与总议题环环相扣。围绕核心思路“如何引导中学生理性参与网络”，让学生在议学活动中实现“思”“辨”“行”的同频共振，从而帮助学生解决生活中的实际困惑。

本节课是八年级上册《道德与法治》第二课“网络生活新空间”的最后一框，在前一框的学习中，学生已经认识到了网络是把双刃剑，懂得享受网络带来的便捷的同时也要积极承担社会责任，这是本课教学的知识起点。但如何让学生在纷繁错杂的网络世界中将理性用网的要求内化于心，外化于行，这也是本节课要深入思考的突破口。《课程标准》中要求教学设计要以生活化为起点，社会生活也是“大思政课”最丰富、最鲜活的资源平台。我们注意到，近年来，国家在“清朗行动”中所整治的“网络谣

---

① 唐佳海（1978—），男，湖南科技大学马克思主义学院副教授，硕士生导师。

② 楚佳琪（1999—），女，湖南科技大学学科教学（思政）专业硕士研究生。

言”“信息诈骗”等都体现了网络对青少年的现实影响。如何引导学生辩证地在这些信息中做出理性判断？备课时，结合以上思考，考虑将这些典型的案例引入课堂，在“灌中有启”中拉近学生与情境的距离。由此，我们初步构想了以下三个教学篇章：

篇章一：共享文明新生态——网络生活优势何在？对接时代语境，从社会生活中挖掘“大思政课”资源，采用网络助力学习的正面案例作为导入情境，引入情境辨析，设疑激趣，引发学生的深层思考，探寻网络生活新优势，拓宽学生的“用网”视野。

篇章二：共建道德新风尚——网络风险如何化解？坚持建设性和批判性相统一，选用“游戏诈骗”“网络谣言”的典型案例，设置辨析情境。通过案例判断，引发共情，帮助教师了解学生思想动态，纠正其错误思想，提升网络理性。为增强学生的情感体验，设计了融合“知、情、意、行”的谣言辨析游戏，选取网络热点谣言，引导学生通过辨析式学习，感悟网络谣言的危害，积极弘扬网络新风。这一情境活动与学生生活双向联动，拉近了学生与情境的距离，能调动他们的生活经验，激发深层次思考。

篇章三：共汇民智新渠道——网络新风如何弘扬？通过展示建言献策新渠道，实现本节课核心议题“如何理性参与网络”的价值升华，师生交流研讨，总结形成切实可行的“用网”法则，实现教与学的同频共振，帮助学生涵养理性用网的智慧，弘扬网络新风。

二、协同教学设计：凸显学生价值辨析，营造生成性课堂体验

思路初成后，经过与备课组的协同设计、集体讨论，发现上述教学设计存在以下亮点与不足。

（一）亮点

（1）善用社会大课堂，设疑引思辨议题。“大思政课”视野下，从生活化素材中取景，拓宽网络育人大视野，围绕中心议题，选用线上教育鲜活案例作为导入情境，拓宽学生“用网”视野。通过对比视角，在议题辩论环节，紧扣课程目标设计观点，引入情境辨析，设疑激趣，引发学生的深层思考，探寻网络生活新优势。

（2）创新社会小课堂，生动鲜活讲案例。设计了融合“知、情、意、行”四环节的谣言辨析游戏，用学生喜闻乐见的游戏方式搭建活动型课堂。引导学生在“灌中有启”中感悟网络谣言的危害，将知识内化为自身价值判断，理性参与互联网，积极弘扬网络新风。这一情境活动与学生的生活紧密相关，加强了生活与书本知识的联系，拉近了学生与情境的距离，能够帮助他们调动已有生活经验，激发深层次的思考，这是本课设计的亮点。

（二）不足

（1）案例把控难度大。结合网络背景选用的案例比较新潮，但也具有一定的迷惑性。考虑到学生的认知水平有差异，在具体判断案例时容易出现认知偏差，所以，在实施过程中，需要老师以透彻的学理性直面学生困惑，引导学生在真学真信中提升网络参与度，这对教师的综合素质要求偏高。

（2）教学准备内容广。知识点衔接与拓展方式有待改进，八年级学生的法律专业知识有限，在辨析判断具体案例情况时，需要提前做好学习准备。如果将法律问题留给学生探讨，容易产生习得性无助，影响知识迁移、深度学习的效果，挫伤学生课堂参与的积极性。

三、整体教学设计：活动辨析感悟社会责任

（一）教材与学情

1. 内容分析

（1）本课地位。本单元以“走进社会生活”为核心，从现实生活、网络参与等视角，阐明中学生与社会的关系、怎样丰富社会生活、怎样理性参与网络等内容。本课是第二单元“网络生活新空间”的结尾，对学生正确识别自身与社会的关系、积极承担社会责任等内容起着总结升华的作用。

（2）本课内容。本课共设计了两框内容，第一框“网络改变世界”帮助学生辩证认识网络利与弊，引导学生懂得享受网络高速便捷的同时积极承担社会责任；第二框“合理利用网络”，在第一框的基础上，增进认知衔接，侧重于培养学生的媒介素养，引导学生学会“信息节食”，在自觉遵守道德和法律的基础上理性参与网络，弘扬时代新风。教材内容鲜活，与学生的实际生活联系密切，对学生参与网络生活具有指导意义。

2. 学情分析

（1）学生心智特征分析。八年级学生处在成长成才的“拔节孕穗期”，对网络热点和社会舆论较为敏感，好奇心和探索欲较强，部分学生认识和分析问题的能力有待提高，有时甚至容易受到不良因素的干扰，所以很有必要对他们进行正确的引导。

（2）学生已有经验分析。八年级学生是网络“原住民”，但也缺乏一定的网络安全意识和法治意识。网络信息良莠不齐，网络世界充满诱惑，这对自控力、辨别力相对较弱的中学生来说是一个现实挑战。

3. 教学目标与重难点

（1）教学目标。以“线上教育助力学习”的案例搭建情境线，引入情境辨析，引导学生结合生活实际，明辨网络利弊，拓宽“用网”视野，提升媒介素养；通过网络案例辨析，引导学生精准识别网络风险，用法律武器维护自身合法权益；通过展示建言献策新渠道，增进学生对理性参与互联网的情感认同，懂得以高度责任感参与社会生活，用实际行动弘扬网络新风。

（2）教学重难点。

教学重点　培养媒介素养，探讨在错综复杂的互联网中如何做到理性参与。

教学难点　激发合理用网的热情，积极传播网络正能量。

（二）路线与结构

1. 教学路线

本课采用议学任务引领的情境议题式教学方法，构成议题、情境、活动、知识四个要素线。

议题线　由“如何理性参与网络”总议题引领如下问题串：网络生活优势何在？—网络风险如何化解？—网络新风如何弘扬？

情境线　疫情当下，勇“网”直前—拓展用网视野—展示网络风险—谣言辨析游戏—归纳谣言特点与危害—建言献策新渠道—总结升华。

活动线　情景辨析—游戏互动—探究研讨。

知识线　合理用网新优势—网络风险如何化解—网络新风如何弘扬。

2. 教学结构（图1）

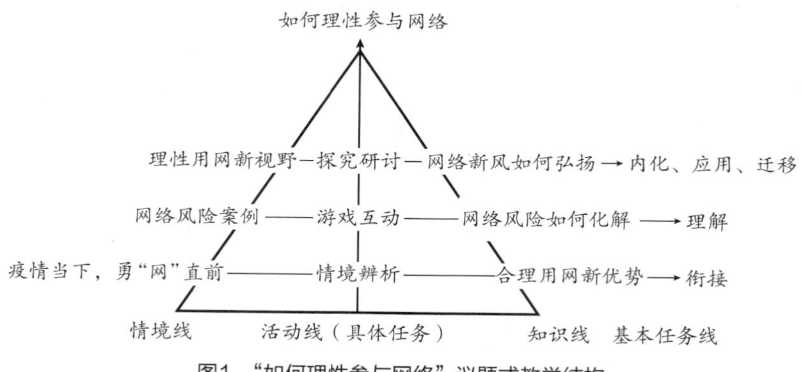

图1　“如何理性参与网络”议题式教学结构

（三）过程与意图

总议题　如何理性参与网络？

课前暖场　微课影集——湘潭市中小学在线教学服务工作：疫情当下，勇“网”直前。

为响应教育部“停课不停学”“停课不停教”的号召，2020年1月30日，湘潭市教育局发布关于做好延期开学期间全市中小学生在线教学服务工作的通知后，各学校积极响应，迅速制定方案，部署措施。这是湘潭市教育史上首次大规模的网上教学活动。教学精准部署，全方位覆盖每一位学生，尤其是农村地区留守儿童、随迁子女等条件不足的学生。注重学生全面发展，落实德智体美劳网络课程资源全覆盖。那么也请大家思考一下，网络给你带来了什么影响呢？

设计意图　创设试听化情境，激发课堂兴趣，拓展中学生用网视野，自然过渡引出议题。

篇章一：共享文明新生态——网络生活优势何在？

学习任务1　情境辨析——明辨网络利弊。

对比不同观点，请你来辨一辨：网络生活究竟好不好？

爸爸说：“网络有效缓解了疫情背景下教育的燃眉之急，有了网络可以随时随地上网课、查资料，丰富我们的课余生活，让遥远的信息变得唾手可得，实现知识零距离。”

妈妈说：“网络影响孩子学习专注度，孩子对网络依赖度过高，玩游戏、刷短视频，把学习时间都浪费了。”

答案提示　①要把握好网络利弊，在无限网络空间中，合理分配时间和精力，提高媒介素养。②积极利用网络获取新知、促进沟通、完善自我，但要注意“信息节食”，提升用网自律。③网络沉迷、网络诈骗、网络谣言等影响青少年健康发展。

设计意图　坚持价值性和知识性相统一，辨析引入，设疑激趣，制造矛盾点，引发学生深层思考，拓宽用网视野，提升驾驭网络的能力。在生活经验的基础上实现认知衔接，完成教学情境的经验化导入，问题承前启后，为下一案例的导入做铺垫。

篇章二：共建道德新风尚——网络风险如何化解？

学习任务1　交流探究，案例分析。

例1：屡见不鲜的网络诈骗：初中生琳琳通过抖音加入QQ群，群主用免费领取游戏皮肤诱导她用父母的账号扫码领福利，但扫码后却提示账户被冻结，琳琳按对方指示解冻账号，结果却发现稀里糊涂地被骗了几笔钱，后被其家长发现并及时报警，最终计算被诈骗49000余元。

例2：漏洞百出的网络谣言，“网络公众号恶意造谣女学生最终受法律制裁”案例。

结合以上案例思考：①你有什么启示呢？②如果你面对这样的情况，你会怎么处理呢？

答案提示　①网络信息要辨析，网络发声要谨慎，网络沉迷不可取，不信谣不传谣，努力营造风清气朗的网络空间。②用好法律武器，学习法律知识。普及财产权、隐私权概念，在网络恶意散播不良信息要承担相应责任，同时在自身权利受到侵害时要敢于用法律武器维护自身权益。

设计意图　坚持主导性和主体性相统一，在情境选择上，承前启后，引导学生以生活为基点，在批判鉴别中明辨是非。在网络案例中，激发学生正面思考，理解网络的危害，学会“信息节食”。以价值引导开展知识延伸，拓展法律知识，寓价值观引导于知识传授之中。

学习任务2　辨析式游戏互动：慧眼识谣言，真真假假我来辨。

朋友圈转载：“抓紧时间采购物资，即将全市封城！”

◎答案提示　以虚假夸张标题恶意煽动，制造恐慌。

据说电视播报中央13台新闻：“今晚务必关手机，防止高辐射宇宙射线伤身体！”

◎答案提示　来源虚假不实，具有煽动成分。

“快转给你的家人朋友！”

◎答案提示　迷惑性标题，虚假不实信息，道德绑架，恶意煽动情绪且语言偏激。

“扫码参与，福利大放送！”

◎答案提示　虚假不实，打着福利幌子，实则为电信诈骗。

设计意图　引导学生灵活运用知识，将知识内化为自身行为准则，在趣味游戏中把握网络谣言特征，在辨析中提升信息鉴别能力。

教学情境1　播放视频《中学生第1课：辨别真伪，抵制网络谣言》

学习任务3　小组探究：请同学们总结并制作网络谣言知识框架图（图2）。

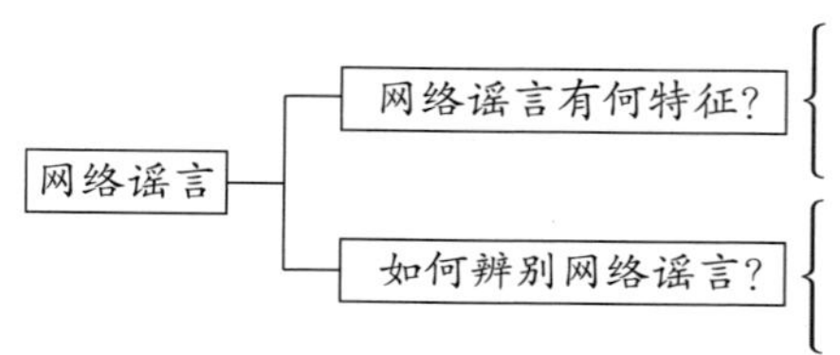

图2　“网络谣言”知识框架图模型

答案提示　谣言往往来源非官方；内容夸大具有煽动性；措辞模糊，缺乏逻辑。

设计意图　提升学生课堂参与感，以生活化为起点，将生活实际与书本知识相互衔接，提升学生对网络风险的识别能力。

篇章三：共汇民智新渠道——网络新风如何弘扬?

教学情境1　播放自制微课影集：“00后”巧用网络整理救援信息，完成生命接力

师：2022年7月23日郑州汛情突袭，许多人用网络平台发布求助信息。一批“00后”学生利用网络传播优势，创建《待救援信息》的表格，这张救命表格，总计250多万的访问量记录，在危急关头完成了生命接力。灾难带来了伤痛，但也有闪光的温良人性，网络技术打开了求生窗口，而这背后的坚实力量，是人与人之间本能的守望相助。

教学情境2　视频展播：团中央权益部2022年全国青少年模拟政协提案征集活动宣传视频

师：我们平时只在电视里看到政协委员为国家献计献策，现在机会来了！共青团为我们开展了“全国青少年模拟政协提案征集活动”，同学们可结合学习、生活、工作实际，自主选择题目，以模拟政协提案形式提出政策建议。每个人都有机会说出你的心声，我们每位同学也都可以用好网络力量为国家建言献策。

学习任务1　小组探究：向正能量看齐，我们该怎样参与网络生活呢?

答案提示　我们可以利用自己所长，合理用网；也可以用网络汇聚民智，合理表达诉求；更要践行社会主义核心价值观，传播网络正能量，共建积极健康、向上向善的网络文化。

设计意图　正面案例，激发学生的深层次思考。展示共青团活动，拓展中学生理性用网视野，让学生在行动中感知时代召唤，增强对国家和社会的认同感。

思维拓展　结合生活思考，假如我是政协委员，会提出什么问题呢?

四、反思教学过程：在辨析中探索，在活动中感悟

（一）亮点与价值

1. 活动搭台，有滋有味

习近平总书记强调："思政课教学离不开教师的主导，同时要坚持以学生为中心，加大对学生的认知规律和接受特点的研究，发挥学生主体性作用。"[1] 本节课在教学活动中坚持主导性和主体性相统一，以生为本，设计辨析活动游戏，引导学生在活动参与中提升网络信息甄别能力，在价值辨析中开展法律知识延伸，寓价值观引导于知识传授之中，将思政小课堂延伸到社会大课堂。同时，发挥教师主导作用，注重活动线与知识线的双线互动，以思政的温度，传递思想的深度。在本案中，笔者设计了"学生课前谣言资料收集—教师展播视频正向引导—师生共绘知识图谱"双向联动的活动课堂，引导学生在辨析中逐步深化对知识的理解、应用和迁移，落实核心素养的培育，将社会道德规范内化于心、外化于行，以实际行动投身网络实践。

2. 学思结合，有声有色

《课程标准》中课程资源开发与利用建议："课程资源的选择要立足学生实际，重视资源的典型性和适切性，注重知识性与价值性有机统一，发挥课程资源促进学生发展的育人价值。"[2] 本课在案例筛选时，坚持价值性和知识性相统一，在引导学生直面社会问题展开批判的同时，注重启发学生正面思考。辨析的最终目的在于引发学生对网络问题的深层追问，在学与思的双线联动中培养中学生理性用网的行为习惯，能积极有序地参与网络生活，落实核心素养的培育。

3. 师生共情，有始有终

中学生对网络利弊的认知交叉模糊，若只有空洞的价值观说教，不结合案例进行深层思考，教育实效性就会大打折扣。因此，在情境选择上应以生活为起点，将生活化案例融入思政课教学，以学生网络生活情境为基点，帮助学生认清用网困惑。在谣言辨析环节中增添知识趣味性，设置符合中学生认知的谣言辨析游戏，以学生喜闻乐见的方式搭建情境线，引发情感共鸣，实现教与学的同频共振、学与思的双线共融。

（二）问题与对策

1. 活动课堂衔接不够充分

习近平总书记强调："办好思想政治理论课关键在教师，关键在发挥教师的积极性、主动性、创造性。"[3] 本节课从学生的认知规律出发，创造性地设置了辨析游戏。但在

整体教学设计中，教师为按时完成教学任务，没有更多地引发学生思考，就直接给出结论，如情境二，学生对案例进行价值辨析后，教师若能再次追问：“社会上为什么会出现这种不当现象呢？”那么，不仅能激发学生进行深层次思考，也能更全面地了解他们的思想。所以，教学不可片面追求进度，而忽视学生的情感体验、疑问困惑，而应发挥学生的主体性，做到主导性和主体性相统一。

2. 情境案例讲解不够鲜活

习近平总书记在中国人民大学考察时强调：“思政课的本质是讲道理，要注重方式方法，把道理讲深、讲透、讲活，老师要用心教，学生要用心悟，达到沟通心灵、启智润心、激扬斗志。”[4] 本节课从网络案例中取景，要求教师在讲解网络风险时，不仅要剖析案例本身，还要敢于旗帜鲜明地批判错误观点，引导学生直面网络弊端、分析网络风险、辨析互联网的利与弊，在对网络谣言、诈骗行为的批判中弘扬网络新风。在辨析案例时，涉及专业法律知识的讲解，这就要求“思政课教师要有知识视野，除了具有马克思主义理论功底之外，还要广泛涉猎其他哲学社会科学及自然科学的知识”[5]。

3. 教学准备内容不够全面

习近平总书记强调：“培养社会主义建设者和接班人，迫切需要我们的教师既精通专业知识、做好‘经师’，又涵养德行、成为‘人师’，努力做精于‘传道授业解惑’的‘经师’和‘人师’的统一者。”[6] 本节课选取的生活案例新颖且具有迷惑性，八年级学生掌握的法律专业知识有限。如果将法律问题留给学生探讨，学生容易产生习得性无助，从而影响知识迁移效果，挫伤课堂参与积极性。因此，在备课中，对于可能会涉及的法律条目，要提前组织学生开展预习，帮其搭建完备的知识体系。教师本人也要精心设计实践教学大纲，做好充分资料准备，在教学中用爱心和耐心把自己的温暖与情感倾注到每一个学生身上。

参考文献

[1][3][5] 习近平．思政课是落实立德树人根本任务的关键课程 [J]. 求是，2020（17）：4-16.

[2] 中华人民共和国教育部．义务教育道德与法治课程标准（2022年版）[M]. 北京：北京师范大学出版社，2022.

[4][6] 习近平．在中国人民大学考察时强调：坚持党的领导传承红色基因扎根中国大地　走出一条建设中国特色世界一流大学新路 [N]. 人民日报，2022-04-26（1）.

“如何理解宪法是治国安邦的总章程”议题式教学叙事

——基于“治国安邦的总章程”一课

凌应生① 孔彦丽②

一、形成教学思路：紧扣法治主题，分步探究问题

2022年4月，《义务教育道德与法治课程标准（2022年版）》（以下简称《课程标准》）正式发布。此次《课程标准》的修订不仅突出了思想性、时代性，也体现了思政课是立德树人的关键课程这一特点[1]，而且突出了目标导向、问题导向和创新导向，并首次提出将议题式教学应用于义务教育阶段的实际教学之中，借助议题提示课程内容。回看本节课的教学内容，对应《课程标准》中的要求是：“了解宪法基本知识，明确宪法的地位与作用，树立宪法法律至上观念。”[2]

在备课时，我发现治国安邦的总章程是一个值得思考的问题，可以进一步帮助学生理解宪法在国家生活中的崇高地位，理清国家机构依据宪法行使权力，以实现和维护人民的根本利益这一关系。同时，在认真研读《课程标准》、精读教材、明确课程内容的基础上，我在教学中设置了以下议题：宪法如何组织国家机构？宪法如何规范权力运行？我可以为治国安邦做些什么？如何理解宪法是治国安邦的总章程？

“坚持宪法至上”是《道德与法治》八年级下册第一单元的内容，是本册教材内容体系的逻辑起点，主要是帮助学生加深对宪法的认识。其中，第一单元“维护宪法权威”分为“党的主张和人民意志的统一”和“治国安邦的总章程”两部分[3]。本课是第一单元第一课第二框的内容，旨在引导学生认识宪法，遵守宪法，认同宪法，增强宪法意识。初步将本节课设计为以下篇章：

篇章一：感悟国家宪法日设立的意义。教师提问：同学们是否知道我国国家宪法日是哪天？为什么要设立国家宪法日？从而引出本课的主题——宪法是治国安邦的总章程，并引导学生感悟宪法日设立的深刻意义。

---

① 凌应生（1981—），男，湖南科技大学马克思主义学院讲师，硕士生导师。

② 孔彦丽（1994—），女，湖南科技大学2021级学科教学（思政）专业硕士研究生。

篇章二：明确宪法组织国家机构的内涵。向学生展示教材第13~15页《中华人民共和国宪法》的材料图片，设置教学任务为自由发言、小组讨论，引导学生思考并填写相关国家机关之间关系的结构图，进而引导学生思考宪法是如何组织国家机构的。这样既可以让学生准确地把握学科知识，厘清知识点之间的内在逻辑，又能锻炼学生的逻辑思维能力。

篇章三：探讨宪法规范权力运行的价值。本环节通过向学生展示“公章关在笼子里”的漫画，播放《高官落马》的视频，引导学生思考并讨论为什么要把“权力”关在笼子里，为什么要规范权力运行。通过对这一问题的分析，既让学生直面社会问题，引发思考，又在讨论中分析、理解规范权力运行的必要性。

篇章四：应用迁移。根据本节课所讲的内容，设想我应该为治国安邦做些什么。以学生设想的方式引导学生从被动接受到主动参与，有利于学生树立宪法意识，明确宪法的基本原则，进而能够认同宪法、遵守宪法、捍卫宪法。

二、协同教学设计：创设教学情境，严密教学过程

议学单初稿完成之后，结合《课程标准》和备课组建议，对初稿存在的问题及需要修改的部分做了以下调整：

篇章一中的基础知识结构不够完善。在引入本节议题之后，没有对宪法的地位与作用进行进一步巩固，可以通过提问的方式引导学生明白宪法的作用，从而帮助学生更好地理解宪法的性质、地位和作用，并倡导学生自觉弘扬宪法精神，维护宪法权威。

篇章二中的知识结构设计有些单调。首先，从问题的设计来看，设计的教学任务为自由发言，可以将教学任务改为小组合作，共同绘制人民、人民代表大会与其他国家机关之间关系的结构图，达到巩固旧知、学习新知的目的。其次，这一环节缺乏具体的情境，可以设置一些与学生生活密切联系的情境，因为来源于学生生活的情境学生会更熟悉，也更容易激发学生的探究兴趣。

篇章四中的问题有些宽泛，可以设计更加具体的问题，提示学生从生活入手，设想生活中有哪些利于治国安邦的事情是我们能做的，我们又应该如何去做。

三、整体教学设计：感悟学科知识的具体内涵

（一）教材与学情

1. 内容分析

（1）本课地位。本框“治国安邦的总章程”属于初中《道德与法治》八年级下册

的内容。主要引领学生了解宪法的地位、作用与重要性，既深化上一框“党的主张和人民意志的统一”内容，又为下一课学习“保障宪法实施”奠定知识基础。

（2）本课内容。“治国安邦的总章程”共两框内容，第一框“组织国家机构”，主要介绍宪法是根本大法，民主集中制原则，宪法是如何组织国家机构等内容。第二框“规范权力运行”主要介绍宪法是如何规范权力运行的及为何要规范权力运行等问题，帮助学生进一步认识宪法的地位与作用，并自觉树立宪法至上的观念，自觉尊重宪法、热爱宪法并拥护宪法。

2. 学情分析

（1）学生心智特征分析。本课教学对象为八年级学生，与七年级相比，他们不仅已经具备一定的思维能力、适应能力和认知能力，而且参与感较强。但学生面对枯燥的理论知识时注意力很难集中，因此需要采用合适的教学方法帮助学生分析、解决问题。

（2）学生已有知识经验分析。本课属于八年级下册第一单元第一课第二框的内容，在八年级上册的学习中，学生已经初步认识宪法，并在一定程度上认识了国家机关，对于宪法的特征和作用已经有比较清晰的认知。因此，如何客观全面地帮助学生树立宪法意识，理解宪法如何组织国家机构，如何规范权力运行及规范权力运行的原因和意义是本课的教学侧重点。

3. 教学目标与重难点

（1）教学目标。了解国家机构组成方式及职责；知道宪法有组织国家机构和规范权力运行方面的重要作用；通过具体案例，能够明白宪法规范权力运行的原因和意义；自觉树立宪法至上的观念，尊重宪法、拥护宪法，认同宪法的核心价值追求。

（2）教学重难点。

教学重点　人民代表大会与国家机关之间的关系；宪法是国家的根本大法。

教学难点　如何规范权力运行；宪法的核心价值追求。

（二）路线与结构

1. 教学路线

本课采用议题式教学方式，以学科基本观点统领本课教学，形成议题线、情境线、活动线、知识线。

议题线　由“如何理解宪法是治国安邦的总章程”议题引领如下问题串：感悟宪法日设立的意义—明确宪法组织国家机构的内涵—探讨宪法规范权力运行的价值—我能为治国安邦做些什么？

情境线　国家宪法日意义—个人所得税法修改过程—展示“权力”漫画、观看“高官落马”视频。

活动线　自由发言—同桌交流—小组讨论。

知识线　宪法的地位—宪法组织国家机构—宪法规范权力运行。

2. 教学结构（图1）

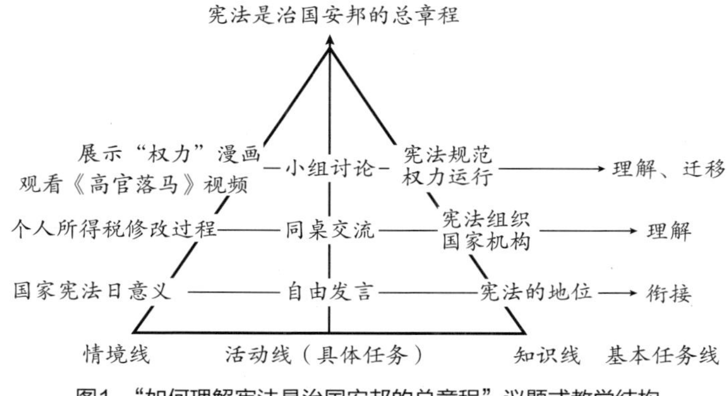

图1　“如何理解宪法是治国安邦的总章程”议题式教学结构

（三）过程与意图

总议题　如何理解宪法是治国安邦的总章程？

篇章一：感悟国家宪法日设立的意义

教学情境　国家宪法日的设立。

教学任务　请同学们猜一猜，为什么要设立国家宪法日？

答案提示　每年的12月4日是国家宪法日，国家宪法日设立的目的，一方面是增强全社会的宪法意识，弘扬宪法精神，加强宪法的贯彻落实；另一方面是传递“依宪治国”“依宪执政”的理念。全国宪法日的设立不仅仅是为了增加一个纪念日，更重要的是使这一天成为全民的宪法“教育日、普及日、深化日”，进而能够形成举国上下尊重宪法、宪法至上、用宪法维护人民权益的社会氛围。同时也是将宪法思维内化于所有国家公职人员心中的重要措施，权力属于人民，权力服从宪法。

设计意图　通过学生回答，教师引入课题：宪法是国家的根本大法，是治国安邦的总章程。通过这一问题，学生能够进一步认识到宪法的地位与作用。同时，社会的长治久安离不开完备且高效运转的国家机构，而这些国家机构怎样产生、有哪些职权、应该怎样行使职权等，都是由宪法规定的。从而引出本课的中心议题并深入探究“如何理解宪法是治国安邦的总章程”。

篇章二：明确宪法组织国家机构的内涵

教学情境1　请同学们自主阅读教材第13~15页《中华人民共和国宪法》的材料。

学习任务1　结合教材和《中华人民共和国宪法》总纲第二、三条，小组合作解读教材第13页的知识结构图（图2），并归纳总结宪法规定了国家机构哪些方面的内容。

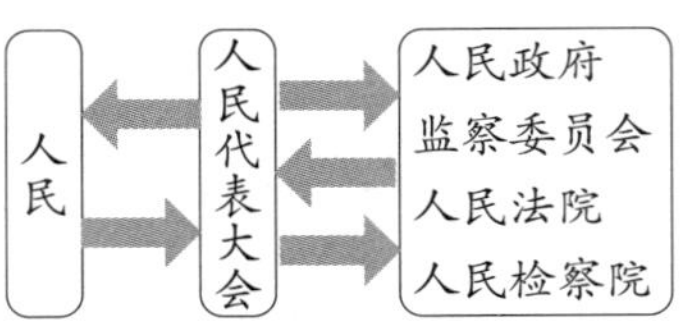

图2　知识结构图

答案提示1　国家的一切权力属于人民；选举代表组成；产生；对其负责；监督。

我国是人民当家作主的社会主义国家，人民代表大会制度从根本上保证人民当家作主的权利。宪法第三条规定“全国人民代表大会和地方各级人民代表大会都由民主选举产生，对人民负责，受人民监督”“国家行政机关、监察机关、审判机关、检察机关都由人民代表大会产生，对它负责，受它监督”。此外，宪法还规定了国家机构的组成、任期、工作方式等内容，使得国家机构必须依据宪法要求来运行，确保国家权力运行稳定有序。这些都体现了国家一切权力属于人民，宪法通过设置国家机构来治国安邦。

设计意图1　通过学生归纳总结，帮助学生建立课本知识和法律条文之间的联结，同时小组合作既能提高学习效率，又能培养学生主动参与的意识，广泛调动学生的积极性。

教学情境2　展示材料：2018年6月29日，《中华人民共和国个人所得税法修正案（草案）》面向全社会广泛征集意见。在短短一个月的时间内，立法机关就收到来自全国各地公众十几万条的意见。考量各方面意见之后，十三届全国人大常委会第五次会议于2018年8月31日以表决的形式（少数服从多数）通过了关于修改个人所得税法的决定。

学习任务2　同桌交流并思考：修改个人所得税法为什么要向全社会公开征集意见呢？个人所得税法的修改过程，说明了我国的国家机构组织和工作的原则是什么？

答案提示2　修改税法要向全社会征集意见，体现了我国国家机构实行民主集中制的原则，我国是人民民主专政，国家的一切权力属于人民。

设计意图2　通过这则材料，学生可以进一步理解宪法组织国家机构的内涵，明白我国国家机构组织和工作采取的是民主集中制的原则。

教学情境3　新学期开始，需要选定班委，班主任给出以下三种方案。方案一：班主任自行决定；方案二：同学们自由竞选，由同学投票决定；方案三：根据小组划分，每组由班主任选定一位班委。

学习任务3　小组讨论、对比评价这三种方案，感受民主集中制的优势。

答案提示3　简单的民主不仅会使决策缺乏科学性，而且很难集中民众意见，容易导致议而不决。因此，要将民主和集中有机统一，既能统一思想和行动，又能最大限度地激发民众参与的积极性。

设计意图3　选取班委任命的情境，切实联系学生生活实际，可以更好地调动学生的积极性。学生通过对比不同方案，能够更直观地感受民主集中制的优势。

篇章三：探讨宪法规范权力运行的价值

教学情境1　向学生展示一幅有关权力与制度的漫画。

学习任务1　小组讨论对漫画的理解，自己绘制知识梳理图（图3）并完成以下填空：

> ① 笼子表示：____________________
>
> 公章表示：____________________
>
> 阳光表示：____________________
>
> ② 讨论并思考漫画的整体含义是什么？为何要这么做？

答案提示1　制度；权力；公开透明和接受监督。把权力关进笼子里是要规范权力运行，对权力运行进行制约和监督，以确保权力在阳光下进行。因为权力是一把双刃剑，运用得好，可以造福于民，反之，则会滋生腐败，贻害无穷。因此必须加强对权力运行的制约和监督。

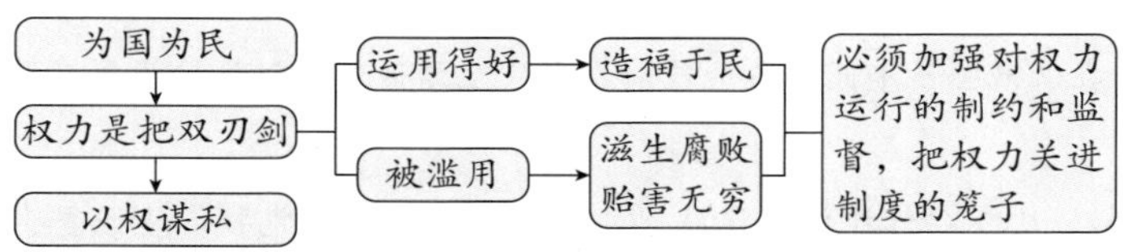

图3　知识梳理图

设计意图1　漫画的形式有利于吸引学生注意，增强学生探究兴趣，让学生在参与中感悟必须对权力严格制约和监督，把权力关进制度的笼子里的深刻意义。让学生明白“一切国家机关和武装力量、各政党和各社会团体、各企业事业组织都必须遵守宪法和法律，一切违反宪法和法律的行为必须予以追究”。同时，规范国家权力运行以保障公民权利的实现，这也是宪法的核心价值追求。

教学情境2　播放《高官落马》的视频。

2021年1月29日上午，经最高人民法院核准，天津市第二中级人民法院依照法定程序对国家副部级官员赖小民执行死刑。

学习任务2　思考并自由发言：通过这则视频思考为什么要规范权力运行，以及宪法是如何规范权力运行的。

答案提示2　我国宪法第五条规定：“一切国家机关和武装力量、各政党和各社会团体、各企业事业组织都必须遵守宪法和法律，一切违反宪法和法律的行为必须予以追究。”一方面，必须依法行使权力，履行职责，做到法定职责必须为；另一方面，在行使权力时，不能任性，应当有法可依，既不能滥用权力，又不能超越权限行使权力，做到法无授权不可为。此外，宪法和法律还规定了国家权力行使的程序，要求国家权力必须严格按照法定的途径和方式行使。凡不按法定程序行使权力的行为，都属于违法行为。

设计意图2　以视频的形式向学生展示真实案例，让学生认识到国家权力的行使不能任性，引导学生更加深刻地感悟宪法规范权力运行的必要性与重要性。同时明白权力必须在宪法和法律规定的范围内行使，法定职责必须为，法无授权不可为。正如习近平总书记所说：“治理一个国家、一个社会，关键是要立规矩、讲规矩、守规矩，法律是治国理政最大最重要的规矩。”[4]在任何情况下只有依法规范权力运行，才能保证人民赋予的权力不会被私自滥用，是真正为人民维权利、谋利益。

篇章四：我能够为治国安邦做什么？

教学情境　课件中向学生展示两则事例：

事例1：垃圾分类处理站建在自家居民楼附近，多次向政府环保部门反映却无法改变。

事例2：在新冠疫情期间，各地政府在居民生活区和活动区均设置多个核酸检测筛查点。

教学任务　小组合作讨论：这两则生活事例中，你认为我们应该怎么做才更有利于治国安邦？你还有哪些可以助力治国安邦的好建议？

答案提示　在我们的日常生活中，我们既要充分理解、信任并全力配合国家机关的工作，又要依法行使自己的权利，同时也要积极献言献策并认真监督国家机关的工作等。这些都是我们捍卫宪法权威，助力治国安邦的正确做法。

设计意图　通过展示学生日常生活中的情境，使得“治国安邦”与学生生活紧密相连，使它不再遥远，以提问的方式帮助学生从被动接受到主动参与“治国安邦”的过程，更有利于学生明确宪法的基本原则并认同宪法、遵守宪法、捍卫宪法，树立宪法意识，维护宪法的权威与尊严。

四、教学反思

（一）亮点与价值

（1）知识结构注重逻辑性。本节课议题采用递进式，使子议题围绕中心议题层层递进，逻辑清晰，并将知识点贯穿于议题之中，以议题引领教学，有利于知识的横向贯通与纵向连接。既可以有效增强学生对新知识的理解与迁移，又能帮助学生树立宪法意识，增强法治观念。

（2）教学情境注重生活性。传统的教学方式很难调动学生的积极性，因此需要创设情境激发学生的学习兴趣。越是与学生生活紧密相关的情境，越容易让学生产生共鸣。在篇章二的教学设计中，设置如何选择班委的情境，既可以帮助学生理解民主集中制的内涵与优势，又能极大地调动学生的积极性。

（3）教学方法适当化。教学中选择适当的方法不仅做到了坚持以学生为中心，凸显学生的主体地位，而且有利于解决教学中“如何教”的问题，确保教学的顺利进行。同时在教学过程中，借助看漫画、看视频和小组合作探究等多种形式展开学习，将抽象的宪法条文与学生日常生活相联系，不仅能吸引学生注意，激发学生的探究兴趣，而且能够帮助学生增强宪法意识，树立宪法至上的观念。

（二）问题与对策

（1）学生课前预习不到位，教师可以采取任务驱动并将课前预习任务具体化。本节课篇章二和篇章三中都有知识梳理图，但是学生在填写时并不能准确、完整地填写，这就容易拖慢整节课的教学进度。出现这个问题一是因为学生预习不充分和知识储备不足，二是因为该部分知识点梳理本身也存在一定难度，因此在布置学生预习任务时，可以设置为小组合作完成知识梳理图，课堂上让各个小组展示，教师进行扩展、点评和纠正，这样既可以调动学生参与的积极性，又可以确保教学时间的有效性。

（2）本课内容理论性较强，需要教师结合多种情境引导学生学以致用。虽然漫画、视频和生活情境可以帮助调动学生学习的积极性，但是课堂闭环式的设计让课堂的“激情”局限于课堂之中，缺乏对课后实际运用的考虑。在授课时，教师可以结合具体事例，创设丰富多样的教学情境，使学科内容与教学情境紧密结合，引导学生学以致用。正如习近平总书记在2019年3月18日思想政治理论课教师座谈会上所说，要坚持理论性和实践性相统一，思政课既要用科学理论培养人，把马克思主义基本原理讲清楚、讲透彻，又要高度重视思政课的实践性，把思政小课堂同社会大课堂结合起来。[5] 让学生不仅在课堂上理解宪法至上，理解“法无授权不可为，法定职责必须为”，而且在实际的生活中，当自己的合法权益受到侵害时，当各种利益摆在面前时，也要时刻牢记宪法的地位与作用，并树立宪法意识，自觉热爱宪法，拥护宪法，认同宪法价值追求，进而达到学懂会用，学以致用的目的。

参考文献

[1][5] 习近平 . 思政课是落实立德树人根本任务的关键课程 [J]. 求是，2020（17）：4-16.

[2] 中华人民共和国教育部 . 义务教育道德与法治课程标准（2022年版）[M]. 北京：北京师范大学出版社，2022.

[3] 贾超，王小叶 .“治国安邦的总章程”教学设计 [J]. 思想政治课教学，2022（6）：68-71.

[4] 中共中央纪律检查委员会，中共中央文献研究室 . 习近平关于党风廉政建设和反腐败斗争论述摘编 [M]. 北京：中央文献出版社，2015.

“如何依法行使和维护权利”议题式教学叙事

——基于“依法行使权利”一课

管桂翠① 沈书娜②

一、形成教学思路：围绕议题设计情境

（一）根据课标，确定学习目标和议题

《义务教育道德与法治课程标准（2022年版）》（以下简称《课程标准》）中将本单元的学习要求归在法治意识培养的大目标之下，在“依法行使权利”一课中，要求学生明确权利行使是有界限的，当自己的合法权益受到侵害时，能够采取合法方式维护自己的权利。笔者根据《课程标准》的要求和内容，确定本课的议题是“如何依法行使和维护权利”。习近平总书记指出，“要引导全体人民做社会主义法治的忠实崇尚者、自觉遵守者、坚定捍卫者，努力使尊法学法守法用法在全社会蔚然成风”[1]。本课的目标为：通过对本课的学习，学生能够明确行使权利有界限，理解权利与义务相统一，明白宪法对公民行使权利做出的限制性规定是对公民权利的保护；同时能掌握运用法律维护自身权利的途径和方法，养成自觉守法、遇事找法、解决问题靠法的思维习惯和行为方式，树立法治意识。

（二）梳理教材，构建知识框架

本节课是八年级下册第二单元第三课“公民权利”的第二框，围绕行使和维护权利这个中心，分别阐述了依法行使权利的要求、依法维权守程序和依法维权的主要途径这三方面知识。结合教材构成，笔者认为，在了解依法行使权利的要求之后，需要辨析为何要给权利设限，以此来帮助学生理解“权利与义务相统一”这一观点。由此确定了本课的知识线，即依法行使权利的要求—权利与义务相统一—依法维权的程序和方式。

---

① 管桂翠（1986—），女，湖南科技大学马克思主义学院教师，硕士生导师。

② 沈书娜（1999—），女，湖南科技大学2022级学科教学（思政）专业硕士研究生。

（三）围绕中心议题，设置分议题及情境

围绕“如何依法行使和维护权利”的中心议题，以新冠疫情防控下权利的行使和维护为主情境，设计了以下分议题及具体情境。

篇章一：我的权利能否我“做主”。运用小刘一家计划国庆假期出游却因新冠疫情防控要求不能成行的情境，让学生讨论“我的权利能否我‘做主’”，由此理解权利行使有界限，公民在行使自身权利的时候，不得损害国家的、社会的、集体的利益和其他公民合法的自由和权利。

篇章二：为何要给权利设限。运用一女子不遵守新冠疫情防控规定而被刑拘的情境，让学生分组讨论为何要给权利设限，理解权利和义务相统一。同时拓展宪法规定的公民权利的相关内容，以及对公民行使权利做出的限制性规定，在对比中树立正确的权利义务观。

篇章三：权利受损，应如何维权。运用小刘朋友一家的消费者权益被侵犯，但其哥哥冲动打人反赔钱的情境，引导学生自由讨论“有理的一方为何最终反而赔钱”，由此明确公民通过正确的途径和方式维护自身合法权益的重要性。讨论如果是自己的合法权利受到损害我们应该怎么办，教师加以引导，由此明确依法维权的方式有和解、调解、仲裁和诉讼等。

二、协同教学设计：集体讨论，优化结构

教学思路形成之后，备课组对该思路进行了探讨，使本课教学结构更加清晰，重点更加突出。在集体备课的讨论中，备课组提出了设计中的不足之处和进一步的优化意见。

（一）教学情境分散，衔接性有待提高

本课所选取的情境总体上的衔接度不够，篇章一与篇章二都承接了新冠疫情这一背景，关联性较强，比较好过渡。但篇章三选取消费者权益受损，不当维权的情境，则易与前面两则情境脱离，跨越性较大。因此，备课组在综合讨论之后，决定将初中生小刘的经历作为贯穿几个情境的线索，设定小刘的同学为劝说、安慰小刘而给她发送了《女子不遵守疫情规定》的视频，从而过渡到女子不遵守疫情防控规定的情境。而“消费者权益受损，不当维权”的情境则设定为小刘的同学向其分享的不愉快经历，由此作为线索，将情境联结起来，增强课堂的流畅性。

（二）情境活动单一，丰富性有待增强

在情境选择上面，备课组认为，篇章三仅提供了不当维权的反面案例，不够丰富，

应增加按照法定程序维权成功的正面案例，将正反案例进行对比，丰富情境内容。在活动设计方面，备课组认为，本课仅有小组合作探究，形式比较单一。但考虑到课堂时间有限，建议在课后开展拓展活动，如辩论赛或实地调研。

（三）详略安排不当，重难点有待突出

本课的最初设计在篇章二花了大量时间明晰权利与义务相统一的原则，却忽略了本课的重点是依法行使权利，而学生比较难掌握的是如何依法维护权利，所以在课堂设计中应更加突出重难点，时间安排上要侧重对重难点知识的讲解，详略得当，打造高效课堂。

三、优化教学设计：完善情境，展开活动

（一）教材与学情

1. 内容分析

（1）本课地位。本框位于“公民的基本权利”内容之后，承接上节课的内容，帮助学生在了解公民享有的基本权利之后，理解我们该如何正确行使自己的权利，从理论上的认知推进到实际生活中的践行，进一步理解公民的权利。同时，本框又位于“公民义务”之前，由公民行使权利有限制引出公民在享有权利的同时也需要履行义务，起到了启下的作用。

（2）本课内容。本课围绕依法行使权利展开，主要探究了依法行使权利的方式和依法维护权利的途径和方法。使学生知道任何权利都是有范围的，能结合案例和自己的实际情况学会依法行使和维护权利，热爱宪法，自觉遵守宪法、维护宪法尊严。

2. 学情分析

（1）学生心智特征分析。八年级学生进入少年期，自我意识快速发展。根据皮亚杰的认知发展理论，这一时期的学生处于形式运算阶段，抽象思维开始占优势，逐渐出现成熟化的表现。其对于规则也不再是一味遵守，而是常常表现出打破规则的倾向，也就是我们常说的“叛逆”。八年级学生的理性思维发展有限，看问题较为简单，需要教师加强引导。教师除了要注重知识的引导和传授，也要注重课堂纪律的管理。

（2）学生已有知识经验分析。本课内容为“依法行使权利”，在上一课的内容“公民的基本权利”中，同学们已经对公民享有的权利有了初步认识，也已经树立了基本的法治思维，明确了宪法法律至上，这为本课的教学奠定了坚实的基础。教师要注重在学生已有认知上进行引导，发挥学生的主体作用，让学生在自主思考和探究中树立

法治思维，学会运用法治方法维护自己的合法权利。

3. 教学目标与重难点

（1）教学目标。明确行使权利有界限，理解权利与义务相统一；掌握运用法律维护自身权利的途径和方法，养成自觉守法、遇事找法、解决问题靠法的思维习惯和行为方式，提升依法参与社会生活的能力。

（2）教学重难点。

教学重点　权利行使有界限。

教学难点　依法维权的途径和方式。

（二）路线与结构

1. 教学路线

议题线　由“如何依法行使和维护权利”总议题引领如下问题串：我的权利能否我“做主”？—为何要给权利设限？—权利受损，应如何维权？

情境线　疫情防控国庆出行受阻—违背疫情防控要求被罚—超市购物被侵权反赔钱。

活动线　自由发言—小组展示—交流探讨。

知识线　依法行使权利的要求—权利与义务相统一—依法维权的程序和方式。

2. 教学结构（图1）

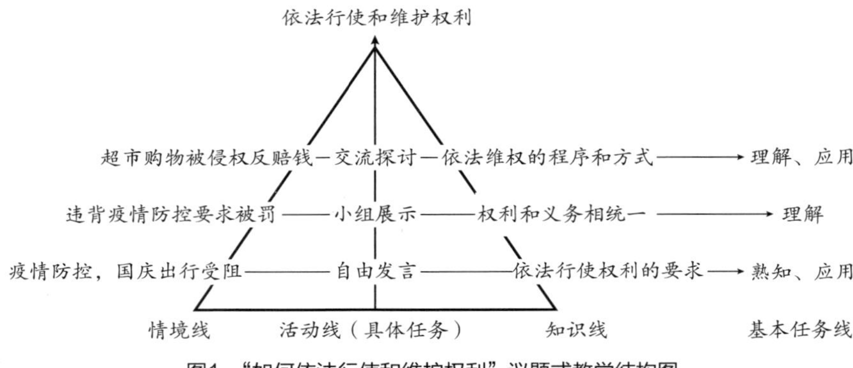

图1　“如何依法行使和维护权利”议题式教学结构图

（三）过程与意图（议题式教学课堂设计）

总议题　如何依法行使和维护权利？

新课导入　播放视频：《中华人民共和国民法典》（以下简称《民法典》）关于滥用权利的规定。

思考：我们应如何依法行使权利？带着这个问题，开始这一课的学习。

设计意图　通过视频吸引学生注意力，使其尽快进入课堂状态，并由《民法典》的新规定导入本课，使学生带着问题学习，发挥学生学习的自主性。

篇章一：我的权利能否我“做主”？

教学情境　初二学生小刘一家计划国庆假出游，却因当地新冠疫情防控要求，无法离开本市，出游计划落空。小刘很疑惑，不是说公民享有人身自由吗？怎么现在她们自己想去哪里都不行呢？你会怎么劝说小刘呢？

学习任务　结合情境，学生讨论回答。

答案提示　权利的行使是有界限的，公民行使权利不能超越它本身的界限，不能滥用权利。国家因为新冠疫情防控要求限制居民出行也是为了公共安全。小林一家如果不执行防控措施强行出行，只想行使自己的权利，而不履行“不侵犯他人权利”的义务，可能会导致他人感染新冠，危害他人的生命健康，甚至会损害国家的、社会的、集体的利益。

设计意图　通过同龄人的疑惑引出大家关心的问题，引发学生对如何行使权利的思考。小刘的困惑其实很多学生也有，通过查找资料劝说小刘，能增进学生自身对行使权利有界限这一知识的理解，明确“我的权利不能完全由我‘做主’”，还要考虑其他公民的合法权利和国家的、社会的、集体的利益。

过渡：由此可见，我们要依法行使权利和自由，不得滥用权利，不能举着行使权利的大旗去做有损国家、社会、集体和他人权利的事情，否则就会受到相应的处罚。

篇章二：为何要给权利设限？

教学情境　播放视频《不配合疫情防控，豪横女子被刑拘》。

学习任务1　请结合视频思考：我们国家为什么规定行使权利必须履行义务？

答案提示1　权利和义务相统一，我们在行使权利和自由的同时也要履行义务。宪法对公民行使权利做出的限制性规定实质上是对公民权利的保护。

设计意图　通过典型案例，让学生明确滥用权利的危害，增强权利意识和义务观念。同时，引导学生对滥用权利的法律后果进行思考，明确滥用权利要承担相应的法律责任，进一步增强其公民意识。

学习任务2　查找资料，分享我国宪法中规定的权利，又对行使这些权利做出了哪些限制。

答案提示2

法律规定的权利	对行使权利做出的限制（义务）
《中华人民共和国宪法》第 33 条　中华人民共和国公民在法律面前一律平等，国家尊重和保障人权。	《中华人民共和国宪法》第 33 条　任何公民享有宪法和法律规定的权利，同时必须履行宪法和法律规定的义务。
《中华人民共和国宪法》第 35 条　中华人民共和国公民有言论、出版、集会、结社、游行、示威的自由。 《中华人民共和国宪法》第 38 条　中华人民共和国公民的人格尊严不受侵犯。	《中华人民共和国宪法》第 38 条　禁止用各种方法对公民进行侮辱、诽谤和诬告陷害。
《中华人民共和国宪法》第 36 条　中华人民共和国公民有宗教信仰自由。	《中华人民共和国宪法》第 36 条　任何人不得利用宗教进行破坏社会秩序、损害公民身体健康、妨害国家教育制度的活动。
《中华人民共和国宪法》第 41 条　中华人民共和国公民对于任何国家机关和国家工作人员，有提出批评建议的权利；对于任何国家机关和国家工作人员的违法失职行为，有向国家机关提出申诉、控告或者检举的权利。	《中华人民共和国宪法》第 41 条　但是不得捏造或者歪曲事实进行诬告陷害。

设计意图　使学生理解宪法对公民行使权利做出的限制性规定，在对比中厘清权利边界。

过渡　上面我们了解了要如何依法行使权利，若我们的权利受到侵犯，又应怎么做呢?

篇章三：权利受损，应如何维权?

情境展示　小刘同学一家在超市购买了一个假皮包，向超市索赔无果，她哥哥殴打超市管理人员，最终被罚了钱。

学习任务1　讨论：为什么小刘同学一家原来是有理的一方，最终却要赔钱呢?

答案提示1　维护权利时要树立按照法定程序办事的意识，通过正确的途径和方式维护自身权益，不能侵犯他人合法的权利。遵守正当的程序，有利于公民实际享受权利，有效避免和化解纠纷。

设计意图　通过生活中真实存在的事例，给学生以警示，树立程序意识，培育法治素养和法治精神。

学习任务2　交流探讨：我们依法维护权利有哪些合法途径呢?

答案提示2　我们可以通过和解、调解、仲裁和诉讼等方式依法维护自己的权利。

◎和解：当事人之间通过协商自行解决纠纷的一种方式，这种方式需要当事人在自愿、互谅的基础上，依据法律，直接对话，分清责任，达成协议，解决纠纷。

◎调解：通过调解组织解决纠纷的方式。调解人以国家法律法规和政策及社会公德为依据，对纠纷双方进行疏导、劝说，促使其相互谅解，进行协商，自愿达成协议，解决纠纷。我国调解方式主要有人民调解、行政调解和司法调解。

◎仲裁：公民与其他个人或组织发生合同纠纷和其他财产权益争议时，自愿将纠纷提交双方所同意的第三者予以裁决，以解决纠纷的一种方式。通俗理解就是让第三方来评评理。主要适用于合同纠纷、财产权益争议。婚姻、监护、扶养、继承纠纷不能仲裁。

◎诉讼：诉讼分为民事诉讼、刑事自诉和行政诉讼三种。①民事诉讼：公民遇到人身关系或财产关系的争议，可以向人民法院提起民事诉讼。②刑事自诉：公民对于某些侵犯自己人身、财产权利的行为，可以向人民法院提起刑事自诉。③行政诉讼：俗称“民告官”，公民认为行政机关的行政行为侵犯了自己的权益，可以向人民法院提起行政诉讼。

设计意图　梳理维权方式，学生评价自己的回答。教师顺势引导学生得出结论：如果自己遇上小刘同学这样的事情，可以通过和解、请求调解、申请仲裁来解决，如果对仲裁裁决不服有异议，可以向人民法院提起诉讼。

补充情境　殷崇义发现自己在超市购买的一盒桃花姬阿胶糕已过保质期，向超市要求退货无果，向人民法院起诉，要求“退一赔十”，以及赔付交通费和精神抚慰金。法院一审判决商家“退一赔十”并支付交通费。二审维持原判。

教师总结　对比殷崇义和小刘同学一家维权的事件，我们可以明白一个道理，维护合法权利就必须遵守法定程序，采用合法方式解决纠纷。

设计意图　通过对比加深学生对于依法维护权利的体会，树立法治观念，养成自觉守法、遇事找法、解决问题靠法的思维习惯和行为方式。

课堂小结

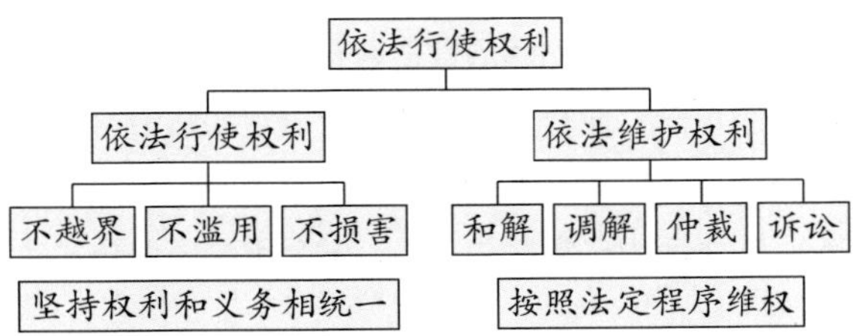

作业布置

（1）了解自己身边的侵权事件，探讨运用哪种方式维权最适合？

（2）查找资料，思考“规则是否限制了自由”。

设计意图　通过开放性的作业对本课知识进行巩固，并锻炼学生解决实际问题的能力。

四、反思教学过程：在综合实践中优化

（一）亮点与价值

1. 情境应用恰当，引发学生共鸣

思政课不仅应该在课堂上讲，也应该在生活中讲。正如习近平总书记所强调的：“思政课要用科学理论培养人，遵循不同学段学生的认知规律，把马克思主义基本原理讲清楚、讲透彻。同时，马克思主义是在实践中形成并不断发展的，要高度重视思政课的实践性，把思政小课堂同社会大课堂结合起来，在理论和实践的结合中，教育引导学生把人生抱负落实到脚踏实地的实际行动中来，把学习奋斗的具体目标同民族复兴的伟大目标结合起来，立鸿鹄志，做奋斗者。”[2] 我们的课堂一定要与生活实际相联系，使学生具备解决实际问题的能力。本课以同龄人小刘的视角来贯穿情境，贴近学生真实生活，采用的案例源于学生真实生活，易引发探讨兴趣。譬如在篇章一“我的权利能否我‘做主’”中，小刘疑惑因新冠疫情防控而限制人们出行是否侵犯了我们的人身自由权，这其实也是近年来很多人的疑惑，通过探究能够加深学生对权利和义务的理解，加强学生对国家疫情防控各项政策措施的理解，具有一定的价值引导作用。

2. 方法运用合理，注重价值引领

议题式教学是以议题为实践载体，以学科知识为理论依托，以学生自主学习、调查研究、展示交流为主要内容，以教师指导为保障，使学生掌握学科理论知识，坚定正确价值取向，提升核心素养的方法。习近平总书记强调：“要广泛开展民法典普法工作，引导群众认识到民法典既是保护自身权益的法典，也是全体社会成员都必须遵循的规范，养成自觉守法的意识，形成遇事找法的习惯，培养解决问题靠法的意识和能力。”[3] 由此可见，我们要注重法治意识的教育和培养，特别要注重青少年法治观念和法治意识的培养。思想政治课是青少年德育和法治宣传教育的主阵地，教师通过议题式教学方法引导学生树立正确的理想信念，使社会主义核心价值观和法治意识润物细无声地浸润学生的心田，转化为他们的日常行为。本课除了帮助学生明晰知识，更注重引导学生树立法治观念和法治思维，在生活中自觉尊法守法、学会用法。议题式教学作为一种活动型

课程，在很大程度上可以弥补道德与法治科目的枯燥性，使课堂更加生动活泼，有利于学生学习兴趣的培养和学习能力的提升，从而更好地提升学生的学科核心素养。

（二）问题与对策

1. 情境缺乏创新性，探讨空间不足

在本次设计中，虽然选取的情境较贴近生活，但也缺乏创新性和时效性。关于新冠疫情的素材在课堂教学中运用较多，创新性不够。创新性和时效性的缺乏容易使学生的探讨空间不足，比如在篇章一“我的权利能否我‘做主’”中，问题一经出现，学生就已经给出正确答案，从而缺乏合作探究的过程。针对这种可能出现的情况，在学生给出答案后，教师可以就学生的答案给予表扬，同时也提出反面观点，让学生运用教材知识和已有经验来说服教师，发挥学生的主观能动性。

2. 课堂活动单一，学生表达有限

本课的知识容量较大，但课堂时间有限，因此，本课主要采取的活动形式是小组合作、讨论交流，未能采取更加丰富的形式，比如辩论赛、实地调研等，课堂活动的丰富程度有待提高。真正的教育不能仅仅局限在课堂，当课堂时间有限时，教师可以选择在课后组织学生开展辩论赛或实地调研作为课堂的补充，将课内课外相结合，促进学生理解知识、运用知识。在本课中可以组织“规则是否限制了自由”的小辩论赛，将学生分为正反两方，各自选出辩手，开展辩论，既加深学生对知识的理解，又锻炼学生的思维和表达能力。

参考文献

[1] 中国共产党第二十次全国代表大会文件汇编 [M]. 北京：人民出版社，2022.

[2] 习近平 . 思政课是落实立德树人根本任务的关键课程 [J]. 求是，2020（17）：4-16.

[3] 习近平 . 习近平谈治国理政（第四卷）[M]. 北京：外文出版社，2022.

“社会生活中怎样讲道德”议题式教学叙事

——基于“社会生活讲道德”一课

张　海[①]　田鹏月[②]

一、形成教学思路：社会情境引入，体验生活百味

《义务教育道德与法治课程标准（2022年版）》（以下简称《课程标准》）中对“道德修养”这一核心素养的培育要求主要是做到尊重有礼，言行一致，遵守基本社交礼仪，理性维护社会公德。根据《课程标准》和教材内容，确定本节课的中心议题：社会生活中怎样讲道德？并在教学中设置了三个篇章，以此来做进一步的探究。

“社会生活讲道德”这一课主要阐述道德是社会关系的基石，是人际和谐的基础，在社会生活中应当尊重他人、以礼待人、诚实守信，努力做社会主义道德的践行者，形成崇德向善、见贤思齐的社会风尚，共同创造文明的社会生活。从教材内容上看，本节课主要包括“尊重他人”“以礼待人”“诚实守信”三个部分，我们从中找到了内含的知识逻辑，把必备知识归纳整合为“是什么—为什么—怎么做”的认知结构，从整体上把握本节课的知识框架。本课的三个部分相互联系、相辅相成，共同阐释了社会生活中的基本道德要求和行为规范。通过学习本课，学生能形成初步的道德认知和判断，体验、认知和践行社会主义道德。

如何在有限时间里高效地完成本节课的教学任务，让学生在生活化的教学情境和教学活动中了解个人生活和公共生活中基本的道德要求和行为规范，需要课前精心的教学设计。教学所选择的情境要与学生的生活紧密相关，充分运用学生的已有经验，让学生在学习中体验、感悟并理解。通过情境活动引导学生积极参与，一方面提高学生的辨别能力，另一方面也促进学生良好道德品质的养成。由此，笔者初步构想了以下教学篇章。

篇章一：尊重是交往的起点。学生通过参与情景剧，切身了解尊重的内涵和重要意义；通过观看视频资料，让学生知道只有相互尊重才能营造融洽和谐的社会氛围，

---

① 张　海（1980—），男，湖南科技大学马克思主义学院讲师，硕士生导师。

② 田鹏月（1999—），女，湖南科技大学2021级学科教学（思政）专业硕士研究生。

树立道德感和正义感；通过分析探究相关材料和图片，让学生掌握尊重他人的做法，树立正确的思想道德观念。

篇章二：待人接物以礼为先。通过故事导入，使学生了解“礼”在社会生活中的重要性；通过小组交流探讨“礼”的内涵，让学生加深对“礼”的意义及其重要性的理解；通过材料分析，让学生知道如何在日常生活中做一个文明有礼的人。

篇章三：诚信是融入社会的“通行证”。在故事讲述中，学生了解了诚信在社会生活中的地位及其重要性；通过交流探讨，分三个层面帮助学生理解诚信的意义；通过分析材料，让学生知道如何在社会生活中践行诚信。

本节课以“社会生活讲道德”为议题主线，教学情境生活化，学生活动多样化，问题思考层层递进，让学生在适当情境中进行体验与学习。

二、协同教学设计：凸显核心素养，引导学生参与体验

（1）从真实的社会情境角度进行道德教育，强化学生的道德体验和道德实践。情境素材围绕“社会生活讲道德”这一议题主线，让学生从感性体验中初步形成道德认知和判断，到理性认知社会生活中的基本道德要求和行为规范，再到践行以文明礼貌、互相尊重、助人为乐、诚实守信为主要内容的道德要求，通过体验、认知和践行，引导学生正确认识自己与他人、社会的关系，养成良好道德品质，增强社会责任感和担当意识。

（2）教学与情境活动相结合，加强课内课外联结，注重生活化教学。选择、设计和运用个人及社会生活中的典型事例，鼓励学生积极探讨，提高学生对是非对错的辨析能力。选择的情境活动反映了学生关注的现实问题，具有真实性、典型性、可扩展性，关注学生的认知水平和接受能力，具有一定的感染力和说服力，能引起学生共鸣。引导学生参与体验，促进思考与建构，采取情境体验、思考辨析等方式，引导学生开展自主交流探究，让学生了解社会、认识社会、走向社会。鼓励学生践行社会道德要求，做到学以致用，知行合一。

三、整体教学设计：在“学思议行”中践行社会主义道德观念

（一）教材与学情

1. 内容分析

（1）本课地位。本课是初中八年级上册《道德与法治》第二单元“遵守社会规则”第四课“社会生活讲道德”的内容。本节课以“社会生活中怎样讲道德”为中心议题，

阐释了道德是社会关系的基石，是人际和谐的基础。“道不可坐论，德不能空谈”，青少年应该努力做社会主义道德的践行者。

（2）本课内容。本课包括尊重他人、以礼待人、诚实守信三部分。第一部分讲述尊重是交往起点，尊重从我做起；第二部分讲述待人礼为先，做文明有礼的人；第三部分讲述诚信无价，践行诚信。

2. 学情分析

（1）学生心智特征分析。八年级是思想观念和道德品质形成的关键时期，这一阶段的学生自主思考意识逐渐萌芽，为了避免班级中的一些学生在学习生活、行为习惯等方面受认知、环境等因素的影响而产生偏差，教师必须考虑这一年龄阶段学生的身心发展特点，了解学生、走进学生、引导学生，提高学生们的道德认知和道德水平，让学生知德、讲德、行德。

（2）学生已有知识经验分析。讲道德是做人的根本，青少年作为社会主义的建设者和接班人，更应懂得尊重他人、以礼待人、诚实守信。本课是八年级上册第二单元第四课的内容，通过之前的学习，学生已获得团结互助、孝敬父母、尊重师长、守信感恩等品质，学会得体与人交往、平等友好相处的做法，为本课的学习提供了一定的基础。

3. 教学目标与重难点

（1）教学目标。知道尊重、礼、诚信的含义，体会互尊互重、文明有礼、诚实守信对个人的意义和对社会和谐的价值；学会换位思考、欣赏他人、平等对待他人；能在语言、仪表、举止等方面提高自身素质；懂得诚信是一个人的安身立命之本并用实际行动践行诚信，树立良好的道德观念。

（2）教学重难点。

教学重点　尊重他人的原因、礼的意义及诚实守信的重要性。

教学难点　尊重他人、文明有礼、践行诚信的做法。

（二）路线与结构

1. 教学路线

议题线　以“社会生活中怎样讲道德”议题引领如下问题串：为什么说尊重是交往的起点？—社会生活中待人接物为什么要以礼为先？—怎样看待诚信是融入社会的“通行证”？

情境线　情景剧：《课间风云》—故事：《五里与无礼》—故事：《曾子杀猪》。

活动线　探究分析—思考体会—交流分享。

知识线　尊重从我做起—做文明有礼的人—践行诚信。

2. 教学结构（图1）

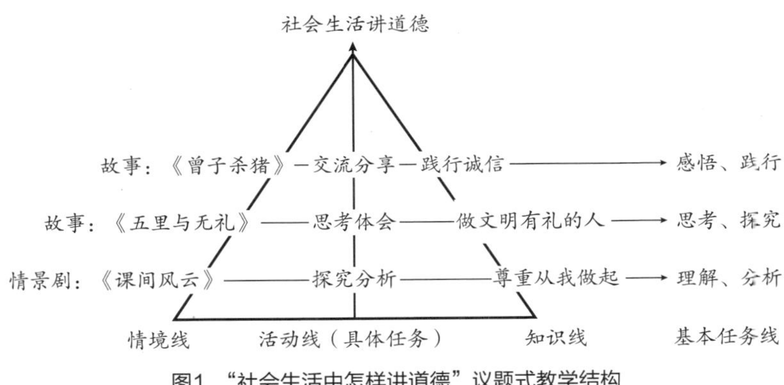

图1　“社会生活中怎样讲道德”议题式教学结构

（三）过程与意图

总议题　社会生活中怎样讲道德?

课前导入　全国道德模范人物视频。

善行无疆、舍己为人、一诺千金、恪尽职守，是他们身上体现的高尚品质和道德修养。传承中华民族优秀传统美德和社会公德，弘扬民族精神和时代精神，明大德、守公德、严私德，形成正确的道德认知和道德判断，发展良好的道德行为是我们每一个人的责任和担当。通过学习本课，我们一起来看一下，作为青少年的我们在社会生活中应如何讲道德。

篇章一：尊重是交往的起点

教学情境　情景剧：《课间风云》。

小丽因本次考试没考好陷入深深的自责，一会儿她调整好情绪，拿着自己的试卷去问小亮错题，但小亮却拿着她的试卷嘲笑她考得差，这又让刚调整好情绪的小丽变得沉默不语……小明了解了这件事情，随后耐心帮小丽讲解了错题，并鼓励她下次考试继续加油。

简单评价一下情景剧中人物的行为做法，并谈谈自己的感受。

答案提示　小亮不仅没有帮助小丽，还嘲笑她的成绩，这是不尊重他人的做法，可能会使小丽更加感到自卑和挫败。小明则耐心帮助小丽解答并鼓励她，既做到了尊重他人，又增强了小丽的自信心。每个人都是独立的个体，都是有尊严的个体，都希望得到他人的认可和尊重。在社会生活中，尊重他人的人也会得到他人的尊重，而受到他人的尊重能够增强自尊和自信，积极面对生活，如果得不到他人的尊重，在成长过程中则会产生自卑感和挫败感。

设计意图　学生通过参与情景剧评价，可以更直接地了解尊重的内涵，明白每个人都是有尊严的个体，受到他人尊重可以增强自尊自信，反之则会产生自卑感、挫败感等。

学习任务1　视频资料：农民工坐地铁遭到车厢其他人员嫌弃，农民工感到非常委屈、无助、挫败，辛苦劳动一天却被别人嫌弃和歧视。车厢一女子为其发声。

看完这个视频，你们有什么感触？哪位同学愿意来谈一下？

答案提示1　尊重是维护良好人际关系的前提。尊重是相互的，能减少人与人之间的摩擦，增进信任，形成互敬互爱的社会氛围。在社会生活中，我们应学会尊重他人，为尊重而鼓掌，为社会和谐而鼓掌，为社会文明进步而鼓掌。

设计意图　引导学生形成健全的道德认知和道德情感，认识到只有相互尊重才能营造融洽和谐的社会风气，才能促进社会的文明进步。

学习任务2　探究分析：展示材料与图片。

材料1：李大爷六十大寿，本想着儿孙欢聚一堂，好好享受天伦之乐，但是聚餐时，在座所有人都低着头玩手机，没几个人好好吃饭、唠唠家常的。

材料2：白象公司三分之一的员工都是残疾人，公司设置了专门的安全通道、无障碍流水线和打饭窗口，给了他们最大的体面与自尊；某地用人单位招聘明确要求，不要“阳过的”求职者。

图片1：城市盲道被占妨碍盲人正常出行。

图片2：残奥会运动健儿奋力跑向终点。

结合材料与图片，针对以上事件，你有什么感想和体会？

答案提示2　李大爷过寿，但是儿孙并没有重视这件事情，没有给予应有的关注，忽视、冷落了李大爷，我们应尊重他人，积极关注、重视他人，考虑他人的感受，认真对待他人。白象公司用残疾人员工，帮助他们解决生活上的困难，给了他们最大的体面与自尊；但是某地用人单位明确表示不录用“阳过的”员工，没有做到平等地对待他人。在社会生活中，我们不能以家境、身体等方面的原因轻视、歧视他人，应当做到一视同仁。城市盲道被占，妨碍了盲人的正常出行，我们应设身处地地为他人着想，学会将心比心，学会换位思考。残奥会上的运动健儿为国争光，奋力拼搏，虽身有残疾，但是意志坚定，我们要善于发现他人的长处和优点，学会欣赏他人。

设计意图　通过分析相关材料与图片，使同学们感受到每一个人都是有尊严的个体，都希望得到他人和社会的尊重。知道要想做到尊重他人，就要积极关注、重视他人；平等对待他人；学会换位思考；学会欣赏他人，让学生树立正确的思想道德观念。

拓展延伸：马斯洛需要层次理论

马斯洛认为，人的一切行为都由需要引起，一般情况下，只有当某种低层次的需要得到满足之后，才会向高层次的需要发展。每个人都有得到尊重的需要，既包括获得他人的尊重，也包括得到自己的自我尊重，所以要想实现自我的人生价值，就必须获得他人的尊重和自我的尊重，只有满足这样的需要，人才能更好地全面发展，才会觉得自己被需要，有能力，有价值。

篇章二：待人接物以礼为先

教学情境　故事讲述：《五里与无礼》。

听完故事，你觉得年轻人悟出了什么？

答案提示　礼，体现一个人的尊重、谦让、与人为善等良好品质。文明有礼是一个人立身处世的前提，是人际交往中最起码的要求。

设计意图　通过讲述故事，使学生了解"礼"在社会生活中的含义和重要性。

学习任务1　展示图片，谈谈体会。

图片1：同学们分享一些自己在社会生活中遇到的文明表现（公交车让座、垃圾分类回收、机动车不乱鸣笛、使用文明用语、与邻里之间和睦共处等）。

图片2：天安门广场升国旗。

看完图片，你对"礼"有什么新的认知？小组交流讨论并发言。

答案提示1　文明有礼促进社会和谐，做到以礼待人，是我们赢得别人尊重的前提，也是成功交往的条件之一，有利于增进人们的团结友爱，有利于构建安定有序、文明和谐的社会；我国素来有"礼仪之邦"的美誉，文明有礼体现国民素养、国家形象。

设计意图　通过小组交流讨论，让学生交换不同的想法思路，加深对待人礼为先的意义及其重要性的理解。

学习任务2　播放视频，展示图片，分析材料。

视频：《觉醒年代》部分片段。

图片：国家领导人出席重大场合。

材料：学生在课堂上探讨做一个知礼懂礼、明礼守礼、文明有礼的人（在食堂排队打饭，遵守秩序；在课堂摆正坐姿，遵守纪律；平常不给同学起“绰号”，不开过分的玩笑；走廊或楼梯有垃圾，顺手捡起后扔进垃圾筒；见到老师和长辈主动问好……)。

看完以上材料，分析他们是如何做到文明有礼的。

答案提示2　做文明有礼的人，要态度谦和、用语文明、以礼相待、尊重对方；做文明有礼的人，要仪表整洁、着装得体、举止端庄、彬彬有礼；做文明有礼的人，要在社会生活中不断学习、观察、思考和践行，从小事做起，并影响和带动身边的人。

设计意图　通过分析，学生知道如何做文明有礼的人并落实到日常生活中。

篇章三：诚信是融入社会的“通行证”

教学情境　讲述《曾子杀猪》故事，你认为曾子为什么要这样做?

答案提示　诚信是一个价值准则，是一种道德规范和品质，是中华民族的传统美德。

设计意图　通过讲述故事，让学生了解“诚信”在社会生活中的地位和重要性。

学习任务1　交流探讨：谈谈诚信对个人、企业和国家的意义。

答案提示1　诚信是一个人安身立命之本，是我们融入社会的“通行证”。企业管理中诚信文化也占据绝大部分，没有任何一种事业的成功是建立在谎言之上的，诚信是企业的无形资产，一个企业只有诚信经营才能塑造良好的形象和信誉，带来持久的效益，长盛不衰。诚信促进社会文明，国家兴旺，增强国家的文化软实力。

设计意图　通过交流探讨，帮助学生分三个层面理解诚信的意义。

教学任务2　结合材料，谈谈体会。

视频1：《新闻联播》推出的一档调查节目——家风是什么?

视频2：警察抓捕犯人，他的孩子突然出现……（善意谎言）

材料：在市场经济条件下，诚信已成为一种资源、一种工具、一种生产力，具有真金白银般的价值……

答案提示2　讲诚信是家风的重要组成，诚信是做人最基本的原则，是许多家庭一直传承的理念。通过观看视频一，我们懂得在社会生活中要树立诚信意识，真诚待人，主动承担责任。在视频二中，善意的谎言让我们知道，在面临两难选择的时候要学会运用诚信智慧。通过对材料的分析，我们知道了要重视个人的诚信记录，要大力弘扬诚信文化，营造社会诚信环境。

设计意图　通过分析材料，让学生知道在社会生活中如何践行诚信。

课堂总结　本课主要针对“尊重他人”“以礼待人”“诚实守信”三小节内容展开，

以小见大，通过情境体验、思考分析、交流探讨促使中学生形成一定的道德价值观念，并将之践行于日常生活，引领青少年领悟道德之美。

四、反思教学过程：在情境中探索，在实践中优化

（一）亮点与价值

（1）说理教育与启发引导有机结合，避免填鸭式的硬灌输。习近平总书记强调：“要注重启发式教育，引导学生发现问题、分析问题、思考问题，在不断启发中让学生水到渠成得出结论。”[1] 在授课过程中用情境和话题来引导学生发现问题，鼓励学生分析思考，通过摆事实讲道理的方式让学生心悦诚服地接受，水到渠成地得出结论，自然而然地践行社会道德。

（2）横纵交织开展教学活动，引导学生进行理解与拓展。习近平总书记在中国人民大学考察时指出：“思政课的本质是讲道理，要注重方式方法，把道理讲深、讲透、讲活。”[2] 思政课教学要“运用小组研学、情景展示、课题研讨、课堂辩论等方式教学，让学生来讲，这有利于发挥学生主体性作用”[3]。积极运用多元化的教学手段，联系学生生活经验，由近及远、以小见大，依据学生身心发展水平和认知特点，引导学生由浅入深地认识社会主义道德观念，培养学生思考问题、分析问题的能力。

（二）问题与对策

（1）教学设计有待进一步完善、优化。

《课程标准》指出：“要增强课程资源意识，充分发挥自身优势，积极利用和开发各种课程资源。”[4] 备课时要充分挖掘课程资源，精心设计教学环节、情境活动，打造有温度的课堂。引导学生从不同角度、不同方面感悟和践行社会主义道德观念，促进学生对社会主义道德观念的认同层层推进，努力做到“内化于心，外化于行”。

课前，教师可以布置前置作业，鼓励学生将搜集到的相关资料在课堂上与其他同学交流分享，使各种想法相互碰撞，擦出思想火花。这不仅可以使学生更好地理解本课知识，还可以锻炼学生的语言表达能力，提高其综合素质，“只有在开放互动、自由表达、悦纳包容的学习环境中，多元的感官体验和情绪情感才能涌现，这既是增加多维的价值观察视野、增进复杂的价值理解和价值感受的条件，也是真实反映道德学习与法治学习状况，从而不断深化学习的基础”[5]。在授课时，“教师要做好画龙点睛工作，加强引导和总结提炼”[6]，善于把控课堂，抓住核心问题，正视学生的困惑与疑问，重点注意学生回答是否准确切题、情感是否认同共鸣、思考是否有深度有高度。

（2）对于课后学生易出现“道理已懂，行为依旧”的现象，教师须积极应对。

教学不应只存在于课堂上，教师也应加强课后巩固与延伸。合理设计生活化作业，做好课后知识巩固，让学生把在课堂上学到的知识落实到生活中去，促进学生自主学习能力的提升，真正做到学思行相结合。本课教学活动和探讨分析比较多，同时也对教师的课堂把控能力提出了较高的要求，需要教师较好地掌控课堂的纪律和进度，做好课前准备工作。

参考文献

[1][3][6] 习近平 . 思政课是落实立德树人根本任务的关键课程 [J]. 求是，2020（17）：4-16.

[2] 习近平 . 在中国人民大学考察时强调：坚持党的领导传承红色基因扎根中国大地走出一条建设中国特色世界一流大学新路 [N]. 人民日报，2022-04-26（1）.

[4] 中华人民共和国教育部 . 义务教育道德与法治课程标准（2022年版）[M]. 北京：北京师范大学出版社，2022.

[5] 朱小蔓，王坤 . 初中《道德与法治》教材使用对教师的期待与引领 [J]. 中国教育学刊，2018（4）：24-28.

“如何谋求互利共赢”议题式教学叙事

——基于“谋求互利共赢”一课

谢　忠[①]　周　佩[②]

一、形成教学思路：紧扣新冠疫情，探求守望相助

习近平总书记指出：“当今世界，各国相互依存、休戚与共。我们要继承和弘扬联合国宪章的宗旨和原则，构建以合作共赢为核心的新型国际关系，打造人类命运共同体。”[1] 回看本节内容，对应《义务教育道德与法治课程标准（2022年版）》（以下简称《课程标准》）中的要求是：“关心时事，热爱和平，初步具备责任意识、国际视野和人类命运共同体意识，提升对国家和人类的责任感”“以‘联合国与人类命运共同体’为议题，通过模拟联合国活动，理解构建人类命运共同体的意义”[2] 是《课程标准》的教学建议中与本节内容相关联的一个参考议题。“谋求互利共赢”一课主要讲述世界各国在应对全球性问题时都无法独善其身，而应采取共同行动，共担风险，互通良策，着眼未来，只有互利才能实现自身利益的最大化。从教材结构看，本课有“应对全球性问题”和“关注共同命运”两部分。在备课时，笔者发现“如何谋求互利共赢”是一个值得讨论的议题，可以据此继续探究“如何应对全球性问题”“如何关心共同命运”等相关内容。

通过对比《课程标准》中的教学建议与本节内容，我发现了“时事”“全球性问题”等重点词汇。因此，在设置学习目标与教学篇章时，将之与“新冠疫情”巧妙结合。一方面，新冠疫情是当时的社会热点，是当时的全球性问题之一，是世界各国抗击疫情，也是全球如何谋求互利共赢的生动实践；另一方面，本节内容视角宏大，学生学习起来有一定距离感，而对于新冠疫情，每一位初中生对其都深有体验，将其有效融入教学情境，可以拉近与学生之间的距离，便于学生理解。

通过参与公共生活调研并结合自身实际，从抗击疫情的生动实践中分析国内疫情得到有效控制的原因，探析中国人民守望相助、风雨同舟的精神与美德。通过探究交流，总结全球疫情爆发之时各国治理的措施并分析背后的原因，从各国措施中讨论世

① 谢　忠（1968—），女，湖南科技大学马克思主义学院教授，博士生导师。

② 周　佩（1999—），女，湖南科技大学2021级学科教学（思政）专业硕士研究生。

界各国应对全球性问题时的态度，结合某些国家疫情期间采取与“互利共赢、命运与共”理念相悖的后果，理解互利共赢的内涵与意义，懂得世界各国共同谋求互利共赢才是可持续发展的良策，以此提升学生的社会责任感、国际视野与共同体意识。

基于以上思考，我初步设置了以下教学篇章：国内疫情，中国之治；全球疫情，世界之力；互利共赢，大道之行。

篇章一：国内疫情，中国之治。通过分享2020年新冠疫情爆发之时自身及他人见闻，展示《各省守望相助》照片集，播放《全民战疫》纪录片等，引导学生分析国内疫情得到有效控制的原因，探究国内疫情之下，中国人民在党的带领下守望相助、风雨同舟的重大意义。

篇章二：全球疫情，世界之力。播放《疫情对比：美国各州 VS 世界各国》《heal the world：抗击疫情，全球共举》等视频资料。通过对比，了解不同国家采取不同新冠疫情防控措施的不同后果，引导学生懂得世界必须“携手抗疫共克时艰”才能战胜疫情。

篇章三：互利共赢，大道之行。总结上述篇章的图文信息，引导学生理解“互利共赢”的内涵与意义，思考讨论应对全球性问题时应采取何种措施，在世界大家庭之中各国应如何相处。开展“作为一个中国公民，如何在全球化发展之中做到既心系祖国又放眼全球”的主题演讲活动，从活动之中观察学生共同体意识与责任意识的形成情况。最后师生一起欣赏、体会歌曲《命运共同体》。

本节课以“抗击新冠疫情”为议题主线，情境素材丰富，学生活动形式多样，问题任务层层深入，让学生在情境中由浅入深、由近到远、由小及大地理解“互利共赢，命运与共”是各国应对全球化问题时应有的理念，强化中学生的责任意识与国际视野。

二、优化教学设计：反思教学过程，改进教学情境

初步构思本节课教学设计后，笔者对全篇内容进行了复盘，总结亮点与不足如下。

（一）亮点

（1）案例设计坚持知识性和价值性相统一，推动学生思维螺旋上升。本课运用抗击新冠疫情的多个真实案例组织教学，使思政课颇具知识性与价值性。在教学设计中以“成长中的我”为原点，依据“我与他人、我与国家、我与世界”的关系逻辑，围绕“我与疫情、国家与疫情、世界与疫情”螺旋上升组织素材，充分体现议题式教学的广度与梯度。

（2）活动教学坚持主导性和主体性相统一，创设自主学习氛围。本节课以抗击新冠疫情为主线，以学生活动为中心组织教学，使课堂呈现出层次性、有序性、整体性

的特点。教师鼓励学生发挥自主精神，自行设计、自行组织、自行探究，在活动中培养学生发现问题、分析问题和解决问题的能力，培养学生搜集、筛选、整理资料的能力。

（二）不足

知识迁移笼统化，缺乏教育机智。篇章三设置主题演讲，旨在观察学生们的学习成效。九年级学生自身阅历有限，能想到的答案大同小异，尤其是在多名学生发言过后，很多人会发现与自己的答案雷同，从而产生习得性无助，影响学习积极性。这时教师要充分发挥教育机智，从学生的回答之中再挖掘问题，引导其他学生多角度思考。

三、整体教学设计：身处世界大舞台，深植共同体意识

（一）教材与学情

1. 内容分析

（1）本课地位。本单元以“构建人类命运共同体”为核心，从“认识地球村”和“构建共同体”两个角度阐释人类命运共同体的内涵及其是如何构建的。本课是第一单元“我们共同的世界”的收尾篇，是提升学生社会责任感与国际视野、教导学生如何应对全球性问题的导行篇。

（2）本课内容。本课包含“应对全球性问题”“关注共同命运”两部分。第一部分讲述了在应对气候变化、经济发展、重大疾病等全球性问题时各国应采取共同行动，承担共同责任，构建人类命运共同体。第二部分讲述了构建人类命运共同体要关怀生命、尊重生命，看到生命中共同的渴望，增进包容与合作。

2. 学情分析

（1）学生心智特征分析。九年级学生正处在思想观念形成的关键期，较容易受到国际上一些“单边主义”思想的影响，对事物的理解也存在一定的片面化。对此，教师要进行正确引导，引导学生纠正思想认知上的偏差。

（2）学生已有知识经验分析。本课是九年级下册第一单元第二课的内容，经过前面的学习，学生已经了解了地球是人类共同的家园，人类生活在一个开放发展又紧密联系的世界，经济全球化趋势不可逆转、人类共享多样文化、世界格局多极化、国家交往方式多样化，以及和平与发展是当今时代各国人民面临的共同话题。这些前期知识为本课的学习奠定了一定基础。

3. 教学目标与重难点

（1）教学目标。通过参与公共生活调研并结合自身实际，从抗击新冠疫情的生

动实践中分析国内疫情得到有效控制的原因，探析中国人民守望相助、风雨同舟的精神与美德；通过探究交流，总结全球疫情爆发之时各国治理的措施并分析背后的原因，从各国措施中讨论世界各国在应对全球性问题时的态度，结合某些国家疫情期间采取与“互利共赢、命运与共”理念相悖的后果，帮助学生理解互利共赢的内涵与意义，懂得共同谋求互利共赢才是世界各国可持续发展的良策，引导学生提升社会责任感、国际视野与共同体意识。

（2）教学重难点。

教学重点　互利共赢的内涵；如何应对全球性问题；如何谋求互利共赢。

教学难点　如何谋求互利共赢。

（二）路线与结构

1. 教学路线

本课采用议学任务引领的情境议题式教学，由议题、情境、活动、知识四个要素构成了以下四条线。

议题线　由总议题“如何谋求互利共赢”引领出以下问题串：国内新冠疫情爆发之时，各省市及人民采取何种措施共渡难关？为什么？—对比国外，各国是否采取相似措施？基于何种原因？未采取同种措施的国家后来都如何了？—何为互利共赢？谋求互利共赢有何意义？应对全球性问题时个人与国家应该怎么做？作为一个中国公民，如何做到既心系祖国又着眼全球？

情境线　《2020冠状病毒可视化》视频—国内人民的抗疫经验—《各省守望相助》照片集—自制微课《全民战疫》—《疫情对比：美国各州 VS 世界各国》视频—自制微课《heal the world：抗击疫情，全球共举》—歌曲《命运共同体》。

活动线　对话、分享—探究、交流—演讲、演唱。

知识线　国内疫情，中国之治—世界疫情，全球之力—互利共赢，大道之行。

2. 教学结构（图1）

（三）过程与意图

总议题　如何谋求互利共赢？

课前暖场　播放视频《2020冠状病毒可视化》。

一场突如其来的疫情，让一个城市按下暂停键。无数人守望相助，无数人逆行救护。这节课我们以抗击新冠疫情为主线，学习“谋求互利共赢”一课。

设计意图　创设情境，唤起回忆，导入新课，实现情感共鸣。

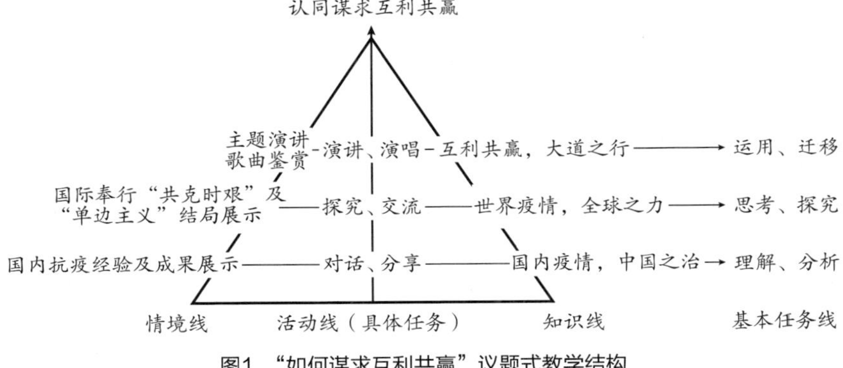

图1　“如何谋求互利共赢”议题式教学结构

篇章一：国内疫情，中国之治

教学情境1　学生分享课前所收集的自身与他人对国内新冠疫情的感受。

学习任务1　根据搜集的资料，谈谈自己的看法。

设计意图1　学生在整理资料的过程中感受今昔变化，为后续学习奠定基础。

教学情境2　播放《全民战疫》纪录片。

没有从天而降的英雄，只有挺身而出的凡人。武汉抗疫期间涌现出了许多“平凡英雄”。有敢医敢言钟南山、坚守抗疫张定宇、与“毒”共舞陈薇，也有捐款50万的常州大爷、45岁菜农秦师傅、火神山建筑工人王伟，还有疫情吹哨人李文亮、负重前行的民警陈德春、大爱无私的16岁女孩陈琪方……

学习任务2　简单评析视频中人物的举措是出于何种动机，谈谈自己的认识。

答案提示2　是出于团结一心、同舟共济的中华民族传统美德。中国人民追求“大团结”“同进退”“共发展”的优良传统。

设计意图2　学生通过“平凡英雄”们的事迹感受国内疫情之下中华儿女风雨同舟的精神。

教学情境3　展示《各省守望相助》照片集。

“积力之所举，则无不胜也；众智之所为，则无不成也。”据不完全统计，从2020年2月7日起，全国19个省、自治区、直辖市4万多名医务人员主动请缨，急驰武汉，对口支援湖北除武汉之外的16个市、州及县级市。除此之外，各省市还向湖北支援生活物资。黑龙江赠送救护车、CT设备等；山东寿光捐赠350吨蔬菜；福建援助白菜、尖椒、玉米等共600吨；青海支援总值约1200万元的牛羊肉、酸奶、84消毒液等；西藏捐赠50吨牦牛肉、16.9万箱矿泉水等；内蒙古支援200吨羊肉、100吨牛肉、100吨猪肉和200吨牛奶等。

学习任务3　分析照片集中各省市驰援湖北的原因，谈谈自己的看法。

答案提示3　各省市恰似“同胞兄弟”，都是中国不可割舍的一部分，兄弟城市有难之际，各省市必当鼎力相助。

设计意图3　从人与人之间的帮助上升到各地区之间的帮扶，由浅入深地体会疫情下的中国之治，真切感受以习近平同志为核心的党中央在应对重大风险时的格局与风范。

学习任务4　综合两则材料内容，思考讨论国内疫情得到有效控制的原因。

答案提示4　以习近平同志为核心的党中央的坚强领导；集中力量办大事的中国特色社会主义制度优势；中国人民团结一心、同舟共济的英勇奋战；中华民族坚持生命至上、举国同心、舍生忘死、尊重科学、命运与共的精神伟力等。

设计意图4　升华内容，总结知识点。

篇章二：全球疫情，世界之力

教学情境1　播放视频《疫情对比：美国各州 VS 世界各国》。

学习任务1　分析美国疫情失控的原因。

答案提示1　资本主义国家盲目追求经济效益；种族歧视；疫情前期袖手旁观等。

设计意图1　以真实案例启发学生在应对全球性挑战时世界各国都无法独善其身，而应采取共同行动，共商良策，共担风险。

教学情境2　播放视频《heal the world：抗击疫情，全球共举》。

“孤举者难起，众行者易趋。”2020年中国爆发新冠疫情之时，世界各国都竭力支援中国。巴基斯坦集全国之力集齐30万只医用口罩、800套医用防护服、6800副手套运往中国；长期接受援助的欠发达国家赤道几内亚捐款200万美元。各国领导人也多次就新冠疫情对中国表达关切。沙特国王萨勒曼是第一位专门就疫情给习总书记打电话的外国元首，并表示沙方在任何情况下都将同中方坚定站在一起；埃及总统派遣卫生部部长作为特使专程来华，并指示在埃及三大世界文化遗产地以灯光秀的形式同时投映五星红旗。很多留学生和民间组织也努力贡献自己的力量。美国人安东尼奎疫情期间随身携带3个装满专业护具的大箱子到兰州大学任教，美国盖茨基金会投入专项资金支持中国和全球共同抗疫等。

“同舟共济，命运与共”始终是中华民族的优良美德。疫情在非洲蔓延后，中方第一时间向非提供人才、抗疫基础设施等援助；派专家赴意大利、塞尔维亚等疫情严峻地区分享经验；得知日本检测试剂不足后，中国捐赠5000套防护服和10万只口罩；韩国爆发疫情之际，中国驻韩国大使馆紧急筹备2.5万个医用外科口罩驰援疫情重灾区大邱市。根据国家国际发展合作署最新消息，截至2022年3月，中国已向120多个国家和国际组织提供约22亿剂新冠疫苗，其中，中方已向柬埔寨提供了4200万剂疫苗。国家国际发展合作署副署长邓波清2022年3月接受采访时表示：“疫苗仍是各国抗击疫情的有力武器，中方将继续落实好习近平主席宣布的‘再向非洲国家提供10亿剂疫苗，其中6亿剂为无偿援助、向东盟国家提供1.5亿剂和向中亚国家提供5000万剂疫苗的无偿援助’的庄严承诺。”

学习任务2　结合视频思考：世界各国为什么会支援中国？中国又为何致力于帮助他国？

答案提示2　世界各国是人类命运共同体，命运与共，一损俱损等。

设计意图2　与上一教学情境形成鲜明对比，引导学生理解各国应对全球化挑战时应谋求互利共赢。

篇章三：互利共赢，大道之行

教学情境1　教师总结前两篇章重点内容。

学习任务1　学生在教师对前两个篇章内容的总结中理解互利共赢的内涵，讨论应对全球性问题时个人和国家应该如何做。

答案提示1　互利共赢，指不同种族、信仰、文化背景的国家和地区通过互惠合作，共同应对威胁和挑战，共同谋划利益和福祉，进而实现互惠互利的共赢发展。

面对全球性挑战，各国应坚持对话协商，建设一个持久和平的世界；坚持共建共享，建设一个普遍安全的世界；坚持合作共赢，建设一个共同繁荣的世界；坚持交流互鉴，建设一个开放包容的世界；坚持绿色低碳，建设一个清洁美丽的世界。

个人应做到时刻关心共同命运，关注他人的命运，理解他人的痛苦与快乐，看到生命中共同的渴望，增进包容与合作。各国人民间应相互信任、守望互助、共同担当。

设计意图1　梳理重点知识，引导学生走出情境，走进教材，将重点知识入脑入耳入心。

教学情境2　开展主题演讲活动——作为中国公民，如何在全球性问题之中既立足自身又着眼全球。

学习任务2　小组讨论并派代表上台分享。

设计意图2　评估学生的学习情况及共同体意识的形成情况。

教学情境3　师生共同欣赏歌曲《命运共同体》。

学习任务3　分析歌词并进行课堂总结。

师："明月它没有国界，疾病它不分种族，谁能独善其身，我们命运相连。浩瀚宇宙中，我们是同伴。让爱驱散偏见，让智慧击溃愚昧，我们心手相连，不分肤色和语言，我们居住同一个世界，我们守护同一个家园。"这是歌词中的两段。希望同学们能明白，和平发展、合作共赢才是人间正道，我们要弘扬全人类共同体的价值观，推动构建人类命运共同体。

答案提示3　本节课虽然以抗击新冠疫情为主线阐释互利共赢是大势方针，但值得注意的是，谋求互利共赢也是应对任何全球性问题时应有的理念。不论如何，我们都要坚持深化拓展平等、开放、合作的全球伙伴关系，反对一切形式的单边主义、保护主义，我们始终相信命运与共、大道不孤。

设计意图3　师生共同欣赏歌曲，将谋求互利共赢放在更高层次，发自内心地表达对命运与共、互利共赢的认同。既放眼全球，关注世界的发展，关注人类的命运，又心系祖国，在实现中国梦的生动实践中放飞青春梦想，在为人民利益的不懈奋斗中书写人生华章。

四、反思教学过程：在情境中探索，在议题中成长

（一）亮点与价值

（1）关注现实问题。抗击新冠疫情是当时的全球性问题，也是当时世界人民广泛关注的社会现实，本节课借助抗击疫情的真实案例开展教学，直击现实问题，引发学生思考。

（2）建设鲜活课堂。习近平总书记指出："上思政课不能拿着文件宣读，没有生命、干巴巴的。"[3] 也就是说，思政课教学应生动、鲜活，有亲和力。本节课的教学设计以学生为中心，将抽象理论具象化、单向讲授互动化、被动接受主动化，实现"知识学活""思维灵活""情境鲜活"，以期达到"构建知识、提升能力、培育素养"的价值追求。

（3）追求人文关怀。2019年3月，习近平总书记在学校思想政治理论课教师座谈会上指出："思政课教师，要给学生心灵埋下真善美的种子，引导学生扣好人生第一粒扣子。"[4] 在本教学设计之中，教师充分利用国内外抗击新冠疫情的真实案例对学生进行"真善美"教育，培养学生的人文情怀。从基层医护到科研人员，从耄耋老人到垂髫小儿，从国内守望到国际合作，到处都折射出人性的光辉，以真善美感化学生，启

迪思想、温润心灵、陶冶人生，激发生命的活力，促进学生的全面发展。

（二）问题与对策

知识归纳缺乏创造性。习近平总书记强调：“办好思想政治理论课关键在教师，关键在发挥教师的积极性、主动性、创造性。”[5] 在本节教学设计之中，篇章三直接采用教师总结前两篇章图文信息的方式来归纳重点知识，手法略显生硬，不够新颖，缺乏创造性，容易给人造成老师急于求成的感受。因此，教学设计还需进一步优化，可以采用任务驱动型教学，创造性地设计多种不同探究任务，尊重学生主体，使知识构建水到渠成，使思政课教学“有滋有味”。

参考文献

[1] 习近平．习近平谈治国理政（第二卷）[M]. 北京：外文出版社，2017.

[2] 中华人民共和国教育部．义务教育道德与法治课程标准（2022年版）[M]. 北京：北京师范大学出版社，2022.

[3] 习近平．“‘大思政课’我们要善用之”（微镜头•习近平总书记两会“下团组”•两会现场观察）[N]. 人民日报，2021-03-07（1）.

[4][5] 习近平．思政课是落实立德树人根本任务的关键课程 [J]. 求是，2020（17）：4-16.

“如何实现中国梦”议题式教学叙事

——基于“共圆中国梦”一课

胡耀平[①] 廖亚玲[②] 范雪姣[③]

一、形成教学思路：紧扣中国梦，探究实现路径

习近平总书记在学校思想政治理论课教师座谈会上强调：“要把统筹推进大中小学思政课一体化建设作为一项重要工程，推动思政课建设内涵式发展。”[1] 高中思想政治课与初中道德与法治课的知识衔接度较高，但深度与广度有所区别。因此，我校教师正在努力研讨如何推进思政课一体化建设。高中思政课教学应该把握什么样的“度”？对此问题的思考，促使笔者萌生了在大中小学思政课一体化建设背景下开发初中道德与法治课程的想法。

我校是乡镇中学，生源以农村籍学生为主，学生基础知识较薄弱，学生见识、教学资源等都比较有限，所以我们主要以教材为主，用贴近生活的、学生较熟悉的情境为素材。从议题出发，以学生为主体，以任务为主线，以教师为主导，引导学生进行思考、讨论，最后得出基本结论，达到理解和知识迁移的目的，以期提升教学效果。本议题式教学设计的整体设计思路如下：

第一步：构建知识框架。根据初中教材和教师用书，以及《义务教育道德与法治课程标准（2022年版）》（以下简称《课程标准》），明确本节课的主要知识脉络，围绕“圆梦大舞台”和“自信的中国人”这两目，从国家层面和个人层面探究实现中国梦的路径。

第二步：剖析知识细节。突破本节课的重难点知识：如何实现中国梦与如何做自信的中国人。每个措施下面还有具体的要求，需要一步一步细致剖析。必须坚持中国共产党的领导，必须走中国道路，必须弘扬中国精神，必须凝聚中国力量，这几个知识点都需要进一步地展开讲解，新发展理念解决的问题需要拓展补充。

第三步：丰富课堂活动。用图片、案例、情境、探究活动丰富课堂环节，帮助学

---

① 胡耀平（1977—），男，湖南科技大学学科教学（思政）专业实践老师，湖南省宜章县养正中学教师。

② 廖亚玲（1995—），女，湖南省宜章县养正中学教师。

③ 范雪姣（1990—），女，湖南省宜章县养正中学教师。

生更生动地理解书本知识。

篇章一：分享我的梦。通过讲述袁隆平的禾下乘凉梦、孟晚舟滞留加拿大时的回国梦及学生自己的梦想，帮助学生理解个人的梦想和国家有着密切联系，从而理解中国梦与个人梦的关系，增强学生对祖国的自豪感、认同感和民族凝聚力。

篇章二：共筑中国梦。通过播放视频《我们这十年》，让学生更直观、生动地体会国家的发展变化，从而增强民族自信心、自豪感。通过播放视频《全国抗击新冠肺炎疫情表彰大会》，结合教材，引导学生分析我国抗疫成功的原因，再知识迁移理解实现中国梦需要的条件。当学生探究出四大条件后，教师再点拨重难点知识，详细讲述“五位一体”“四个全面”“新发展理念”“中国特色社会主义道路”“中国精神”等知识点。

篇章三：同做追梦人。通过观看视频《致敬劳动者五一节特别节目》，再结合教材114~117页两个“探究与分享”题，让学生思考：各行各业广大普通劳动者脸上为什么洋溢着笑容？从他们的笑容中是否感受到了普通中国人的自信？从中引出中国梦归根到底是人民的梦。笑容背后是中国特色社会主义伟大事业不断取得成就，国家富强民族振兴。再从后面两个问题：结合身边人，用三个词语描述自己心目中自信中国人的形象，说出自己将来想要成为什么样的中国人，现在要为将来做什么准备。引出自信的中国人的表现是什么样的。最后由理论上升到行动：作为青年学生要如何做才能成为一个自信的中国人，更好地追逐自己的梦想？中国梦与个人梦、民族梦、世界梦息息相关，需要每个中国人共同努力才能完成。

二、协同教学设计：优化教学情境，改进探究问题

在“共圆中国梦”这一课的教学设计上，素材的选择比较传统，没有为了让课堂变得灵动和富有吸引力，去寻找最热点的新闻，而是充分挖掘和使用教材，让各个环节的教学活动设计思路清晰，重难点突出，采用观看视频和探究思考等方式来突破重难点，充分地调动了学生学习的积极性。

但是，要上好这一课，难度是非常大的，因为本课的文本大多出自党的十九大报告，其理论性之强、提炼度之高、范围之广，在很大程度上超出了九年级学生的认知水平。同时，本课作为九年级上册的最后一课，与前面所学内容相互交融、穿插，是前期内容基础之上的总结提升，不仅需要对知识进行教学，还需要在情感上对学生进行引导升华，这对于教师来说是一个不小的挑战。在选择案例时不仅要结合教材，还要结合学生的状况，要选择能调动学生积极性的案例，引发学生的情感共鸣，才算是真正发挥了其本来的价值，可谓是知识与情感的双高标准。作为一个青年教师，这实

属是一个非常大的挑战。议题式教学是新教材典型课型，教师必须积极探索，进行自我挑战，在实际教学中，学习更多的先进理念与突破方法。因此，课题组研讨认为，要紧扣总议题，抓住本课核心内容，再从分议题当中去突破重难点知识，形式是为内容服务的，不能为了课堂形式丰富多彩就把核心知识忽略了，导致重难点不突出。再者，选择议题式教学时，不能光有议题式的样子，实则还是传统灌输式教学方法。根据这一思路，我们将教学设计进行修改后，教学思路更加清晰了，知识结构更加完整了，层次更加分明了，逻辑性也比较强了，教学情境和活动探究、教材资源与社会素材也做到了资源的整合利用，真正让课题“议”起来了。

教学情境之下的议题设问，既结合教材，又紧扣新《课程标准》，贯穿教学始终，很好地激发了学生的学习兴趣。本节课的问题设计紧扣“如何实现中国梦”这一议题主线，从分享我的梦与中国的关系，再到实现中国梦的路径，三个分议题的议题设问由小到大、由浅入深，体现了倡导情境教学之下的议题式教学的教学理念和教学方法。议题设问既具有开放性、引领性，又体现教学重难点，议题设问注重培养学生解决问题的能力，在“问题”的牵引下，不断探究分析论证，突破了传统问题式教学的局限，更具综合性。

三、整体教学设计：感受国家变化，探求发展路径

（一）教材与学情

1. 内容分析

（1）本课地位。本课是《道德与法治》教材九年级上册第四单元“和谐与梦想”第八课“中国人　中国梦”的第二框内容。本课是九年级上册的最后一个教学内容，也是本单元的核心，主要是学习实现中国梦的途径和如何做自信的中国人。实现中国梦，要明白中国共产党是中国特色社会主义事业的坚强领导核心，明白自己所肩负的责任与使命，从而自觉将个人价值的实现与国家的发展、民族的进步结合起来，做自信的中国人。对应道德与法治《课程标准》的要求，本课所依据的《课程标准》的相应部分是“国情教育”，主要落实“政治认同、道德修养、健全人格和责任意识”核心素养。

（2）本课内容。教材将本课内容分为“圆梦大舞台”和“做自信的中国人”两部分，第一部分讲述了实现中国梦的途径，第二部分讲述了如何做自信的中国人，我们应知道中国自信、民族自信的根本所在，对国家有认同、对文化有底气、对发展有信心，引导学生做踏实奋斗、勇担责任的自信追梦人。

2. 学情分析

（1）学生心智特征分析。九年级学生正处于世界观、人生观、价值观形成的关键时期，面对复杂的国家和社会的发展问题，理性思维还不成熟，因此需要引导学生将自身的成长和祖国的发展结合起来，在国家和社会的发展中追求个人价值，为实现中华民族伟大复兴的中国梦添砖加瓦、贡献力量。

（2）学生已有知识经验分析。九年级学生经过两年的学习，已经具备了一定的学科素养，能够感受到我们比历史上任何一个时期都更接近也更有信心、更有能力实现中华民族的伟大复兴。学生不缺直观的感知，但受自媒体如短视频等传播的负面新闻的影响，在意识层面认识不到时代发展对个人梦想的助力，一定程度上比较缺乏为实现中华民族伟大复兴而奋斗的责任意识与参与意识，对学科概念的理解也有一定难度，因此，在教学中要注意引导和点拨。

3. 教学目标与重难点

（1）教学目标。知道实现中国梦的途径，了解自信中国人的特点和自信的源泉。通过个人记录分享身边人的“中国梦”，分析总结这些梦想的特点，总结中国梦与个人梦的关系；通过小组合作探究，记录下新时代我国取得的辉煌成就，分析总结推动我国铸就辉煌的大政方针及具体举措，总结实现中国梦的条件，增强政治认同；通过展示新时代劳动者的事迹，明确新时代是奋斗者的时代，明白自己所肩负的责任与使命，从而自觉将个人价值的实现与国家的发展进步结合起来，做自信的中国人。

（2）教学重难点。

教学重点　实现中国梦的途径。

教学难点　做自信的中国人。

（二）路线与结构

1. 教学路线

根据教材内容，以“如何实现中国梦”为总议题，下面设置了三个教学活动，在不同的活动下设置分议题。

情境线　课前小调查“你的梦想是什么”—视频《我们这十年》—视频《全国抗击新冠肺炎疫情表彰大会》—视频《致敬劳动者五一节特别节目》。

活动线　分享调查（分享我的梦）—感悟、体会—讨论、探究（共筑中国梦）—总结升华（同做追梦人）。

知识线　中国梦与个人梦的关系—实现中国梦的时代背景—实现中国梦的条件—

自信的中国人的原因、表现、要求。

2. 教学结构（图1）

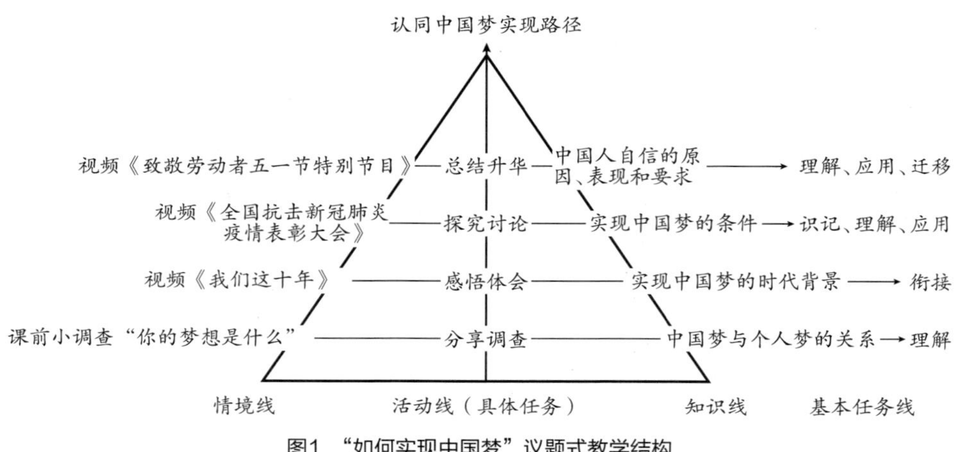

图1 “如何实现中国梦”议题式教学结构

（三）过程与意图

总议题　如何实现中国梦

篇章一：分享我的梦

教学情境　通过展示袁隆平、孟晚舟的图片，讲述袁隆平的禾下乘凉梦、孟晚舟在加拿大时的回国梦。

课堂活动　课前小调查，个人发言：由学生分享自己或者身边人的梦想是什么。

学习任务　回顾中国梦是什么，思考中国梦与个人梦的关系。

要点提示　实现中国梦就是要实现国家富强、民族振兴、人民幸福。有了国家的政策、财力、物力支撑，袁隆平才能研究杂交水稻；背靠国家，孟晚舟才能顺利回国。所以中国梦是国家的梦、民族的梦，也是每个中国人民的梦。

设计意图　通过课前小调查了解学生的梦想是什么；通过分析袁隆平的禾下乘凉梦，让学生明白个人梦想的实现与国家紧密相连，中国梦是国家的梦、民族的梦，也是每个中国人民的梦，增强对祖国的认同。

篇章二：共筑中国梦

教学情境1　播放视频《我们这十年》。

情景提示1　讲述了这十年来我国社会主义现代化建设中取得的成就、创造的辉煌。

学习任务1　结合视频内容，完成教材113页的“探究与分享”，记录新时代我国取得的辉煌成就。

要点提示1　我们国家比历史上任何时期都更接近中华民族伟大复兴的目标，比历史上任何时期都更有信心、有能力实现这个目标。

设计意图　通过视频，更直观、更生动地让学生体会国家的发展变化。进一步增强学生对祖国的民族自信心、自豪感。

教学情境2　播放视频《全国抗击新冠肺炎疫情表彰大会》。

学习任务2　根据视频，结合教材113~114页内容，学生自主学习探究实现中国梦需要哪些条件。

要点提示2　实现中国梦必须坚持中国共产党的领导，必须走中国道路，必须弘扬中国精神，必须凝聚中国力量。

设计意图　通过自主探究，了解中国梦的实现需要多方因素的综合作用，先从国家层面，帮助学生梳理要点，从整体把握答案要点大致有哪些方面。

学习任务3　学生自主学习如何坚持中国共产党的领导。在教材113页第二段找到相关答案，给段落分层，标好序号。

教师点拨3　坚持党的领导就是要：①统筹推进“五位一体”总体布局，五位一体包括经济建设、政治建设、文化建设、社会建设、生态文明建设。②协调推进“四个全面”战略布局，四个全面指的是全面建设社会主义现代化国家，全面深化改革，全面依法治国，全面从严治党。③贯彻新发展理念。

知识拓展　看教材113页相关链接：中国特色社会主义道路。

教师点拨4　走中国道路就是走中国特色社会主义道路。走自己的路，是党的全部理论和实践立足点，更是党百年奋斗得出的历史结论。中国特色社会主义是党和人民历经千辛万苦、付出巨大代价取得的根本成就，是实现中华民族伟大复兴的正确道路。

教师点拨5　人无精神则不立，国无精神则不强。唯有精神上站得住、站得稳，一个民族才能在历史洪流中屹立不倒、挺立潮头。弘扬中国精神就是要弘扬以爱国主义为核心的民族精神和以改革创新为核心的时代精神。

教师点拨6　中国人常说：团结就是力量。凝聚中国力量就是要凝聚全国各族人民的力量。

设计意图　学生通过自主学习能将大段文字梳理清楚，条理化，化整为零，分割学习任务；进一步培养学生的阅读理解能力；通过标序号能培养学生将答案要点段落化、序号化，规范答题格式。

篇章三：同做追梦人

教学情境　观看视频《致敬劳动者五一节特别节目》。

活动提醒　教材114~115页“探究与分享”。

学习任务1　思考：各行各业广大普通劳动者脸上为什么能洋溢着笑容？从他们的笑容中是否感受到了普通中国人的自信？

要点提示1　只有奋斗的人生才称得上是幸福的人生；奋斗者是精神最富足的人，也是最懂得幸福、最享受幸福的人；新时代是奋斗者的时代。

教师点拨　人民自信的底气是国家给的。中国共产党带领中国人民开辟了中国特色社会主义道路，形成了中国特色社会主义理论体系，确立了中国特色社会主义制度，发展了中国特色社会主义文化。这是中国自信、民族自信之根本所在。

设计意图　中国梦归根到底是人民的梦。通过观察身边不同职业、不同身份的人的劳动情形，让学生明白劳动的重要性，尊重劳动者，钦佩劳动者，树立正确的马克思主义劳动观、价值观。

学习任务2　用三个词描述自己心目中中国人的形象，说出自己将来想要成为什么样的中国人。

活动提醒　教材116~117页“探究与分享”。

要点提示2　自信中国人的表现：对国家有认同、对文化有底气、对发展有信心。

教师点拨　对国家有认同就是要有强烈的国家认同感、与国家休戚与共的使命感、以天下为己任的使命感，能自觉维护国家利益和国家尊严，自觉维护祖国统一和领土完整。对文化有底气就是要坚守文化立场，传承好中华优秀文化基因，讲好中国故事，传播好中国声音，阐发昂扬的中国精神，展现良好的中国风貌。对发展有信心就是能坚信中国特色社会主义道路是人间正道，坚信新发展理念能够引领中国发展，创造中国奇迹。

学习任务3　现在要为将来做什么准备？如何追逐自己的梦想？

要点提示3　不妄自尊大也不故步自封，既要胸怀理想又要求真务实，既要满怀激情又要锲而不舍，既是梦想家又是实干家。

教师点拨　做一个自信的中国人，心态上，当文化冲突发生时我们要有理性平和、不卑不亢、开放包容的心态；行动上，能正确对待外来文化。既要胸怀理想又要求真务实，既要满怀激情又要锲而不舍，既是梦想家又是实干家，要从心态和行动两个方面理解。

设计意图　由理论上升到行动，由知识上升为情感升华。让学生明白中国梦与个人梦、民族梦、世界梦息息相关，需要每个中国人共同努力才能完成。每个自信的中国人都既是梦想家又是实干家，既有远大抱负也有脚踏实地的态度。

教师总结　少年强则国强，少年自由则国自由。个人与国家休戚与共。时代成就了人民，人民也要努力奋斗，铸造新的时代。习近平总书记强调：“现在，青春是用来奋斗的。”[2] 作为祖国未来的在座同学们，既要有豪心壮志，也要从小事做起，踏实学习，为将来逐梦打下坚实的学识基础。

课堂小结　请同学们画出本节课的知识思维导图。

课后任务　学唱歌曲《我们都是追梦人》。

四、反思教学过程：回顾探究过程，分析不足与对策

本课的教学设计注重挖掘教材资源，围绕教材探究与分享等活动，结合学生认知情况，采用社会经典素材。根据《义务教育道德与法治课程标准（2022年版）》，我们重新审视了整个教学设计，分析其中不足的同时还提出了几点建设性意见和建议。

本课选择的情境比较贴合学生实际，但在实际教学过程中，首先，情境的运用挖掘力度不够，学生的感知也比较肤浅，有种无所谓或与我无关的感觉。习近平总书记指出：“思想政治工作从根本上说是做人的工作，必须围绕学生、关照学生、服务学生。”[3] 因此，我们根据习总书记的讲话精神进一步改进了教学设计，让学生从生活实例中感悟自己的责任，以此来帮助学生提升政治认同。其次，需要进一步优化教学情境，优化问题设计。问题是为完成议题的讨论而给学生设计的思维“阶梯”，是议题式教学的主要呈现形式，因此涉及问题要更能够引导学生的思考和表达，循序渐进地达成教学目标。在子议题“同做追梦人”中，情境的主题类似，问题的设计虽环环相扣，但容量偏大，对于九年级的学生来说是有难度的，而学生自身阅历又有限，在一定程度上会打击学生学习的积极性和自信心，因此，教师在这个过程中要给学生更多维度的引导和启发，也需要把这部分的问题设计进一步优化整合。

总而言之，这一课的教学环节是根据教材顺序进行设计的，尽可能地考虑到了学情，却仍有遗憾。一是小部分学生的课堂表现较为懒散，积极性没有充分调动起来，不能主动回答问题，核心素养的养成和落实之路比较漫长，在以后的授课中，教师要激发学生的积极性，让学生能主动地参与进来。二是在教学实践中，教师的教学技巧在一定程度上被课件束缚，为了完成教学内容，没有给学生留下进一步思考的时间，也没有更好地挖掘知识点之间的内在联系，而是急于把结论告诉学生，导致学生学习过程中出现“夹生”现象，长此以往，无论对学生还是对教师自身，都无益处。

教学是门艺术，既要直面问题，又要寻找策略。本节课的议题式教学注重情境创

设，注重学生情感的体验和引导内化。但是，在理论知识总结归纳方面略显生硬突兀，没能很好地衔接过渡，学生容易被老师牵着鼻子走。通过教学反思领悟到，一方面，课堂教学不应该仅停留于课本知识的简单传授，“教材给出的是教学的基本结论和简要论述，要让不同类型的学生都爱听爱学、听懂学会，需要做很多创造性工作”[4]；另一方面，教师也要正确认识课件的作用。教学课件是用来辅助教学的，课堂教学不能被课件束缚，教师要充分发挥教学技巧，从课堂生成问题出发，以任务为主线，引导学生进行思考，正如习近平总书记所说，“教师要做好画龙点睛工作，加强引导和总结提炼”[5]，实现知、情、意、行的统一，叫人口服心服。

参考文献

[1] 习近平 . 用新时代中国特色社会主义思想铸魂育人　贯彻党的教育方针落实立德树人根本任务 [N]. 人民日报，2019-03-19（1）.

[2] 习近平 . 在同各界优秀青年代表座谈时的讲话 [J]. 中国高等教育，2013（10）：3-5.

[3] 习近平在全国高校思想政治工作会议上强调：把思想政治工作贯穿教育教学全过程　开创我国高等教育事业发展新局面 [N]. 人民日报，2016-12-09（1）.

[4][5] 习近平 . 思政课是落实立德树人根本任务的关键课程 [J]. 求是，2020（17）：4-16.

“如何理解伟大复兴中国梦”议题式教学叙事

——基于“我们的梦想”一课

宋劲松[①] 钟 望[②]

一、整合教学思路：根据课标制定议题和学习目标

《义务教育道德与法治课程标准（2022年版）》（以下简称《课程标准》）中对“国情教育”这一内容的学习要求，主要是引导学生懂得中国梦的内涵及其意义，树立集体主义观念，凝聚青春力量，帮助学生树立中国特色社会主义远大理想，成为坚定理想信念，勇担重任，不负韶华的青少年。依据《课程标准》要求和内容要求，本节课的议题确定为“如何理解伟大复兴中国梦”，学习目标为：帮助学生了解我国全面建设社会主义现代化国家的新征程及其指导思想；理解中国梦的内涵及其意义；树立为中华民族伟大复兴而奋斗的理想；在深刻理解中国梦的基础上清醒认识到自身的历史使命，立志成为新时代怀抱梦想又脚踏实地、敢想敢为又善作善成的社会主义接班人。

根据《课程标准》和教材内容初步制定了本节课的学习目标。以梦想为切入点，让学生查阅资料，了解近代中国以来几代中国人的执着追求，并通过观看热播剧《觉醒年代》来感知中国梦的本质及其意义；通过观看《奋进新征程，建功新时代》视频，感受新时代以来党和国家事业取得的历史性成就，增强学生的民族自豪感和自信心；通过演讲活动，培育政治认同核心素养，引导学生以实现中华民族伟大复兴为己任，增强做中国人的志气、骨气、底气。

本课内容较抽象，如何让学生切实感受到中国梦与个人发展息息相关呢？备课时通过查阅大量的资料和素材，发现热播剧《觉醒年代》非常贴合本课议题，电视剧生动再现了历史人物及其事件，情境的“代入感”能激发学生的学习兴趣。因此，依据《课程标准》和教材，以“认识中国梦”议题为出发点，以总议题和学习目标为基本点，初步制定出本节课的知识结构和教学环节。知识结构主要包含三个部分：中国梦的内涵、意义及分“三步走”的发展战略，新时代的内涵、意义及第二个百年奋斗目标，

---

① 宋劲松（1974—），女，湖南科技大学马克思主义学院教授，博士生导师。

② 钟 望（1997—），女，湖南科技大学2020级马克思主义理论专业硕士研究生。

新时代的指导思想及青少年应该树立怎样的理想。明确知识结构后设置了三个教学篇章：

篇章一：知情连线——伟大梦想，我知道。通过观看视频《觉醒年代》，合作探究中国梦的本质。以视频场景与今日中国进行对比，合作分析实现中国梦的原因。阅读教材105页相关链接，探究分“三步走”发展战略的具体规划。

篇章二：议题决策——伟大时代，我了解。通过观看视频《奋进新征程，建功新时代》，让学生理解中国特色社会主义进入了新时代，分析自党的十八大以来中国取得历史性成就的原因。看完视频后的感受，使学生明白中国社会发展进入新时代的意义。引用习近平总书记对青年的寄语导出第二个百年奋斗目标的具体规划，从而引导学生掌握两个一百年奋斗目标的内涵。

篇章三：议题追问——复兴使命，我担当。视频《奋进新征程，建功新时代》中展现的历史性成就来源于党和人民的团结奋斗，让学生充分认识到中国共产党领导是中国特色社会主义最本质的特征，是中国特色社会主义制度的最大优势。拥护中国共产党，坚持中国特色社会主义道路，了解习近平新时代中国特色社会主义思想是当代中国马克思主义、21世纪马克思主义，是中华文化和中国精神的时代精华。进行“我的青春梦想”主题演讲，让学生了解中国梦的内涵，培育家国情怀，形成以实现中华民族伟大复兴为己任的使命感。

二、优化教学设计：反思教学过程，改进教学情境

（一）亮点

（1）以议题为线，让课堂有了中心。以“如何理解伟大复兴中国梦”议题统领课堂教学，紧扣教学目标，抓住教学重难点，通过课前调查“家人15岁时的梦想”将议题拉入生活实际，让课堂充满生活气息，并通过对梦想的横向对比，让学生深刻体会到当前美好生活的来之不易及他们在当今时代大有可为、大有作为。

（2）以情境为介，让知识充满活力。教学情境设计层层深入、环环相扣，遵循“是什么—为什么—怎么做”的课堂层次和内在结构，让学生从感性认知上升到理性认同，遵循了学生由浅入深、由低到高的认知路径。以通俗易懂的篇章标题拉近课堂与学生之间的距离，通过课前调查让学生认识到，我们正处于一个“比历史上任何时期都更接近中华民族伟大复兴的目标”的时代。

（3）以素养为意，落实立德树人目标。通过议题式教学将政治认同、科学精神、学科素养串联起来，提升学生的思维能力和关键能力。在议题追问环节，紧扣课程目

标设计演讲活动，激发学生的学习兴趣。抓住“中国梦”这一议题主线，按照“分享自己的梦想—探究新时代及新征程—青少年的个人梦要寓于中国梦之中”的步骤，帮助青少年正确认知中国梦的含义、意义，激励他们勇担使命。

2. 不足

（1）情境选择不够贴切。本稿的设计中，部分情境的设置与学生生活相脱离，不易发挥出学生的主体能动性。因此，应该选择更贴合学生现实生活的情境，如以展示“分享梦想”的课前活动成果为切入点，既拉近了本课与学生的距离，又有利于学生主体地位的落实。

（2）课堂活动形式不够多样。受课堂场地的影响，学习活动类型不够丰富，学生的实践性活动不够多。为了能更好地发挥出学生的能动性，知情连线、议题决策、议题追问三个篇章都需要适时地加入实践性活动的环节。

（3）知识结构不够连贯。本课知识点时间跨度大，抽象内容较多，难以帮助学生搭建完备、全面的知识体系，这样容易导致学生的学习停留在表层，从而不能达到知识迁移、深度学习的效果。如各环节之间缺少连贯的语言过渡，内容难度大，需要遵循学生由易到难、由浅入深的螺旋式上升的思维方式提升教学效果。因此，为改善上述不足，本课将制作一份议学单辅助学生学习，鼓励学生主动探索，引起内心共鸣。

三、整体教学设计：对比不同梦想，感悟伟大时代

（一）教材与学情

1. 教材分析

（1）本课地位。从单元设置来看，第四单元“和谐与梦想”延续了前三单元的富强、民主、文明主题词，并与前三单元的核心词共同构成了社会主义核心价值观在国家层面的体现，本课立足“和谐”这一关键词，旨在帮助学生树立远大理想，鼓励他们积极投身到社会主义建设上；从本课来看，“中国人，中国梦”一课共设计了两框内容。第一框“我们的梦想”让学生清晰认识到中国梦的本质是复兴梦，引导学生辩证看待个人梦和中国梦的关系，科学理解国家发展进入新时代的内涵和意义。第二框“共圆中国梦”，在第一框的基础上，引导学生树立正确的个人理想，增强他们的圆梦热情。

（2）本课内容。第一目“民族复兴梦”，以“分享梦想”为切入点，使学生认识到实现复兴是中华民族近代以来最伟大的梦想，中华民族迎来了从站起来、富起来到强起来的伟大飞跃。第二目“新时代，新征程”，主要阐述新时代的含义、意义及其指导思想，让学生理解新时代中国特色社会主义发展的战略安排，并在此基础上思考个

人成长与国家发展之间的关系，明确自己的责任与使命，增强做中国人的志气、骨气、底气。

2. 学情分析

（1）学生认知结构分析。近年来各大新闻网站反复宣传中国梦、新时代，让大多数学生对其有了初步了解，特别是“梦想”这一议题贴近中学生生活实际，能激起他们的学习兴趣，但他们对中国梦的内涵、中国梦与个人梦的关系、新时代的含义等问题的认识不深，因此，对于中学生来说，本课有很大的学习空间。

（2）学生情智特点分析。九年级的学生正处于形象思维向抽象思维过渡的阶段，是正确世界观、人生观、价值观形成的关键时期，此时他们的认知起点是：对国家和社会的发展有一定的了解、对未来社会发展有着感性的憧憬、对自身发展有着美好愿景，但独立思考能力和判断能力有待进一步加强，还不能理性、全面地看待社会与个人之间的关系。因此，需要引导他们将个人梦和中国梦相联系，将自身成长与国家发展相结合，初步树立共产主义远大理想和中国特色社会主义共同理想，成为德智体美劳全面发展的社会主义建设者和接班人。

3. 教学目标与重难点

（1）教学目标。通过学习本课，理解中国梦的内涵及其意义，理解新时代的含义、意义及其指导思想，了解第二个百年奋斗目标的具体规划；增强学生坚定不移走中国特色社会主义道路的自信心，认清自身所担负的时代责任与历史使命；引导学生学会用马克思主义世界观和方法论看待日常生活中的价值冲突，帮助学生树立强国志，砥砺报国行。

（2）教学重难点。

教学重点　民族复兴梦的含义及其意义；中国梦和个人梦的关系。

教学难点　中国特色社会主义进入新时代的含义及其意义。

（二）教学路线与教学结构

1. 教学路线

本课采用议题式教学方式，由议题、情境、活动和任务四个要素形成如下四条线：

议题线　确定总议题，由“知情连线—议题决策—议题追问”三个篇章组成，使议学贯穿教学始终。

情境线　围绕中国梦的本质及新时代展开，由《觉醒年代》引出中国梦的本质、意义，进而探究分“三步走”发展战略—观看《奋进新征程，建功新时代》视频引入新时代内涵、意义—引用习近平总书记的重要讲话导出“第二个百年奋斗目标——新思想引领新时代”的青春梦想主题演讲，为“议中学”的活动型学科课程提供教学载体。

活动线　由“合作探究—评析决策—制作演讲”组成，为“议中学”开辟路径。

任务线　合作探究中国梦的本质、含义及“三步走”发展战略—共同探讨“中国特色社会主义进入新时代”及其意义及两个一百年奋斗目标—设想个人梦想并进行主题演讲，塑造青春理想。

（2）教学结构（图1）

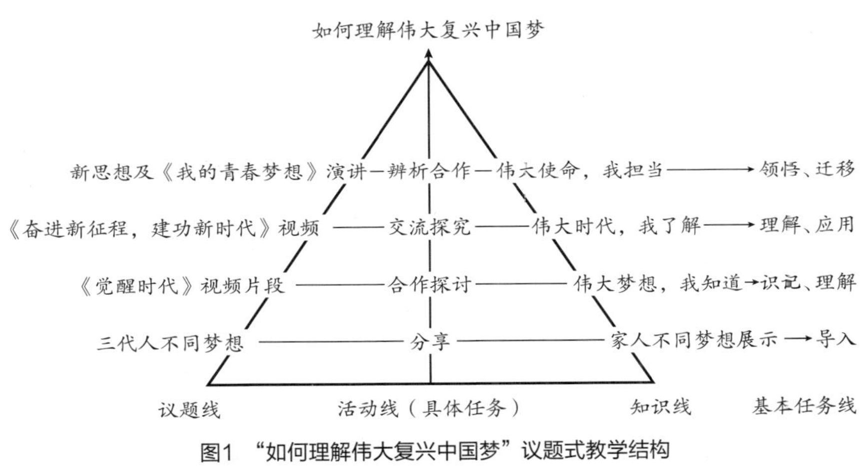

图1　“如何理解伟大复兴中国梦”议题式教学结构

（三）教学过程与意图

总议题　如何理解伟大复兴中国梦?

课前导入　每个人都有自己的梦想。那么，中国人民共同的梦想是什么呢？接下来，让我们共同学习本课“我们的梦想”，一起探究中国梦。

师：课前我布置同学们展开关于“家人15岁时的梦想”主题活动。你们家三代人15岁时的梦想分别是什么呢？有哪些同学愿意分享一下调查成果呢？

设计意图　通过提出问题，引导学生结合现实生活谈谈家人的梦想，引出课堂的主题。引导学生通过参与公共生活调研，对比三代人在15岁时的不同梦想，明白时代在变化，梦想也在变化，但对国家富强、民族振兴、幸福生活的追求都不曾改变，从而增强对中国梦的认同感。

篇章一：知情连线——伟大梦想，我知道

教学情境1　播放视频——《觉醒年代》片段。

教学任务1　观看视频，让学生了解，1840年鸦片战争以后，中国逐步沦为半殖民地半封建社会，国家蒙辱、人民蒙难、文明蒙尘，中华民族遭受了前所未有的劫难。从那时起，实现中华民族伟大复兴，就成为中国人民和中华民族最伟大的梦想。从中华民族的昨天、今天和明天，解读“中华民族伟大复兴”的含义。

答案提示1　中国梦的本质：国家富强，在全面小康社会的基础上建成富强民主文明和谐美丽的社会主义现代化强国；民族振兴，中华民族更加坚强有力地自立于世界民族之林；人民幸福，以人民为中心朝着共同富裕方向稳步前进。

设计意图1　观看视频，对比中国的昨天与今天，引导学生理解中国梦的本质；引导学生热爱伟大祖国，为自己是中国人而自豪；能够把个人发展和国家命运联系起来，能够以实现中华民族伟大复兴为己任，增强做中国人的志气、骨气、底气，不负时代，不负韶华。

教学情境2　观看视频，我们看到旧日的中国任人宰割，中华民族遭受了前所未有的劫难。而现在，中华民族迎来了从站起来、富起来到强起来的伟大飞跃，实现中华民族伟大复兴进入了不可逆转的历史进程！

教学任务2　小组探讨实现中国梦的原因。

答案提示2　因为中国梦反映了近代以来中国人民的美好夙愿，揭示了中华民族的历史命运和当代中国的发展走向；指明了全国各族人民的共同奋斗目标；体现了中华民族和中国人民的整体利益。

设计意图2　通过小组探讨，学生掌握中国梦的内涵，培育家国情怀，自觉铸牢中华民族共同体意识，形成以实现中华民族伟大复兴为己任的使命感。

知识拓展　看教材105页相关链接：党的十三大提出“三步走”战略。

答案提示3　①解决人民温饱问题；②达到小康水平；③基本实现现代化。

设计意图3　通过自主学习，学生了解中国共产党一经诞生，就把为中国人民谋幸福、为中华民族谋复兴确立为自己的初心使命。

篇章二：议题决策——伟大时代，我了解

教学情境1　播放视频——《奋进新征程，建功新时代》。

教学任务1　小组讨论：结合书本知识分析党和国家事业取得历史性成就的时代原因。

答案提示1　因为中国特色社会主义进入了新时代，这是我国发展新的历史方位。经济、科技、国防实力和综合国力进入世界前列；国际地位实现前所未有的提升；党、国家、人民、军队、中华民族的面貌发生前所未有的变化。

设计意图1　通过小组讨论的形式培养学生的团队合作能力，保证学生主体地位的落实和能动性的发挥。

教学情境2　看完视频后，同学们有哪些感受？

教学任务2　结合课本109页的知识，试述新时代意义。

答案提示2　中华民族迎来了从站起来、富起来到强起来的伟大飞跃，实现中华民族伟大复兴进入了不可逆转的历史进程；一百年前，中华民族呈现在世界面前的是一派衰败凋零的景象，而今天，中华民族向世界展现的是一派欣欣向荣的气象，正以不可阻挡的步伐迈向伟大复兴。

设计意图2　观看视频后，通过讨论了解新时代所取得的历史性成就，激发学生的民族自豪感和自信心。

教学情境3　2019年，习近平总书记在纪念五四运动100周年大会上向广大青年发出号召：“新时代中国青年运动的主题，新时代中国青年运动的方向，新时代中国青年的使命，就是坚持中国共产党领导，同人民一道，为实现‘两个一百年’奋斗目标、实现中华民族伟大复兴的中国梦而奋斗。”[1]那么，作为新时代青年人，我们首先要知道实现第二个百年奋斗目标的具体规划。

教学任务3　结合课本110页的知识，试述第二个百年奋斗目标的具体规划。

答案提示3　具体分为两个阶段：①从2020年到2035年，在全面建成小康社会的基础上，基本实现社会主义现代化；②从2035年到本世纪中叶，把我国建设成为富强民主文明和谐美丽的社会主义现代化强国。

设计意图3　通过阅读书本知识，鼓励学生自主思考，引导学生清楚地知道第二个百年奋斗目标的具体规划，增进其对我国未来发展规划的理解。

篇章三：议题追问——复兴使命，我担当

教学情境1　理论来源于实践又指导实践，《奋进新征程，建功新时代》中展现的历史性成就来源于新思想的指导。

教学任务1　小组合作：学习和理解习近平新时代中国特色社会主义思想。

答案提示1　了解习近平新时代中国特色社会主义思想是当代中国马克思主义、21世纪马克思主义，是中华文化和中国精神的时代精华。

设计意图1　通过合作探究，学生初步学习和理解习近平新时代中国特色社会主义思想，培育政治认同感。

教学情境2　伟大事业始于伟大梦想，同学们如何看待个人梦和中国梦的关系呢？

教学任务2　作为中学生的我们该树立什么梦想呢？结合课堂所学知识进行“我的青春梦想”主题演讲。

答案提示2　时代总是把历史责任赋予青年。新时代的中国青年，生逢其时、重任在肩，施展才干的舞台无比广阔，实现梦想的前景无比光明。[2]这表明追梦的道路上，青年要将个人理想与中国特色社会主义共同理想紧密结合起来，牢记中华民族伟大复兴的使命担当，在追梦道路上实现个人价值。

设计意图2　通过探究分享活动，帮助学生树立远大梦想，从个人做起、从点滴小事做起，增强为实现民族复兴贡献青春、智慧和才干的决心，坚定中国梦必将实现的信心。

四、教学小结：反思议学过程，总结教学经验

播放歌曲《我的中国梦》，引导青少年在歌曲中确立自己的梦想，坚定为实现中华民族伟大复兴而奋斗的信念。栉风沐雨、薪火相传，让我们每一位青少年都承担起责任，响应时代号召，顺应时代潮流，做时代的笃行者、奋进者，始终与党同步伐、与人民共命运。

（一）亮点与优势

（1）层层递进、环环相扣设计议学流程。2022年4月，习近平总书记在考察中国人民大学时强调，“思政课的本质是讲道理，要注重方式方法，把道理讲深、讲透、讲活”。[3]因此，本课采用议题式教学方式来“讲道理”，层次鲜明、逐步递进地设置了三个子议题，按照由低到高、由简到繁的逻辑顺序设置议学情境和教学任务，帮助学生正确理解中国梦的含义，激发他们积极投身社会主义现代化建设事业的热情。

（2）大处着眼、小处入手确定篇章议题。本课依据《课程标准》要求，准确提取“梦想”这个大概念，围绕“中国梦”这一核心词确定总议题及其子议题，遵循“是什么—为什么—怎么做”的逻辑结构将议题素材分层呈现，遵照从宏观入手到微观解析的教学路径来设计议学情境，引导学生自主探究、主动思考，呼吁学生以青春之我、奋斗之我，为民族复兴铺路架桥，为祖国建设添砖加瓦，打造了一个既有深度又有温度的“梦想”课堂。

（3）以议为线、贯穿始终彰显学生主体地位。以尊重学生的主体地位和发挥学生的能动性为出发点和落脚点来设计本课，按照学生的成长规律和螺旋式上升的认知规律设计了梦想分享、思考探究、主题演讲等议学活动，让学生在一个良好的教学氛围

中产生思考，促使他们在交流中获知，在讨论中成长。

（二）问题与对策

（1）合作探究还应加强。虽然三个情境设置都有学生参与，但学生参与度不够。教师应关注学生，多与学生共同探讨，有针对性地抓住时机提出问题，并给予及时指导；合作探究环节应更注重学生素养的提高，更注重教师的引导与总结。

（2）情感升华不够有效。情感升华是培育学科核心素养的关键一环。教学可多采用一些音乐、视频等激发情感升华，同时，还应紧密联系学生生活实际，让学生通过生活体悟道理，让不同类型的学生都爱听爱学、听懂学会。

参考文献

[1] 习近平 . 在纪念五四运动100周年大会上的讲话 [N]. 人民日报，2019-05-01（2）.

[2] 习近平 . 在庆祝中国共产主义青年团成立100周年大会上的讲话 [N]. 人民日报，2022-05-11（2）.

[3] 习近平在中国人民大学考察时强调：坚持党的领导传承红色基因扎根中国大地走出一条建设中国特色世界一流大学新路 [N]. 人民日报，2022-04-26（1）.

“青春岁月应如何度过”议题式教学叙事

——基于“走向未来的少年”一单元

韩　平①　张　浩②

一、形成教学思路：以大单元教学为统领，聆听响彻成长之旅的青春之歌

习近平总书记指出：“青年强，则国家强。当代中国青年生逢其时，施展才干的舞台无比广阔，实现梦想的前景无比光明。”[1]《义务教育道德与法治课程标准（2022年版）》（以下简称《课程标准》）对这一单元的教学提示：“以‘不负青春、不负韶华、不负时代’为议题，学会依据社会发展需要和自身特点做好生涯规划，强化作为时代新人的责任担当。”[2] 根据新课标的要求和教学建议，立足少年主题，本单元以大单元教学思维为统领来设计教学。

大单元教学思维，即围绕一个教学主题形成一个学科单位，在大单位视域内进行周期性的统一教学。以核心素养为指导的大单元教学设计要求教师在学科的核心素养和学科的核心内容之间建立良好的关系，教师根据《课程标准》和教科书，选择有利于培养学科核心素养的教学内容和情境材料，制定单元目标并组织学习活动。本次大单元教学为复习课，在复习课教学中仍然采用议题式教学模式，以议题为引领，通过情境、活动、任务等手段，在师生、生生的交互作用中，达成对知识的理解、应用和迁移，实现培育核心素养的目标。

本单元复习课的教学思路主要从以下三方面展开。

（一）回归教材，确定学习目标和议题

议题式教学开展的第一步，是确定既包含具体学科内容又能体现学科核心价值和基本观点的议题。不同于一课、一框的议题，单元议题应充分反映单元知识重点，服务于单元教学目标。本单元教学立足少年主题，要培育的核心素养主要是自我管理素养。根据《课程标准》的要求和教学建议，本次教学设计以“青春岁月应如何度过”

---

① 韩　平（1981—），男，湖南科技大学马克思主义学院副教授，硕士生导师。
② 张　浩（1998—），女，湖南科技大学2021级学科教学（思政）专业硕士研究生。

为议题，初步制定本单元的学习目标为：能正确认识与评估自我；根据自身个性和潜质选择适合的发展方向；明确脚踏实地、勤劳拼搏的重要意义与作用；能认识到个人爱好、需求与国家发展、世界繁荣、人类梦想的关系。

（二）分析热点，确定知识结构和教学环节

根据本节课的议题和学习目标，以议题为引领和纽带归纳教材知识，初步设计出本节课的知识结构和教学环节。不同于新授课，单元复习课知识量大，需要对其进行针对性的选择。教学环节包括：环节一，奠定情感基调，激起学生情感共鸣；环节二，少年的担当—怎样身处世界大舞台；环节三，我的毕业季—青春之歌响彻成长之途；环节四，从这里出发—唱响同心筑梦的青春之歌。

（三）收集材料，设计主干问题和教学任务

根据本节课的知识结构框架及具体学习内容，在学习强国、人民网、新华网、微信公众号等平台收集相关的备课资料，过程具体如下。

篇章一：奠定情感基调，激起学生情感共鸣。激发学生内心高涨的情绪，引起学生情感上的共鸣，为本节课奠定良好的情感基调。

篇章二：少年的担当——怎样身处世界大舞台。对于九年级学生来说，这节课的教材知识还是离他们的实际生活比较近的，因此，在此基础上选择合适的热点话题导入，以集中学生的注意力。基于此，选择“青年参与新时代中国外交的获得感”作为情境材料一，让学生讨论身为青少年如何身处世界大舞台；选择《感动中国》2021年度人物湖南女孩江梦南的事迹作为情境材料二，讨论少年为什么要自强及怎样做到自强。通过学生充分发表自己对这两个事件的看法，为后续环节增加知识储备。

篇章三：我的毕业季——青春之歌响彻成长之途。思考学无止境的重要性，聊一聊初中三年的学习和生活，畅谈自身健康成长和职业理想。“英姿飒爽”“巾帼不让须眉”的古慧晶面临着考普通高中还是读职业学校的选择，怀着对汽车的满腔热爱，她毅然选择了后者。身为学生，不一定要用学习成绩证明自己的能力，为自己的爱好而努力的人，同样值得被认可。回忆总结初中三年的收获，并思考未来需要怎么做。

篇章四：从这里出发——唱响同心筑梦的青春之歌。以“拥抱青春，放飞梦想”为主题开展探究性学习活动，描绘自己对未来的心境和感受。想象未来的“我”是怎样的，要达到未来的“我”的目标需要掌握哪些技能和品质。

二、优化设计：引入大单元教学和可视化学习

（一）用大单元思维进行教学设计，设计议题统领课时教学

“跳出教材教教材”，如果总是停留在课本知识层面，就只是理解知识，也就无法从育人角度去理解一本书、一单元、一课、一课时的课堂架构。[3] 审读这堂课的设计，我们发现，进行大单元教学设计，依托议题群进行课时教学，是让学生从做题走向做事做人，从知识立意走向能力立意和素养立意的有益尝试。议题式教学设计要依托现实情境，使用学科必备知识分析一个问题，即“青春岁月应该如何度过”，让学生在个人发言、小组讨论、项目化学习中学习和应用必备知识，提升关键能力，落实学科素养，培养核心价值。

（二）必备知识从点点清走向重点清

当面对一串关于“学科必备知识如何落实”的问题时，去思考哪些知识是必须要讲的，又该放在哪里去讲。最终可以得出结论，教师应在课前精心备课，依据学科概念从知识逻辑本身梳理并整合必备知识，同时也要关注重点知识。教学设计中，在整体梳理必备知识的基础上，去引导学生思考和理解教材上的重点知识。在理解、应用、迁移环节，则重点强调知识在不同层级情境下的应用。

通过学科思维可视化，提升学科逻辑思维水平。关于学生学科思维培养的问题，尝试从课堂教学细节上着手改进。第一，学生讨论要有商量有记录，要引导学生用学科知识和逻辑去书写小组讨论内容；第二，学生发言要尽可能使用学科规范化语言；第三，教师可以在 PPT 中用关键词、箭头等呈现答案的思考过程和思考路径，使其清晰可见。这样有利于学生规范使用学科概念，精准表达学科逻辑。

三、整体教学设计：在学议思中唱响同心筑梦的青春之歌

（一）教材与学情

1. 内容分析

（1）本单元地位。本课内容为《道德与法治》九年级下册最后一个单元内容。一方面，学生在前两个单元已经了解我们同住地球村，了解世界舞台上的中国和中国担当，这为本课提供了理论基础。另一方面，学生对社会生活中的各种职业现状已有所耳闻，对本课知识有了一定的积累。

（2）本单元内容。本单元主要包括：①介绍了青少年与世界的交往、青少年为

世界添光彩的做法、青少年要勇于承担时代责任、青少年要拥有高尚情怀与远大抱负。②介绍了青少年如何面对当下的学习，懂得要在实践中学习，学会进行职业生涯规划和培养敬业精神。③介绍了青少年对初中三年学习生活的倾情回顾与对未来的美好展望，立足当下、回望过去、展望未来。

2. 学情分析

（1）学生心智特征分析。九年级学生具有一定的学习动力和思维能力，并对新知识、新情境具有很强的好奇心，但是缺乏思维的广度和深度，需要从情境上增加思维和信息的深度。从身心特点分析，这个时期的青少年处于人生观、价值观的形成时期，处于向成熟期的过渡阶段，看待事物、分析问题、判断事物等容易受表面现象影响或看得不够全面，需要教师正确价值观的引导。此外，九年级学生面对升学、考试压力，面临着不同的人生选择，心理压力大，容易出现焦虑、茫然、困惑等情绪；对当今时代的变化了解太少，影响自我认知及规划。

（2）学生已有知识经验分析。九年级学生已具备一定的抽象思维能力，积累了一定的学科知识，对本课的学习有较强的积极性，渴望通过该课程的学习了解真实的社会生活。通过创设问题情境，学生能够发挥对比分析的能力，理解迈向未来需要脚踏实地、承担责任。

3. 教学目标与重难点

（1）教学目标。引领学生要具有国际视野和情怀，明白当代青少年的责任是时代赋予的，勇敢承担起对国家、社会的责任，彰显社会主义核心价值观。引领学生认同终身学习理念，积极参与社会实践，树立爱岗敬业的职业精神。引领学生体味初中生活的价值，树立自信自强的意识，引领学生学会用历史、发展的眼光看待问题。同时，在刻苦学习的过程中要关心国家发展，自觉将个人成长与国家发展结合起来，增强服务国家和社会的意识。

（2）教学重难点。

教学重点　青少年应意识到自身正处于中华民族伟大复兴的关键时期，应脚踏实地、努力奋斗，承担起对国家和社会的历史使命。

教学难点　理解怎样做好职业准备。

（二）路线与结构

1. 教学路线

本课采用议学任务引领的议题式教学方式，由议题、情境、活动、知识四个要素构成了如下四条线。

议题线　由“青春岁月应如何度过”总议题引领如下环节：少年的担当——怎样身处世界大舞台，我的毕业季——青春之歌响彻成长之途，从这里出发——唱响同心筑梦的青春之歌。

情境线　导入情境引共鸣—青年参与新时代中国外交的获得感、《感动中国》2021年度人物江梦南的事迹—“巾帼不让须眉”古慧晶的职业规划—未来的“我”。

活动线　自由发言—小组交流—探究、讨论—展示、发言。

知识线　少年自强—世界大舞台—职业选择—规划未来。

2. 教学结构（图1）

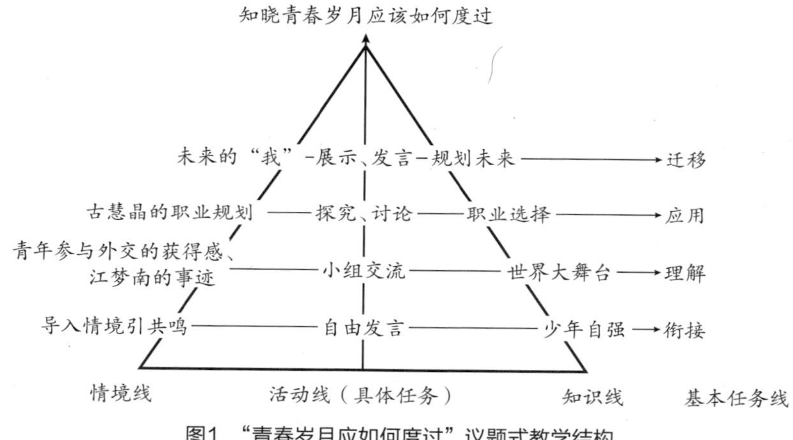

图1　“青春岁月应如何度过”议题式教学结构

（三）过程与意图

议题　青春岁月应如何度过?

篇章一：奠定情感基调，激起学生情绪共鸣

教学情境　导入情境视频“MV《少年》建党百年主题版”。

学习任务　自由发言，讲一讲观看之后的感受。

篇章二：少年的担当——怎样身处世界大舞台

教学情境1　“青年参与新时代中国外交的获得感”——袁誉畅的公益事业。

从大一开始，怀着对公益事业的热情，袁誉畅加入了支教社团，到乡村地区和农民工子弟学校支教。当时，“国际组织”对她来说还是个遥远而模糊的名词。直到2015年，她加入了浙江大学国际组织精英人才计划，2019年成为浙大国际组织与国际交流专业第一届学生，她才对“国际组织”有了更多了解。2021年，她进入联合国世界粮食计划署（WFP）实习，直观感受到国际组织对需要帮助的人群是多么重要。2022年硕士毕业后，袁誉畅再次向WFP投了简历，并成为WFP正式员工，协助推进和落实中方参与的粮食援助项目。像袁誉畅这样一毕业就入职联合国机构的案例在中国相当少见，袁誉畅的经历，是中国国际影响力不断提高的一个证明。正如《新时代的中国青年》白皮书指出的：“随着中国对外开放的大门越开越大，中国青年‘走出去’的道路越来越宽，沟通合作的‘朋友圈’也越来越大。”

学习任务1　小组讨论：袁誉畅的故事给我们什么感受？日常生活中与世界大舞台联系的方式有什么？为什么要走向世界？

答案提示1　走向世界的方式有很多：出国旅游、外教网课、参加国外展览比赛等。我们与世界同呼吸、共命运，每个人做的事都可能对世界发展产生影响。

教学情境2　《感动中国》2021年度人物——江梦南。

江梦南，寓意梦里江南，拥有这个美好名字的湖南郴州女孩，却在半岁时失去听力。开始学说话的时候，从字、词到日常用语，她对着镜子学口型，摸着父母喉咙学发音，通过读唇语学会了“听”和“说”。在日复一日的不懈坚持下，江梦南先后考入了吉林大学和清华大学。即将完成博士学业的她，登上了《感动中国》2021年度人物的颁奖现场。在十几年的学习成长过程中，江梦南凭借顽强的毅力和坚定的信念，付出了比常人更多的艰辛和汗水，她的求学之路也走得越来越长远。江梦南说：“心中嘹亮的号角，可能是一个比较坚定的信念，一定要把一件事情做到，一定要达到自己的目标。这个号角就是我坚持走下去的动力。”即将完成博士学业的江梦南，正在研究肿瘤免疫和机器学习的交叉，用机器学习建模的方法搭建模型，对肿瘤进行检测和预测。未来，这项研究可能在疫苗研发过程中发挥重要作用。

学习任务2　小组讨论：江梦南的故事给我们什么感受？为什么说少年强，则中国强？

答案提示2

（1）江梦南的励志事迹告诉我们：没有谁能随随便便成功，任何优秀的人都要靠勤奋自律才能成就非凡的人生。“自助者天助之”，江梦南从小就有自强不息的品格，坚强的信念与刻苦的练习，让她的人生变得精彩非凡。

（2）①青年强则国家强，广大青年要“立志做有理想、敢担当、能吃苦、肯奋斗的新时代好青年，让青春在全面建设社会主义现代化国家的火热实践中绽放绚丽之花”[1]；②青年兴则国家兴，“青年一代有理想、有本领、有担当，国家就有前途，民族就有希望”[4]；③青少年的责任是时代赋予的，不同的历史时期有不同的责任，当代青少年肩负着实现“两个一百年”奋斗目标、实现中华民族伟大复兴的重任，必将成为国家的栋梁。

篇章三：我的毕业季——青春之歌响彻成长之途

学习任务1　聊一聊我的毕业季。初中三年的收获有哪些？或是有哪些遗憾？

答案提示1　①初中三年，我们在学海里泛舟，掌握了越来越多的知识，参加了丰富多彩的实践活动，学会做人做事；②我们结交了一群志同道合的朋友，在成长路上互相帮助，风雨同行；③我们不断修炼自己的道德操守，提升自己的法治意识，坚持与德并进、与法同行；④我们逐步树立了全球视野，主动思考人类的前途命运。

教学情境　2021年7月初，因在广东省职业院校学生专业技能大赛汽车机电与维修赛项中获得一等奖，并且是该赛项设置以来广东省第一个参赛并获一等奖的女生，17岁的古慧晶“意外出圈”。网友用“英姿飒爽”“巾帼不让须眉”形容修车时的她，也有网友评论称她“可白衣翩翩，亦可庖丁解车”。古慧晶就读于深圳市第二职业技术学校，学习汽车运用与维修专业。童年时期，古慧晶就被汽油的“芳香”吸引，从而对汽车产生了浓厚的兴趣。2019年中考前，古慧晶面临着考普通高中还是读职业学校的选择，怀着对汽车的满腔热爱，她毅然选择了后者。在参加技能比赛前，古慧晶曾在朋友圈写下这样一段话：“人生出彩的方式多种多样，身为学生，不一定是用学习成绩证明自己的能力，为自己的爱好努力的人，同样值得被认可。”

学习任务2　古慧晶的故事给我们带来了什么启示？畅想未来需要怎么做。

答案提示2

（1）勇敢执着地坚持心中的梦想，这本身就是一种难能可贵的品质。在“汽修女孩”古慧晶的故事里，我们看见了偏见的标签被撕碎后，人生有了多种可能。技术工人也有很大的价值，职业教育同样能成为个人实现理想的途径。

（2）怎样畅想未来：①畅想未来需要开阔的视野，要激发兴趣、大胆尝试；既要有对未来的美好憧憬，也要有脚踏实地的行动；同时，把个人规划与国家发展、社会进步结合起来。②进行职业准备前需要考虑自己想做什么，清楚自己适合做什么，思考自己能够做什么；同样也应加强学习，提升素质，顺应时代变化，满足国家与社会的需要。

篇章四：从这里出发——唱响同心筑梦的青春之歌

教学情境　想象未来的“我”是怎样的。

学习任务　以“拥抱青春、放飞梦想”为主题开展探究性学习活动，描写或画出对未来的设想，并总结需要掌握的能力和品质。

答案提示　①我们要树立远大理想，担当时代责任，勇于砥砺奋斗，练就过硬本领，锤炼品质修为；②我们要珍惜这个时代，担负时代使命，在担当中历练，在尽责中成长，让青春在新时代改革开放的广阔天地中绽放，让人生在实现中国梦的奋进追逐中展现出勇敢奔跑的英姿，努力成为德智体美劳全面发展的社会主义建设者和接班人；③让我们带着自信，带着憧憬，带着同学的友谊、老师的祝福和父母的期待，踏上新的征程。

四、反思教学过程：且行且思，助力项目化学习落细落实

（一）亮点与价值

1. 设计思路着眼于大单元教学，能发展学生的整体性思维品质

习近平总书记指出，青年处在价值观形成和确立的时期，抓好这一时期的价值观养成十分重要。本节课以“青春岁月应该如何度过”为议题，着眼于大单元教学，系统规划进阶式教学目标，确定教学结构，实施教学评价，赋予了大单元议题式教学意义。以大单元教学打破知识碎片化的僵局，对知识进行系统性的重组和整合，使其更符合学科逻辑和学生的思维规律。因此，将本节课知识放在大单元教学视域下，分析“走向未来的少年”应该具有什么能力和怎样具备这些能力，发展学生的整体性思维品质，培养其正确、积极的价值观。

在教学过程中，我们经常会遇到一个问题，即学生上课能听懂，课后遇到实际问题却经常出错，主要原因在于学生课后没有及时复习、总结，没有构建突出重点和逻辑推导的知识框架。本节课以青春岁月为根，散发出三个“分枝”，即少年的担当、我的毕业季、回望成长走向未来，各“分枝”生成自己的“子枝”继续派生。通过总结，学生才能理清知识结构，突出重点知识，固化学习内容。

2. 情境模拟，激发学生的学习兴趣

情境模拟是一种情境体验教学，教师通过创设教学情境，引发学生沉浸式地体验学习。本节课结合“《感动中国》2021年度人物——江梦南”等热点材料，能够高效激发学生的学习兴趣。最后一个环节是本节课的重点和高潮，畅想未来的职业选择是学

生所熟悉的生活情境，本节课就是让学生结合课堂所学的知识和生活经验，模拟今后的职业生活，深入浅出地再现教学内容，有利于激发学生的学习兴趣和创造性思维。

（二）问题与对策

1. 缺乏问题链和任务链

“走向未来的少年”单元的各个框题本身的知识点是有重复、交叉的，不能把每一框的知识割裂开。大单元设计需要教师站在《课程标准》要求和学科知识体系的高度，立足课程的整体理念和思维，以教材单元主题为基础，对教材内容进行整合、补充，规划单元内容与主题、单元目标与评价标准、单元学习活动等要素。这需要教师在授课时运用一些以大问题为中心的问题链和任务链，通过问题链和任务链的递进促进问题的最终解决[3]。

2. 项目化学习时间安排不充分

本节课的最后一个环节是情境模拟，即以小组为单位进行项目化学习的开放性教学任务，这种沉浸式、体验式学习，是课堂气氛最为活跃的一个环节，是学生最感兴趣的地方，也是本节课的升华。学生在学习了走向未来的内涵、意义和要求之后，可以通过模拟职业的方式将课堂知识迁移，充分给予学生表达的空间和展示的平台。具体的优化措施：一是严格控制前面几个环节学生的讨论发言时间，为后续的情境模拟环节争取时间；二是可以提前让学生预习议学单，设计好情境模拟环节，真正让学生沉浸式、体验式学习；三是引导学生用学科逻辑梳理知识，例如，以画思维导图的方式来自行梳理知识框架。

参考文献

[1] 中国共产党第二十次全国代表大会文件汇编 [M]. 北京：人民出版社，2022.

[2] 中华人民共和国教育部 . 义务教育道德与法治课程标准（2022年版）[M]. 北京：北京师范大学出版社，2022.

[3] 沈雪春，梁英姿，刘翠 . 设计与优化：思政课议题式教学叙事（《政治与法治》分册）[M]. 苏州：苏州大学出版社，2021.

[4] 习近平 . 习近平谈治国理政（第三卷）[M]. 北京：外文出版社，2020.

[5] 方伟 . 大单元设计：撬动课堂转型的重要支点 [J]. 中学政治教学参考，2022(26)：23-25.

"如何推动和平与发展"议题式教学叙事

——基于"推动和平与发展"一课

彭立春[①] 童格格[②]

一、形成教学思路：通过国际国内形势对比，探究和平与发展的关系

习近平总书记在中国人民大学考察时指出："思政课的本质是讲道理，要注重方式方法，把道理讲深、讲透、讲活。"[1] 而《义务教育道德与法治课程标准（2022年版）》（以下简称《课程标准》）则要求："要积极探索议题式、体验式、项目式等多种教学方法，引导学生参与体验，促进感悟与建构。"[2] 回看本节课的教学内容，对应《课程标准》中的要求是："了解世界正处于百年未有之大变局，了解全人类共同价值的内涵，领悟构建人类命运共同体的意义。"议题式教学须围绕议题展开，所以议题的选择至关重要。议题来自教材的重难点，须承载学科内容，而承担价值引领重任的思想政治课教师则需要把握时代脉搏，从时政热点中选取素材。只有引入时政热点，以及时更新教学内容和话语体系，才能体现思想政治课与时俱进的时代性、生活性。[3] 在认真研读教材和《课程标准》的基础上，笔者确定了"如何推动和平与发展"这个核心议题，并在教学中设置了三个子议题：为什么要谋和平？为什么要促发展？如何推动和平与发展？让学生更深刻地认识到和平与发展是时代主题。

根据《课程标准》的教学建议和教材内容，笔者初步制定了本节课的学习目标：通过国际国内形势对比，感知和平的来之不易，知道我们不是生活在和平的年代，而是生活在和平的国家，增强对中国特色社会主义的认同；通过课前调查，了解我国得以迅速发展的原因，认识和平与发展的关系；能够客观看待国际形势，树立关心时事、认识大局的意识；了解我国对建立国际新秩序的贡献，增强民族自豪感。根据《课程标准》，结合教材，笔者确定了本节课的中心议题为：如何推动和平与发展？

"推动和平与发展"这节课主要是阐述世界总体和平，但局部战争、霸权主义、强权政治、民族问题、宗教冲突、领土争端和恐怖主义等威胁和平的因素依然存在，

---

① 彭立春（1976—），男，湖南科技大学马克思主义学院副教授，硕士生导师。

② 童格格（1995—），女，湖南科技大学2021级学科教学（思政）专业硕士研究生。

维护世界和平需要每个人的努力；世界经济发展的不平衡使许多国家面临着贫困、教育、医疗等问题，这需要人类的共同努力。从教材内容来看，主要有“维护世界和平”和“推动可持续发展”两部分，通过梳理教材知识结构，笔者找到了本节课的知识逻辑，将教材必备知识归纳整合为“为什么—怎么样”的知识结构，从整体上把握本节课的知识框架，而且本课第一框与第二框“谋求互利共赢”有着紧密的联系，推动和平与发展需要世界各国的共同努力。

本节课内容比较宏观，和中学生的生活联系不够紧密，要想让学生更好地感受和平的可贵和发展的必要性，就须从学生熟悉的人和事出发，让学生在感官上真实体验并进行理性分析。俄乌战争是较新的时政热点，网络上对此也是争论不休，所以在备课时笔者选取了俄乌战争作为和平篇的开端，以此激起学生的课堂兴趣，让学生感受到战争的残酷和危害，从而认识到和平的可贵及和平稳定的环境对发展的重要性。并运用对比法，通过国际国内形势对比，让学生了解和平与发展的关系。那么如何在有限时间里高效地完成本节课的教学任务，让学生在“有意思”的教学情境和教学活动中感受到“有意义”呢？这就需要课前精心打磨。由此，笔者初步构想了以下教学篇章。

篇章一：谋和平。通过展示俄乌战争的相关视频图片，尤其是和教学对象年龄相仿的青少年的生活现状，让学生能够动情、同情、共情；并播放美国在叙利亚境内进行空袭的视频，让学生在感官上切身体会战争的残酷，感受和平的可贵。

篇章二：促发展。布置学生课前采访自己的父母和祖父母辈的生活，记录三代人在吃穿住行方面的变化，探究发生这些变化的原因；在课堂上让学生分小组角色扮演，每个小组扮演一个不发达国家，通过组内合作交流，探索制约这些国家发展的因素。

篇章三：推动和平与发展。介绍我国在国际社会上提供人道主义援助的视频和图片，尤其是在新冠疫情形势下我国对国际社会做出的贡献，探究我国这样做的原因及我国的行为给了其他国家哪些启示？在此基础上进行小组交流分享：和平与发展有何关系？让学生在真实情境中明白和平是发展的前提，发展是和平的保障。

本节课以和平与发展为议题主线，取材丰富，问题设置环环相扣，充分利用多媒体教学，能够让学生在丰富的情境中感受和平的可贵和发展的必要。

二、协同教学设计：改进教学情境

本课的教学设计是在认真研读《课程标准》和教材的基础上初步形成的，在初稿完成后，笔者又仔细斟酌，发现此教学设计有一些可取之处，但也存在着一些不足，因此，在重新审视本课的教学设计后，又做出了一些微调。

（一）亮点

（1）在讲述“谋和平”的篇章时，选取了较新的素材“俄乌战争”作为课堂导入，一方面能够调动学生学习的积极性，另一方面紧扣了教材中“战争给人类带来巨大伤痛，珍惜和平的可贵”的相关内容；播放美国在叙利亚境内进行空袭的视频，让学生在视觉上产生强烈冲击，创建有效情境进行教学，让学生更加珍惜我们的和平生活。

（2）在讲述“促发展”的内容时，布置了课前采访任务，让学生提前熟悉教材，形成初步的知识框架，并在课堂教学中采用了角色模拟的方式，适应了《课程标准》中“要采取热点分析、角色扮演、情境体验、模拟活动等方式，引导学生开展自主探究与合作探究”的教学要求，能够培养学生的自主探究能力和团队合作精神。

（3）本课的情境教学法是值得一提的，在教学过程中创设的情境比较丰富，并且选取的都是学生比较熟悉的素材，让学生有话可说。教学情境下设置的问题环环相扣，既体现了教材内容，也体现了《课程标准》的要求。教学始终围绕“和平”与“发展”两个关键词展开，为学生提供了合作交流的平台，既发挥了教师的主导作用，也尊重了学生的主体地位，从而形成了本节课的知识线：为什么要谋和平？—为什么要促发展？—如何推动和平与发展？

（二）不足

（1）在教学设计的过程中，过于重视课堂预设，没有考虑到课堂生成。因为学生是发展的、有差异的个体，课堂是互动的、充满灵气的，可能会有课堂“小插曲”。这样就会出现不能按时完成教学任务或者即使完成了学生也不能很好地掌握的情况，并且大多采用一个教学情境下设置一两个问题的方式，容易使学生失去新鲜感。

（2）一节好的政治课，应该注重创设生本性情境。情境的生本性是指情境创设要基于学生最近发展区，联系和贴近学生真实生活，关注学生情感体验。[4] 本节课在进行国内国外形势对比时，选材距离学生生活较远，可能有的学生不太关注国际新闻，对选取的素材比较陌生，在课堂上就会出现注意力不集中，被老师的思想左右的情况。因此，可以让学生提前查阅资料，了解与教学素材相关的一些新闻热点。

三、整体教学设计：感受和平可贵，增强责任意识

（一）教材与学情

1. 内容分析

（1）本课地位。本单元以“我们共同的世界”为核心，讲述了世界复杂多变的局

势、需要全世界共同努力推动世界的和平与发展、构建人类命运共同体的重要性等内容，是九年级下册的开篇之作，为第二单元“世界舞台上的中国”做了铺垫。

（2）本课内容。“推动和平与发展”是在九年级政治教材第一单元讲授了“世界上各国复杂多变的关系”后讲述的内容，第一目“维护世界和平”阐述了战争让人类付出惨痛代价，人们致力于以和平解决争端，和平与发展成为时代主题，但当今世界仍不太平，要珍惜和平；第二目“推动可持续发展”引导学生了解在消除贫困中不断追求可持续发展，在教材和教学中的地位非常突出。

2. 学情分析

（1）学生心智特征分析。九年级的学生正处于人生观、价值观形成的关键时期，他们拥有一定的认知能力，能够初步运用马克思主义的立场、观点和方法分析和判断国际社会政治经济现象，但心智还不够成熟，看待事物不够全面，所以需要教师的正确引导。

（2）学生已有知识经验分析。本课为九年级下册第一单元第二课内容，通过对本单元第一课“同住地球村”内容的学习，学生已经了解到当今世界、各个国家的联系越来越紧密，国家间的力量对比、利益关系也在不断变化，因此依然会存在许多制约人类发展的因素，我们需要探究如何推动世界的和平与发展。

3. 教学目标与重难点

（1）教学目标。通过学习，认识到战争的危难，懂得和平来之不易；通过角色扮演，了解制约国家发展的因素；能够正确看待中国脱贫攻坚战的成就对国际脱贫事业的影响，树立关心时事、认识大局的意识，增强对中国特色社会主义的认同。

（2）教学重难点。

教学重点　影响世界和平与发展的因素。

教学难点　正确把握和平与发展的关系；如何推动人类的可持续发展。

（二）路线与结构

1. 教学路线

本课采用议学任务引领的情境议题式教学法，由议题、情境、活动、知识四个要素构成了以下四条线。

议题线　由总议题“如何推动和平与发展”引领以下情境问题串：观看俄乌战争中青少年生活现状和美国在叙利亚进行空袭的视频，谈谈自己的感受—爷爷奶奶、爸爸妈妈和你，三代人衣食住行的变化是什么？产生这些变化的原因是什么？—制约不发达国家发展的因素有哪些？—我国大力消除贫困的做法反映了什么？—和平与发展的关系—联合国“千年发展目标”与“2030年可持续发展议程”之间的异同—发展目标的改变说明了什么？

情境线　视频《构建人类命运共同体》—观看战争视频—课前调查—小组角色扮演—阅读材料—观看视频《破解和平赤字》。

活动线　自由分享—小组合作—自由发言。

知识线　谋和平（和平是发展的前提）—促发展（发展是和平的保障）—推动和平与发展（维护世界和平与发展是全人类的共同责任）。

2. 教学结构（图1）

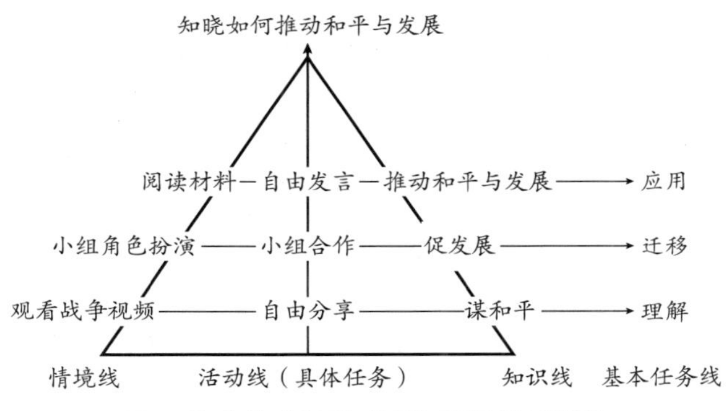

图1　“如何推动和平与发展”议题式教学结构

（三）过程与意图

总议题　如何推动和平与发展？

课前导入　播放视频：《百年奋斗为人民》第七十七集——《构建人类命运共同体》。

视频文字：构建人类命运共同体理念集中了中华优秀传统文化智慧，体现了全人类共同的愿望和追求，反映了世界各国人民对和平、发展、繁荣向往的必然趋势，成为引领时代潮流和人类文明进步的鲜明旗帜。

师：今天就让我们一起走进第二课第一框“推动和平与发展”。

设计意图　通过视频导入引出本课学习内容，吸引学生眼球，激发学生的学习兴趣。

篇章一：谋和平

学习任务1　播放视频：《俄乌战争中的青少年》。

师：观看视频，谈谈自己的感受。

设计意图　以俄乌战争为切入点，引发学生对战争的思考，使学生认识到我们并不是生活在和平的年代，而是生活在和平的国家。

学习任务2　播放美国在叙利亚境内对与伊朗有关的目标进行空袭的视频。

设计意图　让学生在视觉上、听觉上都能体会到战争的残酷，深入思考战争给人类带来的灾难，感受和平的可贵。

篇章二：促发展

学习任务1　课前调查成果展示。

师：课前采访自己的父母辈和祖父母辈，和你的生活进行对比，记录三代人在吃穿住行方面的变化，并分享体会。

设计意图1　引导学生通过对比，感受三代人生活的变化，并进一步探究发生这些变化的原因。

学习任务2　学生分组角色扮演。

每个小组扮演一个不发达国家，查阅相关资料，谈谈制约该国发展的因素有哪些。

答案提示2　局部战争、落后的教育、不完善的医疗、地理环境的制约……

设计意图3　通过角色模拟，让学生探究制约一个国家发展的因素，为学生建立合作交流的平台。

学习任务3　阅读材料，思考问题。

材料：习近平总书记以不停歇的脚步丈量着贫困角落，从塞北高原到乌蒙山区，从秦岭腹地到湘西大山，从南疆绿洲到林海雪原……走遍14个集中连片特困地区，考察调研了20多个贫困村。脱贫攻坚的每个重要节点和重大关头，习近平总书记都亲自挂帅、亲自出征、亲自督战，召开7次脱贫攻坚座谈会，多次主持召开会议研究部署脱贫攻坚工作。

师：请同学们阅读材料，思考我国大力消除贫困的做法反映了什么？

答案提示3　消除贫困，让人们都过上繁荣和充实的生活，平等和有尊严地在健康的环境中充分发挥自身的潜能，与自然和谐共生，建设和平、公正、包容的社会，是当今人类必须共同面对的发展课题。

设计意图3　让学生了解我国脱贫攻坚战取得的重大成就，增强“四个自信”。

篇章三：推动和平与发展

学习任务1　阅读材料，理解和平与发展的关系。

材料1：乌克兰第一副总理、经济部长尤利娅·斯韦丽登科日前在社交媒体上表示，由于俄罗斯和乌克兰之间战争的影响，整个三月份乌克兰的出口额相比二月份暴跌了50%，进口额则减少了70%以上。

材料2：乌克兰经济部副部长表示，此次战争给乌克兰造成的直接经济损失高达5650亿美元，此次战争打掉了乌克兰接近三年的国家GDP。

乌克兰两处建筑在俄乌战争前后对比

师：请同学们思考，和平与发展有何关系。

答案提示1　和平是发展的前提，只有在和平的环境下才有可能顺利发展；发展是和平的保障，只有获得了较好的发展，才有能力去维护比较长期的和平。

设计意图1　引导学生把握和平与发展的关系，增强学生自觉维护和平的愿望，增强对国家和民族的认同感和自豪感，从而坚定对中国特色社会主义的高度认同。

学习任务2　播放视频：《跟着习主席看世界：破解“和平赤字”》。

视频文字：中国将坚持走和平发展之路，始终做世界和平的建设者；坚持走改革开放之路，始终做全球发展的贡献者；坚持走多边主义之路，始终做国际秩序的维护者。“青山一道同云雨，明月何曾是两乡”，让我们携起手来，站在历史正确的一边，站在人类进步的一边，为实现世界永续和平发展，为推动构建人类命运共同体而不懈奋斗！

师：谈谈中学生能为维护世界和平做些什么？

设计意图2　总结升华，让学生明确“维护世界和平发展，人人都肩负责任”，并让学生思考，在现实生活中自己能为维护世界和平与发展做些什么。

学习任务3　阅读教材第20页“探究与分享”，联系所给材料回答问题。

材料：联合国世界粮食计划署（WFP）是联合国在全球开展粮食援助活动的机构。它的宗旨是帮助受援国实现粮食自给，消灭饥饿和贫困。它的行动有：每年向2000万学龄儿童提供餐食、“食品换资产”项目、“食品换培训”项目等。

师：请对比联合国“千年发展目标”与“2030年可持续发展议程”之间的异同。并说说发展目标的改变说明了什么。

答案提示3　相同点：消除极端贫困与饥饿，促进性别平等，确保环境的可持续性等。不同点：“千年发展目标”仅针对发展中国家制定，而“2030年可持续发展议程”则为全球性目标。

发展目标的改变说明了人类社会对于消除贫困、促进发展的追求没有止境，并在不同的发展阶段设立了递进式的目标。各国应结合自身的实际情况，不断探索消除贫困的有效途径，为促进整个世界的发展做出努力。

设计意图3　让学生了解联合国为世界脱贫事业做出的努力，认识到脱贫事业的重要性，增强学生的责任意识和民族自豪感。

学习任务4　自主分享：在当今世界，中国作为最大的发展中国家，为推动世界和平与发展做出了哪些不可磨灭的贡献？

设计意图4　学生们通过自主分享，了解我国在国际社会中的地位和作用，进一步增强对中国特色社会主义的认同。

四、反思教学过程：学思议行，不断优化

（一）亮点与价值

（1）教学设计目标明确，教学过程环环相扣。“推动和平与发展”是九年级下册第一单元第二课第一框内容，是学生了解世界发展局势、拓宽国际视野的重要一课，教学目标是让学生认识到战争给人类带来的灾难，知道可持续发展的意义，有维护世界和平发展的愿望。在教学过程中，战争视频能让学生在感官上真实体验战争的残酷；学生课前调研，能更具体地了解我国脱贫攻坚战的重大成就，从而为篇章三的学习做铺垫，每个环节都有明确的设计意图。

（2）教学情境真实具体，培养学生政治认同。创设情境时，资料运用至关重要，尤其在模拟情境中，情境一般由资料和问题组成，运用资料时，不管是确定内容还是

选择形式，都要以议题为中心。[5] 在本课教学设计中，每个环节都围绕着和平与发展的议题主线来培养学生的政治认同。战争视频可以让学生认识到我们生活在一个和平的国家；引导学生了解我国脱贫攻坚战的成就，认识到中国共产党一直把人民利益放在首位，从而增强学生的政治认同。

（3）教学氛围和谐民主，增强学生情感认同。在教学过程中，教师充分运用多种教学方法，让学生在情感上客观、积极地领会和平与发展的重要意义，使教学有趣味、有韵味、有回味。比如，观看视频、课前调查，都能很好地激发学生的学习兴趣，使教学有趣味；自主探究、小组合作培养了学生的阅读、分析、概括能力和口头表达能力，使教学有韵味；最后图片对比分析，让学生思考和平与发展的关系，使教学有回味。

（二）问题与对策

（1）在探究中丰富知识视野。九年级学生的知识储备有限，对战争的认识不够深刻，需要教师来丰富。习近平总书记指出：“思政课教学是一项非常有创造性的工作，要学会辩证唯物主义和历史唯物主义，善于运用矛盾分析方法抓住关键、找准重点、阐明规律，创新课堂教学，给学生深刻的学习体验。”[6] 所以我们通过创设探究性情境，引导学生积累知识。我们设计了“针对俄乌战争，你支持哪方”的教学情境，鼓励学生收集俄罗斯与乌克兰的历史关系、政治经济关系和俄乌双方的主要矛盾等信息，引导学生认识战争的性质和战争的严重危害。

（2）在分享中培养国际视野。九年级学生的国际意识不够，缺乏全球意识，需要教师来培养。我们设计学生分享的教学环节，引导学生深入了解中国为推动世界和平与发展做出了哪些不可磨灭的贡献，并对比世界各国为维护世界和平与发展所做的努力，增强学生的全球命运共同体的责任意识。

（3）在讲述中拓展历史视野。九年级学生的历史思维不够，缺乏历史意识，需要教师来拓展。习近平总书记指出：“历史是最好的教科书，也是最好的清醒剂。”[7] 我们在教学中通过讲明白抗日战争的浴血奋战史，讲清楚脱贫攻坚战的奋斗历史，讲清楚中国对世界和平与发展的贡献，让学生在历史中了解、体会并坚信和平与发展局面的来之不易，牢记历史使命与责任担当。

参考文献

[1] 习近平在中国人民大学考察时强调：坚持党的领导传承红色基因扎根中国大地走出一条建设中国特色世界一流大学新路 [N]. 人民日报，2022-04-26（1）.

[2] 中华人民共和国教育部 . 义务教育道德与法治课程标准（2022年版）[M]. 北京：北京师范大学出版社，2022.

[3] 李晓娟 . 时政资源在议题式教学中培育学生核心素养的实践研究 [J]. 教学考试，2022（43）：38-41.

[4] 杨雯，孙智勇 . 议题 • 情境 • 活动：也谈思政课议题式教学三要素 [J]. 中学政治教学参考，2021（5）：28-30.

[5] 荀强 . 议题式教学：何谓，何以，何为 [J]. 中学政治教学参考，2021（9）：18-20.

[6] 习近平 . 思政课是落实立德树人根本任务的关键课程 [J]. 求是，2020（17）：4-16.

[7] 习近平 . 在纪念全民族抗战爆发七十七周年仪式上的讲话 [N]. 人民日报，2014-07-08（2）.

“如何理解法治是我国繁荣稳定的必由之路”议题式教学叙事

——基于“夯实法律基础”一课

朱湘虹[①]　张　莹[②]

一、形成教学思路：紧扣热点法案，探求法治道路

《义务教育道德与法治课程标准（2022年版）》（以下简称《课程标准》）要求初中阶段的学生初步认识法治的内涵，理解法治是治国理政的基本方式，了解法治在推动国家治理现代化中的重要作用，具备基本的规则意识和安全意识，能够认识到法律对个人生活、社会秩序和国家发展的规范和保障作用，能遵守规则和法律规范，养成自觉守法、遇事找法、解决问题靠法的思维方式和行为习惯。

九年级学生的思维广度和深度相比七八年级有了明显的提高，他们善于思考且思维活跃，具备一定的分析能力和概括能力，并且不再满足于接受现成的观点，而是希望通过自己的思考得出答案。初中阶段法律知识涉及较少，九年级学生对法治的认识还停留在感性认识阶段。因此，结合《课程标准》和学生学情，笔者采用议题式教学法，以“如何理解法治是我国繁荣稳定的必由之路”为总议题，下设三个子议题：何为法治？为何法治？如何法治？辅以各类热点新闻和法律法规，创设生活化的情境，用问题推进教学。

本课内容“夯实法治基础”选自人教版《道德与法治》九年级上册第四课第一框，主要包括“选择法治道路”和“描绘法治蓝图”两目。第一目主要介绍法治的含义和要求，以及中国选择法治道路的必然性和意义；第二目主要展现我国改革开放以来的法治进程及我国法治新蓝图，引导学生坚定不移地走中国特色社会主义法治道路。在充分把握本课内容的基础上，按照“是什么—为什么—怎么做”的逻辑构建本课的知识框架，创设生活化的探究情境，设计层层递进的问题，让学生在合作探究中完成本节课的学习目标。

---

① 朱湘虹（1968—），女，湖南科技大学马克思主义学院副教授，硕士生导师。

② 张　莹（1996—），女，湖南科技大学2021级学科教学（思政）专业硕士研究生。

结合《课程标准》和课程内容，笔者初步制定了本节课的学习目标。在情境的探究中，学生能感受到中国法治取得的进步，热爱伟大祖国，拥护中国共产党，坚定不移地走中国特色社会主义法治道路；帮助学生形成法治意识，依法依规参与公共事务，提升其参与校园生活和社会生活的实践能力；帮助学生形成正确的法治观念，养成守法用法的思维方式和行为习惯；培养学生的社会责任意识，使其自觉成为法治中国的忠实崇尚者、自觉遵守者和坚定捍卫者。

本框内容丰富，理论性强，九年级学生生活经验有限，社会阅历尚浅，理解起来比较费力。如何将本课"高大上"的理论知识转化为"接地气"的课堂语言，是备课组一直在思考的问题。习近平总书记强调，"思政课不仅应该在课堂上讲，也应该在社会生活中来讲""'大思政课'我们要善用之，一定要跟现实结合起来"[1]。因此，在创设情境时，选择贴近学生生活的真实案例，让学生能直接感受到法治对社会生活带来的影响，让学生能够充分调动自身已有的经验与知识，完成本节课的学习任务。根据以上思路，笔者将本节课的学习分为三部分。

篇章一：治国之问——何为法治？通过辨析"法制"和"法治"的概念，了解法治的基本含义。学生结合自己的生活实际，判断分析《汉谟拉比法典》是否为良法，引发学生思考一个国家制定了良好的法律，是否就是"法治"的国家，逐步引导学生理解法治的两个要求。

篇章二：治国之问——为何法治？首先，播放视频"《中华人民共和国民法典》——有'典'少忧"，通过动漫的形式，用通俗易懂的语言，讲述人们生产生活中涉及《中华人民共和国民法典》的有关知识点，让学生感受到法治对个人的重要作用；接着，通过播放视频《阿里巴巴集团因垄断被罚182.28亿元》，让学生从真实的案例中，感受到法治对于国家社会的重要作用；最后，追溯我国的法治进程，通过人治与法治的对比，让学生从心底认同中国特色社会主义法治道路。

篇章三：治国之问——如何法治？以小组为单位开展学习，补充完整我国改革开放以来的法治进程，了解全面依法治国的地位、目标和要求。结合全面依法治国"新十六字方针"，以《中华人民共和国民法典》第184条"好人法"为例，感悟法治中国的建设，从而懂得如何依法治国，并通过回顾《中华人民共和国民法典》的诞生过程，理解并认同全面依法治国必须坚持党的领导、人民当家作主、依法治国有机统一。

二、协同教学设计：尊重学生主体，创设探究情境

结合《课程标准》，备课组对整个教学设计进行了深入探讨和调整，并提出了相应

的建设性意见和建议。

（1）情境创设贴近学生生活，紧扣时政热点。本课设计坚持《课程标准》倡导的“三贴近”原则，让知识回归生活、用于生活，结合教学内容，选取鲜活易懂的案例，让学生能轻松地将所学知识与时政热点相结合，不仅吸引了学生的注意力，调动了学生学习的主动性，而且也有利于学生理解知识。在丰富学生感性认识的同时，加深学生的理性认识，让学生能切身体会到法治的重要性，自觉树立法治意识，主动参与社会主义法治国家建设。

（2）情境问题的设置具有梯度性，知识主线明晰。本课的学习是让学生进一步了解法治中国，在梳理本课知识点时，根据教材内容整理出几个问题：什么是法治？法治的要求是什么？法治有什么作用？全面依法治国的内容有哪些？怎样建设法治中国？最终根据“是什么—为什么—怎么办”的逻辑对以上问题进行了整理，拟定了本课的总议题为如何理解法治是我国繁荣稳定的必由之路，并且下设三个子议题：何为法治？为何法治？如何法治？充分尊重学生的认知规律。

（3）情境探究彰显学生参与度。本课内容理论性强，内容宏大，学生理解起来较难，在充分考查学情的基础上，课堂学习选择以小组合作探究的形式展开，小组共同完成学习任务，组内分工明确，用问题推动小组成员之间的交流与互动、分享与合作，让每一个学生都能参与到学习过程中来，让学生在交流中感受认可的喜悦，感受团队的力量，使学生学有所得、学有所获、学有所长。

三、整体教学设计：感悟法治之美，建设法治中国

（一）教材与学情

1. 内容分析

（1）本课地位。本课所依据的《课程标准》的相应部分是“法治教育”，了解习近平法治思想，理解坚持中国特色社会主义法治道路就是要坚持党的领导，坚持以人民为中心，树立宪法法律至上的观念；了解法律对个人生活、社会秩序和国家发展的作用，理解法治的本质及特征；认识法治对国家生活的意义，初步具备民主参与、责任担当的意识。

（2）本课内容。本框一共安排两目：第一目“选择法治道路”，从学生熟悉的生活场景入手，引导学生了解法治含义，理解法治的要求及法治对个人、国家、社会的重要意义，认同法治道路是我国实现中华民族伟大复兴的必然选择；第二目“描绘法治蓝图”，引导学生通过追溯我国法治建设进程，了解我国法治建设取得的历史性成就，

知道全面依法治国的地位、目标、要求，引导学生坚定不移地走中国特色社会主义法治道路，为实现中华民族伟大复兴贡献自己的力量。

2. 学情分析

（1）学生心智特征分析。九年级学生的身体机能和心理机能已趋于成熟，具备了一定的独立思考能力和判断能力，能够开始理解抽象概念的一些本质属性，但受认知、环境等因素影响，在认识事物时仍带有主观性、片面性、表面性等特点，对各种事物的认识处于发展不完善的状态，所以需要教师对其进行积极正面的引导。

（2）学生已有知识经验分析。九年级学生在前两年的学习中接触过法律的相关知识，知道法律的产生及作用，对依宪治国、依法行政的相关知识也有一定了解，学生的法治意识有一定程度的提高。但总的来说，初中学段法律知识涉及较少，相关应用不多。本框立意深远、站位较高、内容丰富，九年级学生理解起来比较困难，如何让教学“接地气”，让教材走进学生生活，是本课需要解决的问题。

3. 教学目标与重难点

（1）教学目标。

政治认同：坚定不移地走中国特色社会主义法治道路。

道德修养：践行遵纪守法的道德要求，做社会的好公民。

法治观念：遵守宪法和法律，树立法治意识，养成守法用法的思维方式和行为习惯。

责任意识：自觉成为法治中国的忠实崇尚者、自觉遵守者和坚定捍卫者。

（2）教学重难点。

教学重点　法治的要求；法治的重要性；全面依法治国的总目标。

教学难点　如何建设法治中国。

（二）路线与结构

1. 教学路线

议题线　以“如何理解法治是我国繁荣稳定的必由之路”为总议题引领第四课第一框的课堂教学，将总议题细化为三个子议题：何为法治？为何法治？如何法治？

情境线　名人名言、经典法典—法治热点、新法新规、法治历程—回溯法治进程、展望法治未来。

活动线　个人发言—小组合作—探究交流。

知识线　何为法治（法治的要求）—为何法治（法治的作用）—如何法治（如何建设法治中国）。

2. 教学结构（图1）

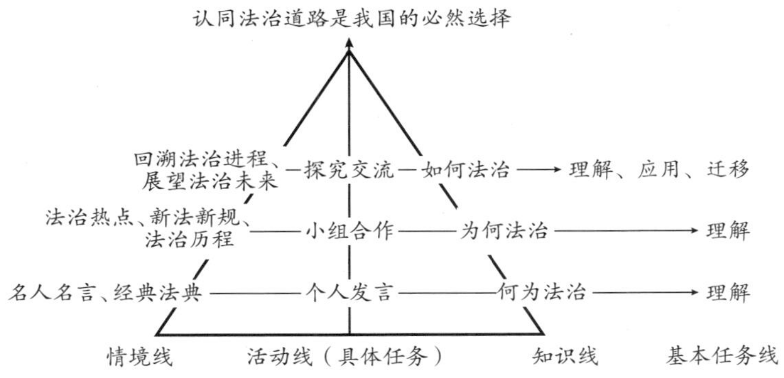

图1 “如何理解法治是我国繁荣稳定的必由之路”议题式教学结构

（三）过程与意图

总议题　如何理解法治是我国繁荣稳定的必由之路？

导入　播放视频《唐山打人案》。

2022年9月23日，廊坊市广阳区人民法院依法对该案件公开宣判，被告人陈继志数罪并罚，被判有期徒刑二十四年。为什么施暴者能得到应有的惩罚？因为有法律！这一判决结果，是公平和正义的彰显，也是我国依法治国的一次体现。法律与我们的生活息息相关，今天我们一起走进法治学习的课堂，学习第四课第一框，夯实法律基础。

设计意图　让学生感受到法治就在身边，激发学生的正义感和社会责任感，引导学生积极关注社会生活，增强法治意识，调动学生的学习积极性。

篇章一：治国之问——何为法治？

教学情境1　国家重要领导人的讲话。

材料1：“为了保障人民民主，必须加强法制。必须使民主制度化、法律化，使这种制度和法律不因领导人的改变而改变，不因领导人的看法和注意力的改变而改变。”

——邓小平

材料2：“‘国无常强，无常弱。奉法者强则国强，奉法者弱则国弱。’我们必须把依法治国摆在更加突出的位置，把党和国家工作纳入法治化轨道。坚持在法治轨道上统筹社会力量、平衡社会利益、调节社会关系、规范社会行为、依靠法治解决各种社会矛盾和问题，确保我国社会在深刻变革中既生机勃勃又井然有序。”　——习近平

学习任务1　自由发言：邓小平说的“法制”与习近平总书记谈到的“法治”，这

两者有什么区别和联系?

答案提示1　法制是各种法律制度的统称，是静态的，侧重于立法层面；而法治是相对于人治而言的，指的是依法治理，是动态的，侧重于执法、司法层面。法治须以法制为前提，法治则是法制的归宿。法治，简而言之就是依法治理。

设计意图1　通过小组合作，小组成员在探究“法制”与“法治”之间的联系和异同的过程中，理解法治的含义，加深对法治的理解。小组合作探究，在提高学生学习效率的同时，也培养了学生的合作意识，提高了学生概括和总结问题的能力。

教学情境2　节选自《汉谟拉比法典》的法律条文。

（1）如果甲控告乙，乙就要跳进河里自证清白。如果乙在河里下沉，甲将占有乙的房子；但是如果乙毫发无伤，说明他清白无罪，那么甲将被处死，且甲的房子归乙所有。

（2）挖出奴隶眼睛或是打断奴隶骨头的人要按规定给予奴隶主赔偿。

（3）如果一个奴隶违拗主人的命令，就要被割掉耳朵。

学习任务2　小组合作：《汉谟拉比法典》是否为一部良法?一个国家制定了良法，就是“法治”的国家吗?

答案提示2　良法，反映最广大人民群众的意志和利益，反映社会发展的规律，维护公民的基本权利，也就是我们在立法时要做到“科学立法”。良法是善治的前提，良法还需要善治，也就是法治要建立在民主政治的基础上，通过赋予公民更多的参与公共活动的机会和权利，实现公共利益的最大化。

设计意图2　遵循学生认知逻辑和知识系统相统一的原则，在学生理解法治含义的基础上，通过递进的设问，引发学生思考：依法治国应该依什么样的法?应该怎么治?让学生充分调动已有的生活经验和知识储备回答问题，从而理解法治的两个要求。

篇章二：治国之问——为何法治?

教学情境1　播放视频：“《中华人民共和国民法典》——有‘典’少忧”，保护公民“从摇篮到坟墓”的民事权利。

学习任务1　小组合作：《中华人民共和国民法典》的实施带来了哪些好处?尝试概括法治对个人的重要作用。

答案提示1　《中华人民共和国民法典》覆盖范围广且细致，涵盖了生活的方方面面，《中华人民共和国民法典》的颁布，体现了以人为本的精神，大大提升了人民的幸福感和安全感，也能更好地维护人民权益。从个人层面来谈，法治能够为人们提供良好的生活秩序，让人们建立起基本、稳定、持续的生活预期，保障人们在社会各个领域依法享有广泛的权利和自由，使人们安全、有尊严地生活。

教学情境2　播放视频：《阿里巴巴集团因垄断被罚182.28亿元》。

4月10日上午，国家监管总局针对阿里“二选一”的垄断行为依法作出行政处罚决定，责令阿里巴巴集团停止违法行为，并处以其2019年中国境内销售额4557.12亿元4%的罚款，共计182.28亿元。

学习任务2　小组合作：法治对于国家和社会发展有何重要意义？

答案提示2　对于国家来说，法治是现代政治文明的核心，是发展市场经济、实现强国富民的基本保障，是解决社会矛盾、维护社会稳定、实现社会正义的有效方式，追求并奉行法治已经成为现代世界各国的共识。

教学情境3　图片展示我国从古至今的法治进程：我国的法治进程经历了“人治—法制—法治”的过程。

学习任务3　小组合作：为什么我国从“人治”走向了“法治”？哪一种更有利于个人和国家的发展？

答案提示3　在封建社会，人高于法、权大于法，封建社会治理国家依靠的是皇帝个人的智慧和权威，人治将个人的权威置于众生之上，是对平等的一种蔑视和践踏。而在法治社会，法高于人、法大于权，法治社会崇尚的是法律至上，依靠的是集体的智慧，法治实现了法律面前人人平等，让人们有尊严地生活与发展，法治下的人们将拥有更稳定、更安全、更有尊严的生活，国家也将有更好的治理，得到更好的发展。艰辛的探索告诉我们，法治是经历封建专制后的历史选择，走法治道路是实现中华民族伟大复兴的必然选择。

设计意图　教学中使用视频，不仅使课堂教学变得有趣生动，还能活跃学生思维，具有启发性、感染力。创设生活化的情境，将教材知识与实际生活相结合，学生能更深刻地理解法治对于个人、社会和国家的意义，并且通过梳理我国的法治进程，学生更加认同我国选择法治道路是经历封建专制后的历史选择，坚定不移地走中国特色社会主义法治道路。

篇章三：治国之问——如何法治？

教学情境1　改革开放以来中国的法治进程。

1978年，党的十一届三中全会提出“有法可依、有法必依、执法必严、违法必究”的要求。

1982年，颁布并实施现行宪法。

1997年，党的十五大提出依法治国，建设社会主义法治国家。

1999年，依法治国载入宪法。

2002年，党的十六大将“依法治国基本方略得到全面落实”列入全面建设小康社会的重要目标。

2007年，党的十七大提出加快建设社会主义法治国家的要求。

2010年，中国特色社会主义法律体系形成。

2012年，党的十八大提出全面推进依法治国。

2013年，党的十八届三中全会明确提出建设法治中国的目标。

2014年，党的十八届四中全会专题研究全面推进依法治国若干重大问题。

2018年，党中央组建中央全面依法治国委员会，加强对法治中国建设的集中统一领导。

学生任务1　小组合作：补充完整改革开放以来的法治进程，你能得出哪些结论？请从全面推进依法治国的地位、总目标、要求等角度来思考说明。

答案提示1　从全面推进依法治国的地位来谈：依法治国是我国治理国家的基本方略；全面依法治国是中国特色社会主义的本质要求和重要保障；我国全面推进依法治国的总目标是建设中国特色社会主义法治体系，建设社会主义法治国家；我国全面依法治国提出了“新十六字方针”的要求，分别是科学立法、严格执法、公正司法、全民守法。

教学情境2　《中华人民共和国民法典》第184条——“好人法”

老人摔倒扶不扶？这个曾经困扰着社会的道德难题，《中华人民共和国民法典》第184条给出了回答：“因自愿实施紧急救助行为造成受助人损害的，救助人不承担民事责任。”这无疑是给善良的救助者吃下了一颗定心丸，不让好人寒心，才有更多见义勇为的好人出现。

学生任务2　小组合作：结合全面依法治国“新十六字方针”，以《中华人民共和国民法典》第184条“好人法”为例，尝试分析并总结我国是怎样依法治国的？

答案提示2　建设法治中国，要努力使每一项立法都得到人民群众的普遍拥护（科学立法），使每一部法律法规都得到严格执行（严格执法），使每一个司法案件都体现公平正义（公正司法），使每一位公民都成为法治的忠实崇尚者、自觉遵守者和坚定捍卫者（全民守法）。

教学情境3　播放视频：《中华人民共和国民法典》——奏响依法治国的音符。

学生任务3　小组合作：在建设法治中国的道路上，哪些组织或个人起到了重要作用？

答案提示3　立法工作离不开党的正确领导、人民群众的群策群力、依法治国的基本方略。坚定不移地走中国特色社会主义法治道路，必须坚持党的领导、人民当家作主、依法治国的有机统一。

设计意图　学生通过梳理改革开放以来我国的法治进程，感受中国法治的进步，知道全面推进依法治国的地位、目标和要求，通过分析“老人摔倒扶不扶”的难题与《中华人民共和国民法典》第184条“好人法”的关系，了解《中华人民共和国民法典》是如何诞生的，懂得如何建设法治中国，自觉地树立法治意识，自觉地维护法治的权威，从而坚定不移地走中国特色社会主义法治道路，成为法治中国的参与者和推动者。

四、反思教学过程：关注学情，以学定教

（一）亮点与价值

1. 重视学生体验

习近平总书记在全国高校思想政治工作会议上指出：“思想政治工作从根本上说是做人的工作，必须围绕学生、关照学生、服务学生。”[2] 上好思政课不仅要发挥教师的主导作用，还要尊重学生的主体地位。本节课的知识偏理论性，学生平时接触较少，因此在充分考虑到该学段学生的心理特点和智力水平的基础上，本节课选择以小组合作探究的方式，选择学生感兴趣的时政热点，在培养学生团队精神的同时，提高了学生分析问题和解决问题的能力，培养了学生的概括总结能力。本节课课堂学习氛围浓厚，师生之间、生生之间形成了良性互动，讨论热烈。力求让每一个学生都能参与到课堂中，让不同个性的学生都能得到发展。

2. 教学素材新颖

《课程标准》强调“道德与法治”课程应“以社会发展和学生生活为基础，构建综合性课程。以学生的真实生活为基础，增强内容的针对性和现实性，突出问题导向，正视关注度高、涉及面广的问题”[3]。本节课最大的亮点即把议题式的教学过程与现实生活中的重大时政热点结合起来，创设贴近学生生活的情境，用现实案例讲解知识点，让原本高深的理论知识变得生动有趣、通俗易懂，让学生在有声有色的课堂中，深刻体会到法治的重要性，培养学生的法治思维，提高学生的法治意识，树立学生的

法治信仰，让学生从内心深处真正认同并信仰法律，尊重和维护法律权威，不断提升法治素养，坚定不移地走中国特色社会主义法治道路。

（二）问题与对策

1. 教学时间分配不均

本节课知识量大，教学时间安排比较紧凑，在篇章三的学习中，引导学生从全面依法治国“新十六字方针”的角度出发，理解《中华人民共和国民法典》与建设法治中国的关系，有以下不足之处：一是小组讨论时间过短；二是没有给小组足够的发言时间；三是教师点评过早。习近平总书记在2019年3月18日学校思想政治理论课教师座谈会上说道：“思政课教学离不开教师的主导，同时要坚持以学生为中心，加大对学生的认知规律和接受特点的研究，发挥学生主体性作用。”[4] 在课后反思的过程中，备课组一致认为：应继续优化教学环节，合理分配教学时间；在课堂上，应更严格地把控教师教学的时间，增加学生自主学习的时间。

2. 信息获取渠道有限

关于什么是法治、法治的重要性、如何建设法治中国等问题，网上有大量的案例资料和参考文献，但是由于场地条件的限制，学生无法获取即时的信息。《课程标准》指出：“课程资源是提高教学质量和增强教学效果的重要支撑，包括图书、音像资料、数字化资源，以及现实生活中鲜活的案例。要增强课程资源意识，充分发挥自身优势，积极利用和开发各种课程资源。”[5] 因此，备课组在优化教学设计时，认为应充分利用课前预习的环节，比如，制作与法治有关的学习资源包，课前发放给学生，并布置课前学习任务，让学生带着问题去学习，从而对本课的知识有一定的了解。

参考文献

[1]“大思政课”我们要善用之（微镜头•习近平总书记两会“下团组”•两会现场观察）[N]. 人民日报，2021-03-07（1）.

[2] 习近平在全国高校思想政治工作会议上强调：把思想政治工作贯穿教育教学全过程，开创我国高等教育事业发展新局面 [N]. 人民日报，2016-12-09（1）.

[3][5] 中华人民共和国教育部 . 义务教育道德与法治课程标准（2022年版）[M]. 北京：北京师范大学出版社，2022.

[4] 习近平 . 思政课是落实立德树人根本任务的关键课程 [J]. 求是，2020（17）：4-16.

“如何守护我们优秀的传统文化”议题式教学叙事

——基于“守望精神家园”一课

钟　声[①]　田　霖[②]

一、构建教学层次，展现结构美

党的十八大以来，习近平总书记多次提到，要把坚持马克思主义同弘扬中华优秀传统文化有机结合起来，推动中华优秀传统文化创造性转化、创新化发展。思政课作为落实立德树人根本任务的关键课程，对于培养学生的世界观、人生观、价值观起着不可替代的重要作用。因此，将中华优秀传统文化内容融入议题式教学，有助于引导初中生树立文化自信与自觉。结合时代背景和学生身心发展的特点，本课以非物质文化遗产的消逝为切入点，探索守护优秀传统文化的必要性和文化创新的重要意义。教学设计主要分为以下四步。

（一）明确议题所追求的核心素养目标

《义务教育道德与法治课程标准（2022年版）》（以下简称《课程标准》）中对“传统文化”这一主题的学习，要求学生能够真切感受到个人成长与民族文化、国家命运之间的联系，提高文化认同感、民族自豪感，树立建设社会主义和谐社会的责任意识。本课侧重于道德修养、责任意识、健全人格的核心素养的培育，根据《课程标准》和核心素养的要求，本节课的议题确定为：如何守护我们优秀的传统文化。

（二）研讨教材所体现的知识结构与内容体系

以《课程标准》和教材内容为立足点，确定总议题和学习目标，以“如何守护我们优秀的传统文化”为中心议题，初步制定本节课的知识结构和教学环节。知识结构主要包含四个部分：什么是传统文化、为什么要守护优秀的传统文化、怎样看待和守护我们优秀的传统文化及如何更好地传承与守护优秀传统文化。明确知识结构后，通过“议题引入—情境再现—合作探究—质疑辩论—成果分享—交流展示”层层推进，

---

① 钟　声（1979—），女，湖南科技大学马克思主义学院讲师，硕士生导师。

② 田　霖（1998—），女，湖南科技大学2022级学科教学（思政）专业硕士研究生。

引导学生养成正确认知、健康情感及核心素养。

（三）创设适当的问题情境和活动情境

在确定知识结构和教学环节的基础之上，在百度、腾讯视频、微信公众号等平台收集与议题相关的情境与素材。具体过程如下：

篇章一：传统文化之内涵。设置教学情境“戏剧与皮影戏展演”及“传统文化图片”合集，让学生沉浸式体验传统文化的具体情境，以此让学生明确传统文化的内涵及特点，揭开议题“为什么要守护优秀的传统文化”的神秘面纱。

篇章二：传统文化之消逝。多媒体展示微课视频《那些即将消逝的非遗艺术》和《守护者的故事》，教学任务为结合材料分析非遗艺术正在消逝的原因及探讨这些守护者为什么一生都要坚持守护非遗艺术。观看视频《平“语”近人——习近平总书记用典》，教学任务为结合习近平总书记不断引用古代典籍和经典名句的做法，思考中华优秀传统文化对实现中华民族伟大复兴的重要性。

篇章三：传统文化之批判继承。二十四孝图中的故事之埋儿奉母。开展“争辩明理”辩论赛。辩论主题为“古代的‘孝’对中国社会的影响是利大于弊还是弊大于利”。通过辩论赛的开展让学生在冲突中思考、辨别、选择，培养学生批判继承传统文化的意识和能力。

篇章四：传统文化之创新发展。欣赏视频《典籍里的中国》和音乐《春江花月夜》，通过观看文化创新的节目和欣赏优美的音乐让学生理解文化创新的重要性。让学生了解我们要全面建设社会主义文化强国，必须要发展面向现代化、面向世界、面向未来的，民族的、科学的、大众的社会主义文化，激发全民族文化创新创造活力，增强实现中华民族伟大复兴的精神力量。

（四）围绕目标设计灵动的议题细化表

教学计划是实现基本教育目标的手段，在主议题细化的过程中，学科核心素养目标应该成为教师的首要遵循。首先，教师需要明确主议题所包含的知识内容和所要达到的核心素养目标，进一步分析达成素养目标的障碍和困难所在。其次，根据教学目标和核心素养的要求明确主议题和子议题。“议”是“题”不断展开和深入探究的方式，“题”是突显在政治方向和价值引领方面的育人偏好。此外，议题的设计需要考虑培养学生对当前的现实问题进行理性、科学分析的能力，并主动自觉去尝试提出解决问题的方案。据此，我们制定议题分析细化表（表1）。

表1　议题分析细化表

议题	知识内容	学科核心素养目标	障碍和困难	拟设置子议题
如何守护我们优秀的传统文化	传统文化内涵与特点、传统文化消逝的原因、传统文化批判继承、文化创新的重要性	政治认同、道德修养、健全人格、责任意识	生活经验和正确分析问题的能力不足	（1）传统文化之内涵 （2）传统文化之消逝 （3）传统文化之批判继承 （4）传统文化之创新发展

二、优化教学设计，展现真实美

（1）营造教学氛围，丰富教学资源。议题式教学顺利实施的前提是重构教学内容及整合丰富的教学资源。对教材内容深入解读后，找出本节课教材内容与其他课程理论知识的内在联系，构建知识体系，对知识进行迁移。充分挖掘传统文化的育人价值和美学价值，结合时政热点和学生的生活实际进行问题的情境创设。在课堂上充分挖掘各种人物故事、电影、演讲等影视素材资源，在课外积极组织社会调查、参观博物馆、研学旅行等实践活动。教师可以结合教学内容把学生感兴趣的社会资源引进课堂，创设真实情境。在本次教学中，笔者引入了具有热点性的话题和具有代表性的人物素材创设教学情境，提出传统文化的内涵与特点、非物质文化遗产消逝的原因、作为青少年应该如何更好地守护中华民族优秀传统文化等一系列知识点供学生进行小组讨论与分享，充分利用教学资源来培养学生独立思考的能力。

（2）开放教学过程，生成教学情境。议题式教学能否达到教学目标预期效果关键在于教学过程是否开放，课堂是否灵动、智慧。可以通过小组成员交流、分享和讨论，引导学生感悟与反省，唤醒学生的思想与灵魂。打造开放性课堂要对教学目标、教学内容、学生身心发展状态、学生的终身发展进行预设，要以学生为本，在教学过程中引导学生生成问题。因此，在本次议题式教学中创设教学情境时，要对学生的回答进行点拨提升，形成新的思考点。

（3）多元教学评价，提升教学实效。在议题式教学中要采用不同方式的教学评价。我们要明确议题教学的目的是强化学生的能力，主要考查的内容是学生创新能力、个性化思维、学习能力和道德素养等。因此，在对教学效果进行评价时，应结合过程性评价和发展性评价，注重对学生核心素养的培养，并且从多维度对学生进行有针对性的评价。

三、整体教学设计，展现情境美

（一）教材与学情

1. 内容分析

（1）本课地位。“守望精神家园”是部编版《道德与法治》九年级上册第三单元第五课“延续文化血脉”的内容，主要是从传统文化的特点及价值出发，揭示中华文化的产生及中华优秀传统文化的价值，从而让学生认同和尊重中华文化，并且理解中国人民的文化自信不仅来自中华优秀传统文化的积淀，更来自中国特色社会主义的蓬勃生机。

（2）本课内容。本框内容主要阐述了中华优秀传统文化是中华民族的根。侧重从介绍中华优秀传统文化内涵的角度，讲述中华民族在五千多年文明发展中孕育、创造的源远流长、博大精深的中华文化，重点落在理解中华文化的价值、为什么要守护和弘扬我们优秀的传统文化，以及如何让中华优秀传统文化得到创造性转化、创新化发展，不断提升国家文化软实力和中华民族影响力。

2. 学情分析

（1）学生心智特征分析。九年级的学生对中华文化在情感与知识体验上都有所认知，但是对于深层次的文化价值和意义的认识和思考不多；同时，世界文化不断交流发展，在各种文化的相互激荡中，学生传承、弘扬中华文化的责任感和使命感有待增强。

（2）学生已有知识经验分析。学生从前两个单元的学习中已经初步了解了我国的基本国情和党的方针政策，通过历史课程和语文课程的学习，已经基本掌握物质与文化遗产的有关知识，提升了学习历史、文化、艺术的自觉性。

3. 教学目标与重难点

（1）教学目标。认识传统文化的内涵和特点，理解并认同中华优秀传统文化的价值，辩证看待传统文化和优秀的传统文化的区别，提高辩证分析问题的能力；加深对中华优秀传统文化的认知，树立自觉传承、弘扬中华优秀传统文化的积极态度，提高创新传承文化的能力；感受中华优秀传统文化的魅力，热爱中华文化，坚定文化自信。

（2）教学重难点。

教学重点　理解传统文化内涵和价值，坚定文化自信。

教学难点　在学习的过程中学会创新传承优秀传统文化。

（二）路线与结构

1. 教学路线

本课采用了议学任务引领的情境议题式教学方法，由议题、情境、活动、任务四要素构成了四条线。

议题线　由总议题“如何守护我们优秀的传统文化”引领四个子议题，即传统文化的内涵与特点、传统文化的消逝、传统文化的批判继承、传统文化的创新发展，通过不同议题下的情境对学生提出以下问题：传统文化是什么？传统文化具有什么样的特点？优秀传统文化消逝的原因是什么？我们应该如何守护中华民族优秀的传统文化？探讨“内涵—批判继承—创新发展”三者之间的联系，在三者的良性互动中，推动教学的有效实施。

情境线　视频《皮影戏》—传统文化合集图片—《那些即将消逝的非遗艺术》微课视频—守护者人物素材和新闻报道—视频《典籍里的中国》—歌曲《春江花月夜》。

活动线　分享、交流—探究、讨论—展示、表演—总结。

任务线　是什么（传统文化之内涵）—为什么（传统文化之消逝）—怎么看（传统文化之批判继承）—如何做（传统文化之创新发展）。

2. 教学结构（图1）

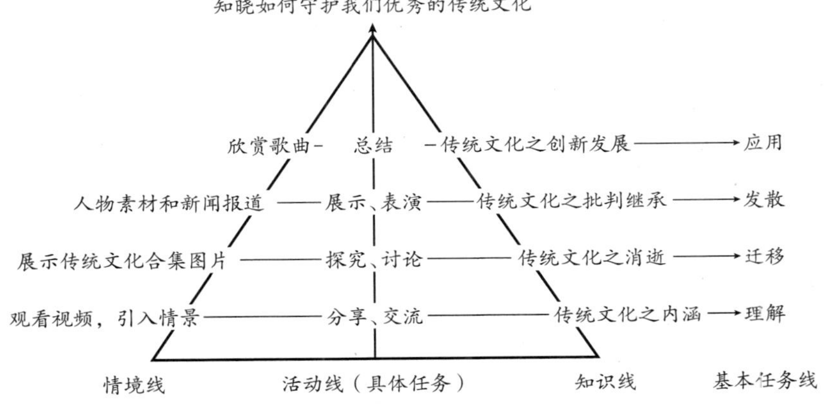

图1　“如何守护我们优秀的传统文化”议题式教学结构

（三）过程与意图

总议题　如何守护我们优秀的传统文化？

导入：近年来，中央电视台联合教育部、国家语言文字委员会，精心举办了《中国诗词大会》《国家宝藏》《非凡匠心》等传统文化节目，得到了各界好评，掀起了亲近经典、热爱诗词、传承弘扬中华优秀传统文化的热潮，这说明了什么？

中华优秀传统文化是中华民族的精神命脉，是涵养社会主义核心价值观的重要源泉，也是我们在世界文化激荡中站稳脚跟的坚实根基。习近平总书记在党的二十大报告中指出我们要推进文化自信自强，铸就社会主义文化新辉煌。[1] 这就需要我们了解中华优秀传统文化，它延续着我们国家和民族的精神血脉，它既需要薪火相传、代代守护，也需要与时俱进、推陈出新。那么就让我们一起来学习“如何守护我们优秀的传统文化”，做好文化的传承者与守护者吧。

篇章一：传统文化之内涵

教学情境　播放皮影戏相关视频，出示“传统文化合集”的图片。

师：同学们还知道哪些传统文化呢？

教学任务　①开展有奖抢答“传统文化知多少”活动，课前进行网上和小组实践活动调查，收集相关素材和资料，各小组选出一名代表参加大比拼，计时1分钟，要求不能重复回答。②运用逻辑思维，从感性材料中概括传统文化的内涵和特点。

答案提示　传统文化应该包括思想、文字、语言、书法、音乐、武术、棋类、节日、民俗等。传统文化民族特色鲜明，历史悠久，内涵博大精深。

设计意图　创设沉浸式的情境，让学生真情实意地感受传统文化的魅力，开门见山地提出问题，引发学生思考与交流。

篇章二：传统文化之消逝

教学情境1　多媒体展示微课视频《那些即将消逝的非遗艺术》和《守护者的故事》。

教学任务1　小组讨论：结合视频，分析非遗艺术正在消逝的原因。

答案提示1　首先是远离人们的生活，其次是生活方式变迁。

设计意图1　通过小组合作进行讨论，更能突出学生的主体地位，培养主动参与的意识，激发学生的求知欲，更利于学生独立思考，从而发挥学生各自的优势和特长，促进学生对问题的认识和理解。

教学情境2　多媒体展示微课视频《平“语”近人——习近平总书记用典》和《每日一习话》。

教学任务2　小组合作探究：结合微课视频，思考中华优秀传统文化对于中华民族发展的意义和重要性。

答案提示2　中华优秀传统文化是培育民族精神的源泉，中华优秀传统文化令14亿人民凝聚在一起，共同坚守理想信念，建设美好家园。因此，我们要不断挖掘优秀传统文化经典，坚守中华文化立场，讲好中国故事，传播好中国声音，不断推动中华优秀文化更好地走向世界。

设计意图2　通过生动的事实情境叙述与再现，将抽象的理论命题和政治规则还原成学生真实的生命体验，从而让学生在探究与合作中悄无声息地掌握理论知识，进而内化为自觉的文化认同。

篇章三：传统文化之批判继承

教学情境　故事分享“二十四孝图中的故事之埋儿奉母”。

教学任务　开展“争辩明理”辩论赛，主题为“古代的‘孝’对中国社会的影响是利大于弊还是弊大于利”。

答案提示　对待包括孝在内的中华传统文化，我们应该取其精华，去其糟粕，用辩证的眼光看待传统文化。

设计意图　通过辩论赛的开展，让学生对问题不断进行思考，进一步让学生了解传统文化和优秀传统文化的差异，从而让学生学会运用辩证唯物主义和历史唯物主义的立场、观点和方法看待中华民族历史，继承和弘扬中华优秀传统文化。

篇章四：传统文化之创新发展

教学情境　观赏《典籍里的中国》视频，聆听于魁智、李胜素的歌曲《春江花月夜》。

《典籍里的中国》以创新的手法将传统经典搬上了荧屏，让不同年龄段、不同知识面的中国人看到我们辉煌的过往，并且被深深地吸引。《春江花月夜》将我们优秀的中华经典诗词与现代流行音乐结合起来，创造出一种更加脍炙人口、广为流传的新的音乐形式，让典雅的文化变得愉悦可亲和喜闻乐见。

教学任务　合作探究：①探讨《典籍里的中国》的成功对我们激活传统文化的启示。②我们应该如何更好地守护我们优秀的传统文化。③小组才艺活动展示，根据课前的任务调查表（表2）及兴趣爱好选择合适的活动。

答案提示　我们要认可本民族文化，中华优秀传统文化是我们国家与民族的根与魂，是坚定文化自信的重要基础，因此，我们要善于把弘扬优秀传统文化和发展现实文化有机统一，为优秀传统文化插上“活化”之翼。

设计意图　基于建构主义和人本主义教育理念的指导，为学生打造以能力为目标、以议题为指导、以场景为舞台、以活动为核心、以知识为工具的课堂。让学生在开放性和互动性的教学活动中树立正确的文化观和历史观。

表2　创新传统文化作品展示任务单

传统音乐	运用传统乐器（葫芦丝、古筝、二胡、扬琴、箫等）进行文艺表演
传统美术	剪纸、手抄报、传统工艺品、方城石猴等
传统诗词	开展经典诗词朗诵比赛
传统节日	介绍中国的传统节日，讲述背后的故事
传统书籍	设置校本课程，让学生精读四大名著，以专题的形式，带领学生研究《红楼梦》，开展征文活动

四、反思教学设计，展现思辨美

（一）亮点与价值

1. 教学目标清晰化、合理化

本课坚持以整体构建、有序衔接、依次递进的思路确定教学目标。根据《课程标准》及学生的核心素养，帮助学生认识传统文化的内涵和特点，理解并认同中华优秀传统文化的价值，树立自觉传承、弘扬中华优秀传统文化的积极态度，感受中华优秀传统文化的魅力，热爱中华文化，坚定文化自信。

2. 教学素材生活化、趣味化

本节课的教学素材有课前调查、图片、音频、故事、微课视频等，这些教学资源都是议题需要的“干货”，同样也需要一定的情境来承载，这是由思想政治课程实践性的特点所决定的。在教学过程中，我们需要引导学生面对现实世界各种复杂的问题，因此，引入社会生活中的现实材料，创设符合教学主题的理想情境，采取符合学生生活实际和学生兴趣需要的素材，也是议题教学设计本身的应有之义。

3. 教学活动序列化、个性化

本次设计的议题中安排了丰富的教学任务，如让学生课前进行调查，课中进行分享和辩论，课后进行交流反思。最后的活动展示，既能充分调动学生学习理论知识的积极性，又可充分调动学生的能动性去发挥自己的优势和特长，从而打造思政课的特色课堂、个性课堂和情意课堂。

（二）建议与对策

1. 立足课标研读教材，逻辑性重组教材内容

教师在未来的议题式教学中要注重议题和问题之间的逻辑关系，根据教学目标和核心素养在议题分析细化表上确定问题的类型，主要有原因类、认识感悟类、意义影响类、实践类。梳理议题和教学问题之间的逻辑关系，既能为议题的教学设计梳理思路、拓展空间，也能为具体的课堂操作指明方向[2]。

2. 调动多元主体，丰富教学资源，创设有效情境

教师在创设情境与选择材料时要典型化、精当化。情境素材要紧扣主议题、联系子议题。教师要将不同的素材和情境进行同类比较，把最典型的素材细抠出来，并通过进一步的加工组合才能进入课堂。此外，情境问题的文字表述一定要精练、准确、恰当。我们在选择材料进行议题的教学设计时，要构成层层递进的关系，在课堂上有效运用。

3. 打造理论学习矩阵，拓宽学生实践路径

“八个相统一”是思想政治理论课改革创新的基本遵循。其中一个统一就是要“坚持理论性和实践性相统一，用科学理论培养人，重视思政课的实践性，把思政课同社会大课堂结合起来，教育引导学生立鸿鹄志，做奋斗者”[3]。首先从课堂活动的视角来看，教师要注重学生的自主思考、同伴的互助学习、小组的合作交流及更富有创新意义的班级辩论赛；其次在课外活动上可以选择一些更开放的活动形式，如访谈、研学旅行、实地调查、参观访问等，使议题化教学的活动资源更加丰富和精彩，从而更有效地落实议题的育人核心素养目标。

2022年，习近平总书记在给北师大学生的回信中说：“希望你们继续秉持‘学为人师、行为世范’的校训，珍惜时光，刻苦学习，砥砺品格，增长传道授业解惑本领，毕业后到祖国和人民最需要的地方去，努力成为党和人民满意的‘四有’好老师，为培养德智体美劳全面发展的社会主义建设者和接班人贡献力量。”中学阶段是人生成长的关键期，作为思政课教师，只有不断加强自我塑造，做到“学为人师，行为世范”，方能为党育人，为国育才，只有在教学实践中不断探索教学改革，方能实现教学实效更好、教学质量更高的目标。新时代，在《课程标准》的要求下，在新课改的推进中，我们思政课教师需要进一步深入思考和推进议题式教学法。

参考文献

[1] 中国共产党第二十次全国代表大会文件汇编 [M]. 北京：人民出版社，2022.

[2] 郭亚琴 . 论议题式教学的“议层、议境、议味：以“中国经济发展进入新时代”教学为例 [J]. 江苏教育研究，2019（2）：99-101.

[3] 习近平 . 思政课是落实立德树人根本任务的关键课程 [J]. 求是，2020（17）：4-16.

“如何理解创新是引领发展的第一动力”议题式教学叙事

——基于“创新改变生活”一课

雷石山[①] 李 敏[②]

一、形成教学思路：围绕议题设计环节

“创新是引领发展的第一动力”[1] 是习近平总书记关于创新作用的一个重要论断。在备课过程中我们发现，“如何理解创新是引领发展的第一动力”是新课标教学建议参考议题之“改革开放铸就伟大改革开放精神”与“创新改变生活”这一课内容相关联的议题。这也是一个值得讨论的议题，可以探究全面深化改革、走向社会主义现代化道路上创新的引擎作用。为此，我们在教学中设置了三个子议题：百年京张，感悟创新是什么？美好生活，探究创新的作用有哪些？竞相改革，驱动创新的原因是什么？

（一）回归教材，确定学习目标和议题

本单元紧紧围绕创新，把握创新的内涵，理解创新的作用。根据教材内容，确定本节课的议题为“如何理解创新是引领发展的第一动力”，学习目标为了解创新的内涵、重要性和必要性。通过搜集资料、小组讨论和项目化学习等活动，培养学生的分析与综合、探索与建构等能力，落实核心素养。

（二）梳理教材，构建知识框架

本节课的教材内容非常清晰，由“如何理解创新”和“为什么要重视创新”两部分组成。布置学生预习，梳理知识框架，更加清晰地掌握本节课的内容，并为后续的“议”做好知识性铺垫。此外，清晰的思维导图有利于培养学生的逻辑思维能力和整体思维能力。

---

① 雷石山（1978—），男，湖南科技大学马克思主义学院副教授，硕士生导师。
② 李 敏（1983—），女，湘潭市第四中学教师。

（三）围绕议题，设置教学任务

篇章一：时政导入。以习近平总书记2022年6月30日乘专列去香港的新闻引出高铁、一国两制（这两者具有共同的特征：创新）。采用时政导入，教学视野不局限于教材，让学生带着问题看新闻，调动其学习兴趣，以任务驱动引发其思考。

篇章二：百年京张，感受创新。学生课前查阅资料《京张路工撮影》（詹天佑与京张铁路），随记者体验京张高铁，提取创新的关键信息。学生通过查阅资料，感悟设计者的家国情怀和创造热情，在搜集、提取信息和知识总结中建构对创新的认识。

篇章三：美好生活，探究创新。请同学们分组合作，共同探讨，每组派代表从选定角度进行汇报。A组汇报主题为“从设计建造者个人层面认识创新”，B组汇报主题为“以某某地为例，从社会层面认识创新”，C组汇报主题为“从老百姓日常生活层面认识创新”。让学生搜集资料、制作视频或者展示自己的科技作品，进而更加深刻地感受创新的作用。

篇章四：竞相改革，驱动创新。第一，请同学们展开辩论，“火车跑得快，全靠车头带”VS“火车跑得快，节节都要快”；结合视频火车跑得快的原因，了解世界工业革命史，从人类文明发展的角度阐述创新的作用。第二，结合我国的铁路机车史（高铁是新四大发明之一），对比古代四大发明，理解近代我国由领先变为落后的历史，明白在新的国际竞争中，只有积极创新才能在未来的激烈竞争中赢得发展的主动权。第三，已经有了时速350公里的拥有自主知识产权、节能环保的复兴号高速列车，为什么还需要打造技术路线完全不一样的高速磁浮列车？从国家需要的角度强调：创新驱动是国家命运所系。第四，以深圳这一改革开放前沿城市为例，论证改革与创新的关联，说明创新是改革开放的生命。

篇章五：课堂小结。本框题涵盖了两个目题，学生通过老师的课堂教学更好地理解“感受创新”“创新引擎”两个目题之间的逻辑关系，梳理“创新改变生活”的知识体系，用思维导图的方式整体把握。

二、协同教学设计：明确任务，注重学生已有经验的调用

（一）亮点

（1）情境素材围绕中国高铁（科学技术）的发展这一议题主线，设计了詹天佑与京张铁路、梁建英与高铁资料查询环节，通过百年京张铁路的对比、中外铁路发展历史的对比，学生感受铁路（科学技术）对历史发展进程的影响。透过史实，学生能更深切地树立努力学习科学文化知识，为向往的美好生活不断奋斗的责任意识。

（2）情境素材的设计结构完整，层层深入。将学生必备知识和能力素养要求融于一体，形成“感悟创新—探究创新—驱动创新”的课堂层次和结构。从学生的感性认知到理性认同，再到深入的合作探究，我们不仅让学生通过课前调查感受没有关键技术到处卡脖子的苦痛，也让学生感受创新改变生活带来的方便、快捷和丰富多彩，认识到科技工作者孜孜以求、开拓创新的精神源泉。

（3）情境之下精心设计探究性议题设问，丰富学生课堂活动。既紧扣新课程要求，贯穿教学始终，又能激发学生的学习热情，为学生搭建自主学习、合作探究、讨论质疑的平台。

（二）不足

（1）创新的内涵及作用挖掘不全面。时政导入、铁路设计和建造情境，都与学生的生活较远，容易形成创新只是科技工作者等的职责的错觉，没有体现教材中“创新无处不在”“人人皆可创新”的观点；体会科技创新及创新的益处在设计中体现得较充分，但制度创新、文化创新这些内容涉及较少，特别是科学技术作为一把双刃剑，既可以造福于人，也可以祸害人类，关键在于怎么更好地利用科学技术，这一点在设计之初没有考虑到，在优化教学设计中可以增加设问及史证。

（2）本节课虽然以高铁这一科学技术的发展为教学情境，但知识点多、琐碎，因此情境还是稍显宽泛而难以聚焦。又因为本课涉及大量的跨学科知识（历史、物理知识），对学生运用信息技术查阅资料、分析资料、提取信息的能力要求高，在落后地区和农村学校，适用性不强。

（3）教学任务要求有些泛化，需要根据学生能力及特长细化任务要求，明确学生的分工，这样才能让教学任务更加具有可操作性。

三、整体教学设计：具化任务，展开活动

（一）教材与学情

1. 内容分析

（1）本框地位。本节课是教材第二课“创新驱动发展”的第一课时，具有承上启下的作用。本框位于“踏上强国之路”内容之后，学生可以在理解改革开放让我国踏上强国之路的基础上，进一步感受创新的价值。本框位于“创新永无止境”之前，因而有奠基之功。

（2）本框内容。本节课内容围绕创新展开，主要探究了创新的内涵、重要性和必

要性。通过“举例说明”活动，学生能准确理解创新的内涵；通过对“三次工业革命”的分析，学生能够明白创新对人类文明发展的重要性，理解创新是引领发展的第一动力；通过深圳这座城市的发展，让学生能理解创新与改革的密切联系。

2. 学情分析

（1）学生心智特征分析。青少年处于一个创新的时代。生活在“工业4.0时代”的青少年，对创新有切实的感觉和体会。他们思维活跃、精力充沛，常常有创造的冲动。丰富的校园生活也给他们积累了许多创新活动的经验，使他们形成了对创新的感性认识。

（2）学生已有知识经验分析。九年级学生对于创新的理解往往是浅层次的，他们较少从文化、制度等角度理解创新，大多局限于科技发明的角度。他们没有认识到创新对于人类进步、社会发展的深远意义，认为创新只是个体行为。[2] 本课时内容是学生第一次接触创新驱动发展战略，他们不太了解人类工业发展历史，特别是铁路的发展历程，学习起来有一定的难度。

3. 教学目标与重难点

（1）教学目标：①通过查阅《京张路工撮影》，随记者体验京张高铁，结合百年京张铁路的华丽变化，总结创新的内涵。②通过查阅复兴号性能及相关数据，了解张家口在京张铁路、京张高铁开通前后发生的变化，体会创新与美好生活的内在关联，认同创新的价值。③通过三次科技革命的史料排序、“李约瑟之问”、我国高铁的发展数据及深圳特区的发展成就，从国际竞争、时代发展、国家需要与改革的关系的角度，分析创新的必要性。

（2）教学重难点。

教学重点　创新的重要性和必要性。

教学难点　创新的必要性；改革与创新的关系。

（二）路线与结构

1. 教学路线

本课采用了任务驱动的情境议题式教学方法，由议题、情境、活动、知识四个要素构成了以下四条教学路线。

议题线　由总议题“如何理解创新是引领发展的第一动力”引领以下情境问题串：通过百年京张铁路的对比，你觉得什么是创新？—查阅资料，结合视频《梁建英：跑出高铁新速度》，小组讨论：创新对个人、社会分别有什么作用？—蒸汽火车、电力火车、高速列车……各国竞相改革为哪般？

情境线　习近平总书记乘专列抵达香港新闻—《京张路工撮影》—体验坐上高铁看冬奥—视频《梁建英：跑出高铁新速度》—铁路发展史—歌曲《2035去台湾》。

活动线　体验、分享—合作、汇报—探究、演唱。

知识线　创新的内涵—创新的价值—创新的“引擎”作用。

2. 教学结构（图1）

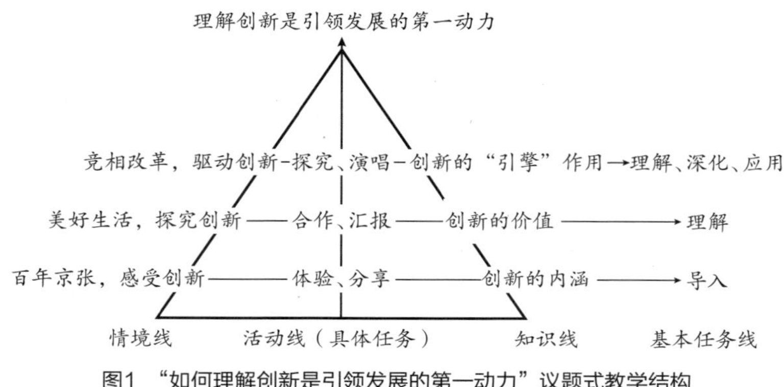

图1　“如何理解创新是引领发展的第一动力”议题式教学结构

（三）过程与意图

总议题　如何理解创新是引领发展的第一动力

篇章一：时政导入

教学情境　2022年6月30日下午，中共中央总书记、国家主席、中央军委主席习近平乘专列抵达香港，出席将于7月1日举行的庆祝香港回归祖国25周年大会暨香港特别行政区第六届政府就职典礼，并视察香港。[3]

学习任务　自由发言：视频中的什么信息令你印象深刻？这些看似无关的信息有哪些共同的特征？

答案提示　乘坐复兴号高铁、出席香港特别行政区第六届政府就职典礼，区别于外国访问和一般的国内视察，令我印象深刻。高铁、香港特别行政区，它们都是创新的产物。一个是技术创新，一个是制度创新。

设计意图　带着问题看新闻，调动兴趣，驱动观察，引发思考。

篇章二：百年京张，感受创新

学习任务　查阅《京张路工撮影》，随记者体验京张高铁，总结创新的内涵。

答案提示

（1）1905—1909年，清政府派詹天佑主持修筑京张铁路。为了穿越陡山大沟，詹天佑创造性地设计出“人”字形铁路；为了加快八达岭隧道掘进，首次使用炸药开采隧道，开创了竖井施工法并沿用至今。“花钱少，质量好，完工快。”詹天佑以大无畏气概，率领全体筑路人员，知难而进，齐心为国争光。[4]

（2）体验京张高铁：12306 App订票、自助取票机取票、刷脸进站、雪具快运、复兴号列车平稳高速行驶（时速350公里、无人驾驶）、5G信号全覆盖、4K电视直播赛事。列车运行定位、列车发车运行、旅客购票候车、铁路调度、线路设施运维等均实现智能化。

（3）创新的内涵。从创新的方式、领域、产生、主体方面总结创新的内涵。

创新的方式	是从无到有，也是对已有成果的改进和完善
创新的领域	科技领域、生活各方面
创新的产生	不只是灵光乍现的顿悟，更需要年复一年的积累
创新的主体	可以是个人，也可以是团体、集体

设计意图　通过网络获取资源、查阅资料，感悟科技工作者的爱国情怀、创造精神、敬业态度，激发他们关注科学、关注生活、关心国家的情感；依据建构主义学习理论，培养学生主动搜集、提取信息，进行知识总结与建构知识体系的能力。

篇章三：美好生活，探究创新

教学情境1　创新百年，新老京张，京张线路华丽地完成了智能化、高速化、科技化的转变，其中自主创新的魅力再次展现。复兴号首次运行是在京沪线。

学习任务1　查阅资料，介绍复兴号性能及相关数据。

学习任务2　查阅资料，介绍张家口在京张铁路、京张高铁开通前后发生的变化。（也可以换成学生熟悉的地点）

学习任务3　结合自己的经历，谈一谈：高铁给我们的生活带来了哪些不一样的变化？高铁在哪些方面推动了社会的发展和进步？创新对社会有什么作用？

答案提示　从知识创新、技术创新、制度创新三方面分析创新的作用。

设计意图　查阅资料，培养科学精神；小组讨论，培养学生的合作意识；感悟科技创新的魅力，激发学生参加科技创新的热情。

学习任务4　观看视频《梁建英：跑出高铁新速度》，小组讨论：学习詹天佑和梁建英的事迹，探讨创新对个人有什么作用？

答案提示　①创新让我们获得成就感。②创新让我们的生命充满活力。③创新让我们勇敢面对挑战，激发潜能，超越自我。

学习任务5　20世纪初，长大线（长春—大连）成为日本侵略者疯狂掠夺中国东北地区的丰富资源和财富的重要交通工具。火车的发明、技术的不断改进，难道只是为了满足设计者的个人兴趣，助长侵略者的非法行径？

答案提示　创新的根本目的是让生活更美好。但是，只有在主权独立的国家、公平正义的社会，普通百姓的生活才能因创新变得更加便捷、舒适和丰富多彩。

设计意图　澄清创新的价值，即让生活更美好。明确只有科技工作者时时修正创新的方向，国家和社会合理利用科技创新成果，才能让生活更美好。

篇章四：竞相改革，驱动创新

学习任务1　对有关我国铁路机车史、世界工业革命史的图片进行排序，思考：从三次科技革命的历史经验中可以获得怎样的启示？

答案提示　科技创新是推动人类社会向前发展的重要力量。

设计意图　跨学科知识考量，在相关知识间建立有效连接。用活动的形式，分析总结，突破本课难点。

学习任务2　80多年前，英国学者李约瑟发出著名的"李约瑟之问"：虽然中国古代曾对人类科技发展做出了十分重要的贡献，但是为何近代科学和工业革命没有在中国发生？然而，李约瑟一定想象不到当今世界是这样一幅画面——高铁、网购、移动支付、共享单车，正成为工业4.0时代"一带一路"国家青年最想带回自己家乡的"特产"。[5] 从中我们可以受到哪些启发？

答案提示　创新是民族进步的灵魂，是一个国家兴旺发达的不竭源泉，也是中华民族最鲜明的禀赋。从国际竞争、时代发展的角度分析创新的必要性。

设计意图　文字阅读、提取信息、分析总结，层层递进以培养学生学科素养，建构知识体系。

学习任务3　畅想：未来交通工具（铁路交通）。你觉得它会具有哪些特点？有哪些创新应用？

中国是世界铁路第二大国，但却是不折不扣的高铁第一大国。目前，全国高铁运营里程将近5万公里，超过其他国家的总和。目前我国已经有了时速350公里的自主知识产权、节能环保的复兴号高速列车，时速600公里的"地表最强飞行器"高速磁浮列车也已亮相，还正朝时速1000公里飞奔。"梁建英们"如此努力，为什么？

答案提示　从国家需要的角度分析创新的必要性。

学习任务4　探究深圳这座城市变化的原因，从改革发展的角度阐述创新的作用。

答案提示　从改革与发展的关系分析创新的必要性。

篇章五：课堂小结

学习任务1　学生绘制思维导图。

设计意图　构建知识逻辑，加深记忆和理解。

学习任务2　同学们，我们今天这节课的总议题是“如何理解创新是引领发展的第一动力”。高铁只是中国创新的一个缩影，进入新时代，我国科技创新成果呈“大井喷”态势，同学们有过了解吗？

最后，让我们乘坐复兴号高铁，穿行在平潭海峡公铁大桥，唱响网络歌曲《2035去台湾》。

设计意图　技术创新、制度创新呼应时政导入，让学生内心升腾起强烈的民族自豪感，达成核心素养目标。

四、反思教学过程：在综合实践中优化

（一）亮点与价值

（1）以学生为主体。习近平总书记强调：“思政课教学离不开教师的主导，同时要坚持以学生为中心，加大对学生的认知规律和接受特点的研究，发挥学生主体性作用。”[6]在教学设计中，我们坚持用问题驱动，用活动引领，由表及里，由浅入深，遵循学生的认知规律，体现以学生为主体。课前，让学生讲新闻，锻炼学生的表达能力，让学生查阅詹天佑与京张铁路、梁建英与高铁等资料，引导学生自主学习；课中，开展小组讨论，引导学生积极发言，提升学生主体意识；课后，让学生畅想未来交通工具的特点，培养学生的科学想象力。

（2）以教材为根本。习近平总书记指出，教材是传播知识的主要载体……是老师教学、学生学习的重要工具。教学设计中所有素材的选取和教学流程的设计，我们都坚持从教材出发，紧扣《课程标准》，落实核心素养。例如，通过习近平总书记乘专列去香港出席香港特别行政区第六届政府就职典礼这一新闻，深化学生对创新领域的认识；通过京张铁路的设计、京张高铁的记者体验来阐述创新的内涵；通过“李约瑟之问”讲解创新的必要性。

（3）以核心素养为目标。“课程核心素养是学生通过本课程学习而逐步形成的正确价值观念、必备品格和关键能力。”[7]在教学过程中，我们应注重围绕核心素养来设

计各环节的内容。在讲授创新的根本目的时，用长大线（长春—大连）的事例澄清创新的价值，提升学生的思维品质，培养学生的科学精神。在讲授创新的必要性时，用詹天佑知难而进、为国筑路的事迹，用梁建英率领团队努力攻关、跑出高铁新速度的案例，使学生感受近代以来我国科技工作者不断赶超世界先进水平的创新精神，培养和激发学生为国家富强、民族复兴、人民幸福而努力奋斗的责任意识。

（二）问题与对策

（1）本节课知识点多且呈发散性，设计的教学环节较多，学生活动形式也非常丰富，教学节奏十分紧张，可能难以控制好教学时间。要解决这一问题，教师可以考虑分两课时安排教学。

（2）本节课涉及的跨学科知识点多、面广，专业性强，需要学生储备大量科学技术史、科技哲学、机车理论等方面的知识，对学生课前预习和搜集资料的要求高，难免产生预设多而生成少的矛盾。对此，教师平时应多组织学生开展综合实践活动，使他们在日积月累的锻炼中提升阅读能力和资料搜集水平。

参考文献

[1] 中共中央文献研究室 . 习近平关于科技创新论述摘编 [M]. 北京：中央文献出版社，2016.

[2]《创新永无止境》教学设计 [EB/OL].https://wenku.so.com/d/91bb1993a37734fb43faf0ebb1c78ac5/2022-10-13.

[3] 习近平乘专列抵达香港，并在欢迎仪式上发表讲话 [EB/OL].https://baijiahao.baidu.com/s?id=1737108080681135104&wfr=spider&for=pc/2022-10-13.

[4] 从京张铁路到京张高铁，看中国铁路的百年变迁 [EB/OL]. http://www.icppcc.cn/newsDetail_1022970/2022-10-13.

[5]“新四大发明”讲述中国奇迹 [EB/OL]. https://baijiahao.baidu.com/s?id=1582012470858494674&wfr=spider&for=pc/2022-10-13.

[6] 习近平 . 思政课是落实立德树人根本任务的关键课程 [J]. 求是，2020（17）：4-16.

[7] 程光泉 .《义务教育道德与法治课程标准（2022年版）》的新突破 [J]. 福建教育，2022（17）:21-24.

“如何理解改革开放是决定当代中国命运的关键抉择”议题式教学叙事

——基于“坚持改革开放”一课

蔺宏涛[①]

一、形成教学思路：围绕议题，创设环节

（一）回归教材，确定学习主旨

本单元主要讲授改革开放的成就与意义。根据教材内容，本节课的议题确定为“如何理解改革开放是决定当代中国命运的关键抉择”，学习目标是引导学生了解改革开放的历史背景、伟大进程及所取得的成就与意义。通过小组讨论和项目化学习等活动，培养学生的求知与理解、分析与论证、探索与争鸣等能力，培养学生的政治认同、理性思维和公共参与意识等学科核心素养。

（二）梳理教材，构建知识框架

确定好议题之后，便可以梳理教材内容，本节课的教材内容十分丰富，包含改革开放的背景、过程、内容、意义、成就和影响等。为了让学生更加全面、准确地掌握本节课的内容，需要梳理知识框架，帮助学生课前预习，并为学生深入的探究学习做好知识储备。

（三）围绕议题，设置教学任务

梳理知识，建构体系。本节课涵盖了两个框题，一是“改革开放促发展”，二是“中国腾飞谱新篇”。学生通过老师的课堂教学来更好地理解两个框题之间的逻辑关系，梳理“坚持改革开放”的知识体系，从为什么、是什么和怎么样的角度，用思维导图的方式整体把握。

创设情景，引入新知。通过展示乌镇40年前的老照片，观看和研读乌镇改革开放成就的资料，让学生感受中国人民面貌的历史性变化、社会主义中国面貌的历史性变化。同时，引导学生了解党的十一届三中全会后，我国进入改革开放新时期，从那时起，

---

① 蔺宏涛（1979—），女，湖南科技大学马克思主义学院实践教师。

中国共产党和中国人民就以一往无前的进取精神和波澜壮阔的创新实践，努力谱写中华民族自强不息、顽强奋进的壮丽史诗，才取得了震惊世界的伟大成就！

组织活动，深化主题。教师带领学生探究乌镇改革开放的成功秘诀，然后请学生自由发言、小组讨论、代表汇报、书写寄语，思考和探讨自己对改革开放的认知和理解。在分组合作、展示汇报中，要求学生按自己的主题回答相对应的问题，发言人须代表组员完成主题汇报，如改革开放促发展的主要表现、改革开放促发展的影响、中国腾飞的表现和中国腾飞的启示。

设置问题，拓展延伸。课后观看央视电视纪录片《我们一起走过——致敬改革开放40周年》。想一想：为了将来更好地投身改革大潮，作为一名中学生，我们具体可以做些什么？

二、协同教学设计：依据情况，优化细节

针对教学思路的不足之处，协同设计，对教学设计进行优化。

（1）学生已有经验未充分调动，可增加课前收集改革开放的成果资料活动设计。“坚持改革开放”这一课相对于中学生而言是比较复杂的，为了增强学生对这一问题的认知和理解，应尽可能地鼓励和带领学生了解20世纪下半叶的中国国情，如在优化教学设计中可以增加组织学生收集改革开放的成果资料的环节，感受国家发生的新变化。

（2）知识点系统归纳总结不够，教师须在学生答题后加以补充讲解。在组织学生参与教学活动时，学生一般会根据常识、经历和教材提示来完成互动学习任务，在一定程度上达到了落实教学任务的目的。但“坚持改革开放”这一课的思想性和理论性很强，以学生很难做到准确把握对改革开放促发展的主要表现和影响等内容，因此，在组织活动、深化主题环节，教师需要仔细倾听学生汇报，然后对知识点进行补充讲解，使教学任务落实落细。

（3）探究与分享活动不丰富，可设计观赏性活动予以改善。基于学生课堂学习的兴趣，教师可安排学生课后观看央视电视纪录片《我们一起走过——致敬改革开放40周年》，以典型改革故事让学生深刻感受和体会中国改革开放的宏伟实践。

三、整体教学设计：具化任务，展开活动

（一）教材与学情

1. 内容分析

（1）本课地位。“坚持改革开放”是人教版九年级上册第一单元“富强与创新”

第一课“踏上强国之路”的第一课时。本框是单元具体学习的开始，也是教材的开篇之课，举足轻重，动关大局。作为单元和教材起始课，它将为学生开启新知识世界的大门，激发学生探求新知识的欲望，也为教师继续展示更多内容奠定了基础。

（2）本课内容。本节课分为“改革开放促发展”和“中国腾飞谱新篇”两目，第一目介绍了我国改革开放的背景、历史进程和促发展的表现，第二目介绍了改革开放取得的举世瞩目成就，并以中国腾飞谱新篇的事实诠释“改革开放是决定当代中国命运的关键抉择”的结论。

2. 学情分析

（1）学生心智特征分析。进入九年级，学生感受、认识和参与生活的范围不断扩展，思想水平和情感能力快速提升，能从家庭生活或周边事物的变化中理解改革开放的重要性，但是他们还没有形成系统的理论思维，不具备深厚的历史知识，因此，对于改革开放对中国特色社会主义道路的深远影响和特殊意义的理解容易出现表面化、片面化问题。

（2）学生已有知识经验分析。学生能够理解改革开放给我国经济社会发展和人民生活带来的巨大变化，也知道中国特色社会主义进入了新时代。因此，要借助学生已有的认知经验，引导学生充分理解改革开放政策提出的科学性，认识到改革开放是党和人民大踏步赶上时代的重要法宝，是坚持和发展中国特色社会主义的必由之路，是决定当代中国命运的关键一招，也是实现“两个一百年”奋斗目标，实现中华民族伟大复兴的关键一招。

3. 教学目标与重难点

（1）教学目标。通过历史对比，理解我国改革开放的必要性、主要历程和重要成就；通过对改革开放辉煌成就的认识，理解改革开放是决定中国当代命运的关键抉择；通过学习我国从站起来、富起来到强起来的历史进程，帮助学生树立民族自信心和自豪感，坚定走中国特色社会主义道路的信心和勇气。

（2）教学重难点。

教学重点　掌握改革开放的辉煌成就和历史地位。

教学难点　理解我国实施改革开放的历史必然性。

（二）路线与结构

1. 教学路线

本课以议题式教学为主要方式，由议题、情境、活动和知识四个要素围绕学科概念形成如下四条线。

议题线　总议题——“如何理解改革开放是决定当代中国命运的关键抉择”。以“发生—发展—成效—启示”为逻辑线索，设置以下四个子议题：子议题一，我国为何开启改革开放的大门；子议题二，如何看待改革开放的内涵和历史进程；子议题三，如何理解改革开放的成就和意义；子议题四，如何理解中国腾飞的表现和启示。

情境线　透视40年前的旧乌镇—观看新闻报道，探索乌镇崛起之路—走访艺人，发现乌镇的魅力。

活动线　自由发言—分组合作、展示汇报—小组讨论。

知识线　改革开放的背景—改革开放的内容—改革开放的意义。

2. 教学结构（图1）

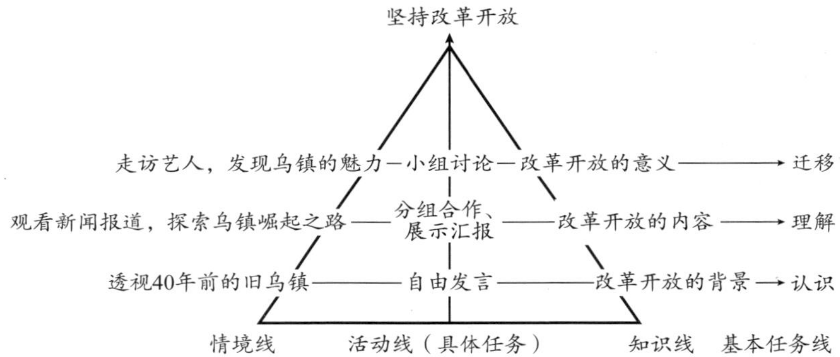

图1　“如何理解改革开放是决定当代中国命运的关键抉择”议题式教学结构

（三）过程与意图

总议题：如何理解改革开放是决定当代中国命运的关键抉择？

总情境　走进“江南乌镇改革开放展览馆”。

导入　播放视频《乌镇的故事》。

学习任务　请学生观看视频，了解乌镇的变化，并向学生提问：为什么千年水乡会青春焕发，重写江南的诗性和新意？

答案提示　乌镇发生如此大的变化得益于改革开放。

设计意图　采取讲故事的方式，化抽象为具体，有效地将学生带入生动有趣的情境中，使学生在组织和现实的层面建构新的认知。

篇章一：走进“素日乌镇展厅”

议题　我国为何开启改革开放的大门？

教学情境　通过一组历史老照片，透视40年前的旧乌镇。

学习任务　自由发言：看晒出的老照片，请同学们谈谈对20世纪乌镇的印象。对此状况，同学们是否希望有所改变呢？

答案提示　透过老照片，我看到20世纪八九十年代的乌镇，一条街一条河，贯穿乌镇东西南北；居民沿河、沿街而居，并且屋旧人稀，破败凋零；进镇的道路很差，河水已被污染，大批古建筑遭到破坏。面对落后萧条的乌镇，我非常希望乌镇在党的政策指引下，进行多方面的改革，把乌镇建成经济快速发展、人民生活富足、社会安定有序、生态环境良好的家园。

设计意图　乌镇旧照片是我国改革开放前城镇落后凋敝的缩影，反映的实际问题可以帮助学生理解改革开放前我国的国情和时代大背景，增加对我国实行改革开放政策的必要性认知。

篇章二：走进“变革乌镇展厅”

议题　如何看待改革开放的内涵和历史进程？

教学情境　观看央视“庆祝改革开放40周年基层行·乡镇篇”新闻报道——浙江乌镇：乡愁中的时代光影，探究乌镇崛起之路。

学习任务1　分组谈论：乌镇崛起经历了怎样的过程？

答案提示1　“改革开放是我国经济社会发展的动力。”[1] 改革开放初期，乡镇工业勃兴，乌镇的经济结构发生了较大变化。20世纪90年代末，旅游业渐成新的经济增长点。2014年，“世界互联网大会·乌镇峰会”永久落户，为乌镇的经济动脉中注入了强有力的互联网基因，传统产业与创新产业交相辉映。

设计意图1　分享话题，通过探究乌镇的崛起过程，有意识地引导学生了解乌镇40年改革开放的探索和实践历程，加深对乌镇改革开放过程的感性认识。

学习任务2　分组合作，展示汇报：阅读教材，总结我国改革开放的内涵和历史进程。

答案提示2　改革开放是20世纪70年代末中国开始实行的对内改革经济、对外开放的政策。1978年，党的十一届三中全会开启了改革开放的历史征程，从农村到城市，从试点到推广，从经济体制改革到全面深化改革。

设计意图2　延伸话题，通过对教材内容的学习，加深学生对我国改革开放的理性认识，进而增强学生对改革开放政策的深入理解与内心认同感。

篇章三：走进“魅力乌镇展厅”

议题　如何理解改革开放的成效和意义？

教学情境　追随记者，走访钱鑫明及其传人钱利淮的竹编世界，发现乌镇的魅力。

学习任务1　自由发言：倾听钱鑫明及其传人钱利淮让传统竹编成为时尚新宠的故事，说说乌镇的新事物。

答案提示1　开设竹器店、“竹芸工房”的个人工作室、网店，进行竹编课程网络直播等。

设计意图1　以传统艺人开发推广传统竹编产品的经历，展示乌镇发生的深刻变化。

学习任务2　分组合作，展示汇报：从乌镇的变化中，同学们能否感受到改革开放中我国基本经济制度的变革、人民群众参与社会变革的作用和价值观念的更新?

答案提示2　改革开放后，我国逐步确立了公有制为主体、多种所有制经济共同发展，按劳分配为主体、多种分配方式并存，社会主义市场经济体制等社会主义基本经济制度。改革开放使广大人民群众参与社会劳动、创造社会财富的积极性和主动性空前高涨。尊重劳动、尊重知识、尊重人才、尊重创造已成为社会共识。

设计意图2　引导学生从乌镇小视角认识改革开放的局部成就，再上升到从国家大视角思考改革开放促进国家发展的总体表现。

学习任务3　分组合作，展示汇报：根据同学们的汇报可知，同学们已经看到改革开放促使我们国家取得巨大发展的成果，接着大家尝试从人民群众、社会和国家的角度，概括改革开放促使国家发展的影响。请小组探讨，并推荐发言人汇报讨论结果。

答案提示3　从人民群众角度看，改革开放极大地激发了人民群众的创造性，人民生活显著改善；从社会角度看，改革开放极大地解放和发展了社会生产力，极大地增强了社会发展活力；从国家角度看，我国综合国力显著增强，国际地位显著提升，中华民族迎来了从站起来、富起来到强起来的伟大飞跃。

设计意图3　培养学生全面分析和概括改革开放促发展的影响，增强学生对改革开放政策的深入理解与内心认同。

篇章四：走进“未来乌镇展厅”

议题　如何理解中国腾飞的表现和启示。

教学情境　教师通过动态高科技向学生呈现“十四五”规划下乌镇未来五年的发展规划，引导学生憧憬未来的乌镇。

学习任务1　在祝福墙上贴上自己对乌镇的寄语卡。

答案提示1　愿互联网助力数字乌镇再出发；愿水乡乌镇，古朴与繁华永相托，历史与现代永交融；祝愿乌镇，未来更具张力、更具实力、更具活力；祝愿乌镇成为全球向往的宜业宜居宜乐宜游的开放多元小镇!

设计意图1　未知的世界常常能激发学生的好奇心，调动学生学习的探究欲望，使学生带着浓厚的兴趣去追求知识，去探索地方发展与国家规划的联系。

学习任务2　小组讨论：乌镇的成功，也是中国腾飞的具体象征。根据课前调查，请同学们谈谈中国腾飞的主要表现和自己得到的启示。

答案提示2　中国腾飞的表现，可以从国家、人民、世界三个角度回答。中国腾飞的启示，“改革开放是决定当代中国命运的关键抉择”[2]；为中国人民谋幸福，为中华民族谋复兴，中国共产党不忘初心，牢记使命，带领中国人民走上了建设富强民主文明和谐美丽的社会主义现代化强国之路。

设计意图2　“议学活动作为议题式教学组成要素之一，是培育学生高阶思维能力、实现核心素养目标的主抓手。”[3] 引导学生更深刻地理解改革开放的地位及重要作用：腾飞的中国不仅改变了中国，也给世界带来了巨大影响。我们将一如既往地坚持改革开放。

学习任务3　课后观看央视电视纪录片《我们一起走过——致敬改革开放40周年》。想一想：为了将来更好地投身改革大潮，作为一名中学生，我们具体可以做些什么？

设计意图3　拓展延伸课堂学习，培养学生关注社会、投身改革开放的意志。

四、反思教学过程：审视实践，谋求创新

（一）设计新意与应用价值

1. 精选议题并创设情境，承载教学内容

本课的主要内容是对改革开放的认识和理解，需要教师在教学中将这一宏大的主题娓娓道来，用事实说话，并尽可能地剔除硬性的宣传说教，较好地体现中学教学的直观性、启发性、循序渐进等基本原则。因此，在教学设计中不仅设计了总议题，而且下设四个子议题，实现内容输出的自然流畅、能力培养的循序渐进和情感积蓄的步步升华。“思政课的本质是讲道理，要注重方式方法，把道理讲深、讲透、讲活。”[4] 为了让学生近距离感受改革开放带给我国的巨大变迁，在教学中以改革开放的样本——浙江省桐乡市乌镇的发展之路为素材，创设走进“江南乌镇改革开放展览馆”的教学情境，打造情景式、沉浸式、交互式的教学。

2. 布置任务并组织活动，突出学生角色

教育家陶行知先生曾说，好的先生不是教书，不是教学生，乃是教学生学。“议题

式教学过程中，采取学科课程与活动内容相互嵌入的方式，是学科课程内容活动化与活动内容课程化的有机结合。”[5] 在本课教学中，通过自由发言、小组讨论、代表汇报、书写寄语，努力唤醒学生的主体意识，把课堂作为学生的主场，引导学生主动参与整个学习过程，采用自主探究和合作交流的学习方式，在参观游览、阅读文本、观点碰撞的过程中发现、提出、探究、解决问题，从而获得一定的知识和能力。

（二）主要问题与改进措施

课堂练习能客观地反映学生的学习情况，是教师了解和判断学生学习状况的主渠道。若教师教学中能有针对性地设计一些练习题目，将在学生学习过程中起到强化、纠错、补漏的作用。本课的内容偏多，学生讨论时间略长，未能设计一定的习题练习，无法检测学生是否掌握了知识要点。因此，今后教师可尝试应用翻转课堂教学化解学与练的冲突，即把学生练习部分移到课外，教师课内则重点答疑，从而争取教学效益的最大化。

参考文献

[1] 习近平在中国人民大学考察时强调：坚持党的领导传承红色基因扎根中国大地走出一条建设中国特色世界一流大学新路 [N]. 人民日报，2022-04-26（1）.

[2] 习近平 . 习近平谈治国理政（第二卷）[M]. 北京：外文出版社，2017.

[3] 中共中央文献研究室 . 习近平关于全面深化改革论述摘编 [M]. 北京：中央文献出版社，2014.

[4] 徐川，余耀显 . 基于逻辑思维培养的议题式教学设计 [J]. 思想政治课教学，2022（8）：34-37.

[5] 王德明 . 议题式教学中的知情意行 [J]. 中学政治教学参考，2022（21）：31-33.

“为什么说少年强则中国强”议题式教学叙事

——基于“少年当自强”一课

王 霞[①] 贺亚荣[②]

一、形成教学思路：围绕少年与国家关系，探究少年自强品质

根据本节课的教学内容，以及《义务教育道德与法治课程标准（2022年版）》（以下简称《课程标准》）中核心素养“责任意识”的第四学段（7~9年级）目标：“具备国家利益高于一切的观念，能够以实际行动维护民族团结，捍卫国家主权。”参考教学提示：“以‘自强不息、厚德载物’为议题，讨论在新时代如何做一个脚踏实地、积极进取、自立自强的时代新人”。备课“少年当自强”时，认为围绕少年和国家的关系展开讨论和讲授，能够更好地探讨本课的主题“国强需少年强，少年强则国强”。在教学过程中，设置两个子议题：少年与国家的关系是怎样的？新时代中国少年应具备怎样的品质才能承载国家的未来？

习近平总书记在党的二十大报告指出：“青年强，则国家强。当代中国青年生逢其时，施展才干的舞台无比广阔，实现梦想的前景无比光明。全党要把青年工作作为战略性工作来抓，用党的科学理论武装青年，用党的初心使命感召青年，做青年朋友的知心人、青年工作的热心人、青年群众的引路人。广大青年要坚定不移听党话、跟党走，怀抱梦想又脚踏实地，敢想敢为又善作善成，立志做有理想、敢担当、能吃苦、肯奋斗的新时代好青年，让青春在全面建设社会主义现代化国家的火热实践中绽放绚丽之花。”[1] 因此，让中学生理解并树立“少年强则中国强”的人生观和价值观十分重要。

根据《课程标准》教学建议和教材内容，本节课所制定的学习目标是让学生了解中国历史上不同时期青少年与国家命运关联的故事，从情感上感受到少年的强弱是与国家命运息息相关的，从理智上进一步认识到国家利益高于一切，作为青少年必须要以自身的强大来捍卫国家主权，维护国家利益。新时代少年有情怀有抱负，德才兼备，国家才能够真正强大起来。本节课的中心议题是：为什么说少年强则中国强？

---

① 王 霞（1978—），女，湖南科技大学马克思主义学院讲师，硕士生导师。

② 贺亚荣（1996—），女，湖南科技大学21级学科教学（思政）专业硕士研究生。

“少年当自强”这节课主要阐述的是少年与国家命运的关联。具体来说，就是少年强大那么国家就强大，少年贫弱那么国家就弱小，青少年是国家的未来和栋梁。作为国家的未来和栋梁，青少年必须要强大。因此，需要强大起来的少年必须具有情怀和抱负。作为新时代青少年尤其需要有情怀与抱负，同时还需要拥有全球视野和世界眼光。从教材内容来看，主要是“少年强，中国强”和“青少年的情怀与抱负”两部分。两者的逻辑关系是，在充分认识到少年强则中国强的事实后，进一步认知青少年变强大所需要具备的品质是高尚的情怀和伟大的抱负。以青少年个人命运与国家命运的息息相关，让学生坚定地树立国家利益高于一切的价值观和信念，培育学生为国为民的情怀和抱负，也由此培育学生的责任意识，即主人翁意识、担当精神，让学生成为真正能够担当起民族复兴大任的时代新人。

本节课内容易理解，却容易变成青春期学生有些反感的心灵鸡汤，即只有空洞的大道理，却难以直透人心。如何从情感上打动学生，从理性上让学生加深认知，真正了解国家与个人这个整体与局部的关系，认识自身所需要培养的品格，是我们这节课需要注意的地方。也就是说，既要有感人的效果，也要有学理的分析，以理服人。从皮亚杰的认知发展理论来看，“这一阶段的学生能在头脑中把形式和内容分开，使思维超出所感知的具体事物或形象，进行抽象的逻辑思维和命题运算，具有了假设—演绎推理的能力和归纳思维的能力”[2]，同时，他们还崇尚自我，发展个性，价值观趋向务实化、多元化。鉴于此，备课时，主要围绕不同时期的青少年的故事展开，让学生从生动的故事情境中感受“国家兴亡匹夫有责”的担当精神，形成责任意识；同时又从中分析不同时期青少年的共同和不同之处，进一步培养训练学生的归纳思维能力，明白担当和责任对于不同时期的自强的青少年来说是共同的品质，不同的是表现的具体形式和内容，引导学生了解新时代青少年自强所应具有的品格和要做的事情，最终形成共同的人生观和价值观。为了在有限的时间里高效地完成好本节课的教学任务，让学生在有趣生动的教学情境和教学活动中感受到“有意义”，需要课前做精心的教学设计。因此，初步构想了以下教学篇章。

篇章一：少年与国家的关系是怎样的？以情境故事方式讲述中国历史上不同时期青少年自强的事例，如宋朝岳飞投军救国、抗日战争时期16岁的钱三强发奋学习物理、改革开放时期中国女排郎平奋力拼搏。通过不同时期不同类型青少年的自强故事，学生能够明白“少年强、青年强是多方面的，既包括思想品德、学习成绩、创新能力、动手能力，也包括身体健康、体魄强壮、体育精神”[3]，真切了解到个人的发展与国家的命运息息相关，个人的未来与国家的未来紧密相连。

篇章二：新时代中国少年应具备怎样的品质才能承载国家的未来？呈现从古至今历史伟人和革命先辈及当今先进工作者的励志故事和伟大事迹，让学生从中归纳认识到，无论哪个时期，真正有成者必有爱国情怀和伟大抱负。因此，新时代的中国青少年也要具备这样的情怀和抱负，如此才有可能实现自己为国为民的理想和奋斗目标。

本节课旨在以故事感化人心的方式，让学生不仅在情感上认同个人和国家的命运息息相关，而且在理性认识上也能分析和归纳出个人和国家的紧密关系，以及明确青少年贯穿不同历史时期所应具备的基本品质，新时代中国青少年因时代所需而要具备的新品质。

二、协同教学设计：设计情境故事，优化探究性问题

本节课的教学设计紧紧围绕核心素养“责任意识”的培养来进行，让学生从感性认识和理性认识两个方面深切感受和理解青少年与国家命运的关系，从矛盾的共性和个性方面理解青少年与国家的关系，知晓不同时期青少年所应共同具备的品质。

（一）亮点

（1）情境故事素材围绕青少年与国家的关系这条主线，呈现不同历史时期青少年自强的故事，分析比较这些故事中的主人公，指出无论哪个历史时期，个人命运都是与国家命运紧密相关的，青少年是国家的希望和未来，也是国家的栋梁。从历史角度和逻辑主线上阐明前述内容，使学生对浅显易懂的道理能够从理论上有更深层的把握。

（2）以矛盾的共性和个性原理方法引导学生分析总结不同历史时期正面历史人物的共同品质，以及在新时代，随着社会的发展，青少年所应具备的新品质。青少年真正的自强必须以拥有高尚情怀和抱负为前提，而情怀和抱负的具体内容是随着时代发展而有所变化的。

（二）不足

（1）情境议题设问有待进一步细化、优化。设计的问题之一：少年和国家的关系是怎样的？回答这个问题的角度较多，可以从个体与国家的角度回答，也可以从青少年的自身表现来回答，关于两者的关系又可以从正反两方面来阐述。答案的开放性，就意味着分散性、不够集中，有可能无法引导学生得出我们的教学内容，即少年强则国家强。当然，同时也意味着学生可以从更为开放的视角来思考这个问题，体现出学生思维的活跃性，而这对于授课教师来说是比较考验其掌控力和引导力的。因此，在保证学生思考的开放性、解答问题的活跃性的同时，可以进一步分解这个问题，以两

个问题来引导学生。

（2）本节课的案例设计中，案例故事还可以进一步挖掘，寻找更具有代表性的青少年自强的故事，除了耳熟能详的大人物，还应有不为人熟知的普通百姓。未来成为社会精英的初中生毕竟是少数，大多数人只是生活在平凡岗位上的平凡人，在自己平凡的岗位上发光发热。因此，以普通青少年的自强故事来阐述、剖析他们与国家命运与共的关系，更贴近初中生的心理和生活，更能打动他们的心弦。

三、整体教学设计：沉浸历史少年故事，认知个人与国家关系

（一）教材与学情

1. 内容分析

（1）就本课地位来说，本单元是以“少年成才”为核心，从少年自身、国家、社会和世界的不同视角来阐述少年成才的重要性，阐明少年责任意识的培养、自我生涯的规划和在全球视野下脚踏实地走向未来等内容。作为第三单元“走向未来的少年”的第一部分，开宗明义地指出青少年的强大对于国家前途命运的影响，进而明确讲授第二部分生涯的规划和第三部分走向未来的内容的必要性。也就是说，正因为青少年是国家的未来和希望，我们才必须要让学生清楚认知自我，做好自我生涯规划，脚踏实地地、勇敢地迎接未来，为实现理想而努力。

（2）就本课内容来说，阐述的是“少年强则国强”的道理，首先要讲清楚少年与国家前途命运的紧密关系。既然少年的成长状况直接关系到国家的前途命运，那么，其次就要讲述少年尤其是新时代中国青少年应具备强者的哪些品质，或者说要成为强者应该具有哪些品质。如此，在深入讲授这两个内容时，自然就体现和培育了学生的责任意识和爱国情怀。

2. 学情分析

（1）学生的性格特征分析。九年级学生虽然已经具有一定的理性分析能力，但依然发展不够充分，更多表现为重感情、易怒、易冲动、注意力集中时间也不太长等。因此，在教学过程中，应结合教材目标，在讲授教材内容的时候，深挖能触动学生心灵和情感的案例故事和素材等，在分析案例故事的过程中，培养其更加客观的判断力和分析能力，使学生形成正确的世界观、人生观和价值观。

（2）学生已有知识经验分析。本课为九年级最后一个单元的第一课。前面两个单元分别讲述了地球村本身、中国与地球村的关系，通过这两个部分的学习，学生已经

对整个世界及中国在世界中的位置有了一个基本了解。我们可以直白地理解为世界处于联系之中，认知到普遍联系的基本原理。有了这个前提认知，学生能更明白少年与国家二者之间不可分割的联系，清楚认知青少年个人在国家这个整体中的位置和作用。学生有了大局观、整体观，就能为学习本课内容打下良好的基础。

3. 教学目标与重难点

（1）教学目标。让学生比较分析不同历史时期青少年与国家的关联，了解明白青少年与国家前途命运的息息相关，不可分割，使学生形成整体观、大局观，具有责任意识和担当精神。少年强则国强，同样，少年弱则国弱。因此，国家的命运和未来不是掌握在别国手中，而是在本国的青少年手中。唯有自身强大，国家才能发展繁荣。

（2）教学重难点

教学重点　少年与国家的关系，明确二者是息息相关的。

教学难点　如何恰当引导学生在学习过程中培育责任意识和担当精神。

（二）路线与结构

1. 教学路线

本课采用了议学讨论引领的情境议题式教学方法，将议题、故事、活动、知识四个要素构成了课堂内容开展的四条线。

议题线　由探讨“为什么说少年强则中国强”总议题引入不同历史时期的情境，比较分析不同历史条件下青少年与国家的关系。具体问题如下：宋朝少年岳飞是为了什么投身军营？他抗击金人所取得的胜利对当时的宋王朝有何影响？抗日战争时期，少年钱三强选择学习作为自身短板的物理专业的原因是什么？他在核物理上所取得的成就对中国命运有何影响？改革开放时期，以郎平为代表的中国女排所取得的三连冠，对中国发展有何意义？通过故事的讲述，探讨这些问题，能让学生清晰了解到，虽然不同历史时期要解决的时代问题不同，但无论如何，少年的前途命运都与国家紧密相关，不可分割。在第二个篇章中，通过不同历史时期伟大人物共性的呈现，即都有为国为民的可贵品质，让学生明白新时代青少年应时代发展，需要具备全球视野和全球公民意识，而最基本的为国为民情怀和抱负则是成就自身的优良品质。

情境线　择取宋朝、抗日战争时期、改革开放时期的青少年自强的故事。一方面在时间线上，表现了不同时代青少年的自立自强，都影响着国家的命运和未来；另一方面在人物身份上，有武将、科学家和运动员，虽职业不同，却殊途同归，他们以不同的方式对国家的前途和命运产生直接影响。

活动线　分享—对话、交流—讨论、探究—演唱。

知识线　少年强—国家强—少年的情怀与抱负。

2. 教学结构（图1）

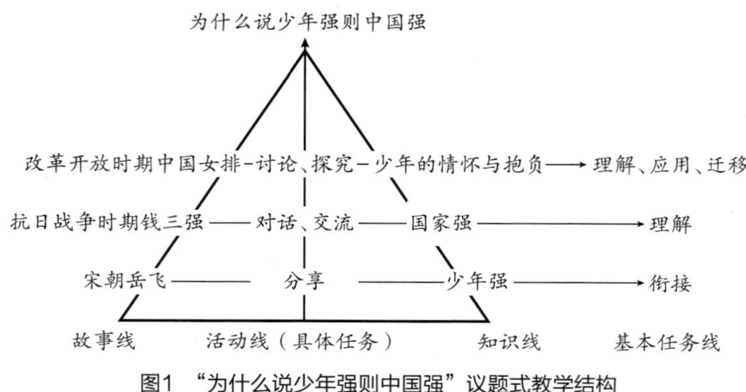

图1　“为什么说少年强则中国强”议题式教学结构

（三）过程与意图

总议题　为什么说少年强则中国强？

课前准备　播放歌曲《男儿当自强》（电影《黄飞鸿》的主题曲）和歌曲《少年当自强》。

《男儿当自强》的歌曲曲调高昂，让人热血沸腾、心潮澎湃。歌曲背景是清朝末年时期中国内外交困之时，以黄飞鸿为代表的中华少年自立自强对抗压迫势力。《少年当自强》歌唱的是新时代少年应自强为国家富强添光彩。两首歌都充分体现了青少年的高昂斗志和积极进取之心，也由此表现出不管在何种情况下，少年命运都与国家的命运紧密相联。由此引出了本节课的主题“少年当自强”。

学习任务　结合这两首歌的歌词和创作背景，说说你觉得自强少年应具备何种品质。

答案提示　爱国为民、忧国忧民的情怀及主人翁意识、担当精神是我们应有的品质。

设计意图　创设试听化情境，产生情感共鸣，直接引出本课主题。

篇章一：少年与国家的关系是怎样的？

教学情境　播放视频：宋朝岳飞投身军营；抗日战争时期少年钱三强发愤学习短板的物理专业；改革开放时期中国女排郎平奋力拼搏为国争光。

学习任务1　安排学生课前自己查找青少年自立自强的事例。

课前布置学生自己去查找不同历史时期青少年自强的事例，并自主思考“少年强则中国强“这一观点。

设计意图1　让学生学会如何查找自己所需的资料，学会自主思考问题。在查找资料的过程中，学生会遇到一些让他们困惑的问题。这样带着疑问上课，学生更能认真地听讲，从而达到不愤不启的教学效果。

学习任务2　在课堂上展示学生对自己所查找到的事例的思考所得，如从正反两方面思考少年与国家的关系，从不同事例中寻找其相同和不同之处。

设计意图2　引导学生用辩证思维分析比较，运用比较的方法，抽丝剥茧，分析总结青少年与国家的关系。

篇章二：新时代中国少年应具备怎样的品质才能承载国家的未来？

学习任务1　分析不同历史时期自强青少年所共同具有的品质。对学生自己所查找的典型事例和老师所提供的事例，进行分析比较，寻找其共同点。

答案提示1　在不同的历史时期，虽然时代问题不同，但是自强的青少年们都有为国为民的情怀和抱负。

设计意图1　通过这种比较分析，让学生学会总结，学会透过现象看本质。

学习任务2　小组探究：新时代下，中国青少年所应具备的品质是什么？

答案提示2　时代发生了变化，中国青少年所要承担的历史任务，应具备的品质也发生了变化，比如，要有全球公民的意识、积极参与全球事务的自觉，而亘古不变的品质则是为国为民的情怀和抱负。不管时代如何变化，作为国家未来的青少年都应具备爱国爱人民的品性，这也是使自我变得强大的动力和根本。

设计意图2　分析新时代下中国青少年所应具备的品质，让学生了解条件的变化，会对青少年的品质要求有所不同，却也万变不离其宗。自强的青少年无论处于哪个时代都必须具备为国为民的情怀和抱负，以此来解决人民、社会、国家及全人类的问题。这是矛盾共性与个性的展现。

学习任务3　师生齐唱《少年当自强》。

在激奋的歌声中，让我们共同怀揣少年的梦想和初心，继承先贤的遗志，为实现中华民族的伟大复兴，积极投身到学习和社会生活实践中，不负韶光，不负青春。

四、反思教学过程：在情境中探索，在议题中成长

习近平总书记在北京市海淀区民族小学主持召开座谈会时指出，任何一个思想观念，要在全社会树立起来并长期发挥作用，就要从少年儿童抓起[4]。“今天的学生就是

未来实现中华民族伟大复兴中国梦的主力军，广大教师就是打造这支中华民族‘梦之队’的筑梦人。”[5] 思政课必须把立德树人融入教学全过程，教师要围绕这个目标来教，学生要围绕这个目标来学，从而培育学生的政治认同，引导他们形成正确的世界观、人生观、价值观，坚定正确的政治方向，初步树立共产主义远大理想和中国特色社会主义共同理想。

（一）亮点与价值

（1）教学逻辑思路清晰，引导学生层层深入思考问题。“少年当自强”是九年级下册第三单元第五课的内容，是从前两个单元的世界、国家维度进入到个体维度的一个重要内容。教学目标是激发学生的家国情怀和责任意识，充分认识到国家兴亡匹夫有责，青少年是国家的希望和未来，坚定为实现中华民族的伟大复兴而努力奋斗的信念。从分析青少年与国家的关系到总结得出新时代青少年所应具备的品质，始终是围绕“少年当自强”的主题来进行教学的。

（2）教学过程遵循情境化路线，着力培养学生的责任意识。本节课课前安排了学生查找相关资料，包括资料、图片、音频等教学素材。学生查找、阅读这些资料的同时，也受到感染、激励，比较容易进入课堂，营造良好的学习氛围。感受不同时期的青少年励志故事、师生合唱《少年当自强》歌曲，都能很好地激发学生的热情、激情，有助于激发学生内心的责任意识。

（3）基于案例议题设计，引导学生运用辩证思维方法分析和解决问题。案例议题的设计一方面让学生对教学内容有感性认知，另一方面也充分发挥了学生的自主性，让学生述说、思考和分析，教师及时作出总结和引导。在引导学生运用知识分析问题时，引导他们对案例进行深层次的理性认知，增强学生的担当精神和参与能力。

（二）问题与对策

（1）因条件限制，学生搜集的少年自强的故事案例有限，有的故事案例也没有紧扣主题，而且，在教学过程中，虽然运用了故事案例、音频等资源，也采用了个人思考、小组讨论等形式，但教学环节中存在学生举例不当、未能准确认知个人与国家命运的关联等问题，这都需要教师提供及时的引导。在课前布置任务时，教师应教授学生如何查找、筛查相关资料，最好是选取具有时代性、贴近学生日常的素材，以此更好地引导他们参与到课堂学习之中。

（2）在教学过程中，虽然运用了不同方法引导学生思考和分析，但在学理分析上还有待加强。应注重运用普遍联系的观点、矛盾分析法、辩证分析法等引导学生分析不同历史时期少年自强的案例，阐述少年与国家的关系，培育青少年的担当精神。教学不能仅仅停留在故事情节本身，还要进一步深挖人物故事背后所蕴含的深刻道理，“要注重启发式教育，引导学生发现问题、分析问题、思考问题，在不断启发中让学生水到渠成得出结论”[6]。

参考文献

[1] 中国共产党第二十次全国代表大会文件汇编 [M]. 北京：人民出版社，2022.

[2] 本书编写组 . 教育学原理 [M]. 北京：高等教育出版社 .2019.

[3] 中共中央文献研究室 . 习近平关于青少年和共青团工作论述摘编 [M]. 北京：中央文献出版社，2017.

[4] 习近平 . 从小积极培育和践行社会主义核心价值观：在北京市海淀区民族小学主持召开座谈会时的讲话 [N]. 人民日报，2014-05-31（2）.

[5] 习近平 . 做党和人民满意的好老师：同北京师范大学师生代表座谈时的讲话 [N]. 光明日报，2014-09-10（2）.

[6] 习近平 . 思政课是落实立德树人根本任务的关键课程 [J]. 求是，2020（17）：4-16.

“如何促进民族团结”议题式教学叙事

——基于“中华一家亲”一课

钟　声①　苏子钦②

一、形成教学思路：紧扣民族团结主题，感悟中华凝聚之力量

党的二十大报告指出，“团结就是力量，团结才能胜利。始终同人民同呼吸、共命运、心连心，不断巩固全国各族人民大团结，加强海内外中华儿女大团结，形成同心共圆中国梦的强大合力”[1]。习近平总书记多次强调，要促进民族大发展、大团结，民族团结是我国各族人民的生命线，中华民族共同体意识是民族团结之本。思政课是落实立德树人根本任务的关键课程[2]，在学生世界观、人生观、价值观的培养中发挥着不可替代的作用。《义务教育道德与法治课程标准（2022年版）》（以下简称《课程标准》）对本节课提出了明确要求：“要求学生更好地理解民族团结的意义，提升民族认同感、凝聚力，培养学生的学科核心素养，增强维护国家利益和民族尊严的意识，铸造中华民族共同体。”基于对教材内容及《课程标准》的研讨，我们发现“中华一家亲”实质上是在立足“如何促进民族团结”的基础上，探究“五十六个民族与中华民族”之间的关系，引导学生认识到个人成长同民族命运之间的联系，从而增强学生对中华民族的认同感。

（一）立足教材，确定学习目标和议题

本单元围绕中华一家亲，共同探讨促进民族团结的原因及措施。立足《课程标准》，确定本节课的议题为“如何促进民族团结”，基于此，本节课的学习目标是了解我国是一个统一的多民族国家，理解加强和巩固民族团结的原因和举措，以及思考如何促进民族团结。我们对九年级上册《道德与法治》第七课“中华一家亲”中的“促进民族团结”的必备知识进行了再构建。

---

① 钟　声（1979—），女，湖南科技大学马克思主义学院讲师，硕士生导师。

② 苏子钦（2000—），女，湖南科技大学2022级学科教学（思政）专业硕士研究生。

（二）整合教材，重构知识框架

基于议题梳理教材内容，教材核心内容由民族团结的内涵、处理民族关系的原则、加强民族团结的原因及促进民族团结的措施这四部分构成。本节课围绕“如何促进民族团结”展开学习，思考如下问题：民族团结表现在哪里？促进民族团结的原因是什么？为什么要落实精准扶贫精准脱贫方略？加快民族地区经济发展的措施是什么？如何促进民族团结？为了让学生更清晰地掌握本节课内容，需要梳理知识框架，方便学生预习，并为学生后续的“议”做好知识性铺垫。此外，清晰的思维导图也有利于培养学生的逻辑思维能力和系统思维能力。

（三）围绕议题，设置教学任务

篇章一：团结一致明表现。观看《云南独龙江乡新貌》视频，从画面中观察少数民族地区独龙江乡的全新发展状况。自主分享，视频中该地区的发展变化体现了什么？民族团结表现在哪里？并说明原因。通过反问、设问制造学生的矛盾冲突点，唤醒学生思维，激发学生兴趣。

篇章二：同心筑梦析原因。观看“民族分布图”并呈现“宁洱民族团结誓词碑”，结合学生自身所属民族，对话交流，为什么要促进民族团结？指导学生认识民族团结发展的重要性，更好地培养学生的民族认同感和凝聚力。在梳理知识的过程中，学生能强烈地感受到各族人民相互依存、休戚与共、守望相助，共同捍卫民族团结和祖国统一，铸成了牢不可破的血肉纽带和兄弟情谊，以此给予学生深刻启发。

篇章三：展望民族地区发展。

环节一：图文继续深入了解独龙江乡脱贫故事，思考独龙族如何打赢整族脱贫攻坚战，相互讨论，国家为什么要落实精准扶贫精准脱贫方略？通过对该少数民族地区真实事迹的分析和探讨，引导中学生感悟新时代青少年应具备的社会责任感，从而指引现阶段的中学生为实现中华民族大团结，不断铸牢中华民族共同体意识。

环节二：材料呈现中国“一带一路”倡议推出以来，少数民族成为新丝路建设的主力军——以新疆发展风貌为主进行剖析。合作讨论并思考，我国加快民族地区经济社会发展的措施有哪些？在突出重点、突破难点的基础上进行升华，让学生充分感受到党和国家为实现民族地区发展所做出的努力。

篇章四：凝聚团结奋进力量。学习相关讲话，运用多媒体和展板的形式开展合作探究。学生自主上台发言，结合自身实际，谈谈感悟，作为青少年，我们肩上的责任是什么？我们应如何促进民族团结？引导学生进行交流活动，能进一步增强学生学习的主体性意识，锻炼学生的语言表达能力，更能帮助学生树立团结友爱的思想观念，培养学生的健全人格。

本节课以民族团结为主线，情境素材丰富，学生活动形式多样，问题任务层层深入，让学生在情境中体会到我国是一个由56个民族组成的大家庭，民族团结一家亲，是实现中华民族伟大复兴的重要保证。加强对学生的政治引导，增强学生对国家制度和政策的认同感。实现中华民族伟大复兴的中国梦，要以铸牢中华民族共同体意识为主线，把民族团结进步事业作为基础性事业抓紧抓好。

二、协同教学设计：明确任务，调用经验，设置情境

根据《课程标准》，重新复盘、审视整个教学设计，备课组基本认为本教学设计的以下亮点突出，同时也存在以下主要问题。

（一）亮点

（1）在“如何促进民族团结”的教学中，情境素材围绕民族团结这一议题主线，在教学内容中选用了视频导入，组织开展对民族文化发展的自由讨论，引用习近平总书记寄语及访问民族地区的相关报道，运用展板和多媒体形式探究交流，请学生上台分享“作为青少年，我们肩上的责任是什么”。视角由远及近，引导学生感受并学习民族地区的变化发展，增强民族自尊心、自信心。

（2）在课堂中融入时政、热点话题、大政方针，学习相关讲话。热点贴合学生实际生活，让学生能充分结合已有经验，不断提升家国情怀，紧紧团结在中华民族的怀抱中，进而促进学生的政治认同。

（二）不足

（1）情境素材过多，还有待整合。具体任务要求有些泛化，需要加以明确。这个环节本应是这节课较为有趣的环节，学生应该对此非常感兴趣，让学生亲身参与，有利于他们掌握“中华一家亲”这一课的重点内容。可是，本环节的任务设置比较泛化，学生可能对于民族团结的相关概念理解不够深入，并不能真正了解其具体内涵，所以需要教师细化任务要求，明确好学生的分工、角色定位，以及模拟过程中应注意的一些具体事项，这样才能让这个任务更加具有可操作性，才能把课堂处理得更为细腻和灵动。

（2）对教材内容的梳理缺乏“聚神”。本节课内容理解起来并不难，但是知识点分散、琐碎，在初期设计中，围绕知识点形成了一个个的知识云图，但是没有“聚神”，

所以形也散。在优化设计中，教学情境的设计要蕴含一个核心，或者围绕一个典型情境说明相关问题，做到形散神聚。

三、优化教学设计：展开活动，以境育情培养民族凝聚力

（一）教材与学情

1. 内容分析

（1）本课地位。本节课是教材第七课“中华一家亲”的第一框“促进民族团结”，具有承上启下的作用。上承“维护祖国统一”，帮助中学生理解我国是一个统一的多民族国家，懂得维护国家统一；下启“如何促进民族团结”，懂得维护和促进民族团结是每个公民的神圣职责和光荣义务。

（2）本课内容。本节课内容围绕民族团结这一主题展开，明确我国是一个统一的多民族国家，了解我国各民族人口分布特点、民族团结的表现、民族团结的原因及如何促进民族团结。维护民族团结是我国各族人民的共同愿望，理解坚持民族平等、民族团结和各民族共同繁荣是我国处理民族关系的基本原则。民族区域自治制度是我国的一项基本政治制度。

2. 学情分析

（1）学生心智特征分析。九年级学生开始进入青春期，自我意识开始快速发展，抽象思维开始占优势，逐渐出现成熟化的表现。这一阶段的学生已具有一定的知识储备、阅历经验和辩证分析问题的能力，多数学生也具有了一定的政治认同感、民族意识和爱国情怀，但个别学生却以自我为中心，对个人与社会之间的关系缺乏正确认识。因此，有必要对学生进行爱国主义和集体主义教育。

（2）学生已有知识经验分析。通过前一单元的学习，同学们已经对“美丽中国”“家园”等概念有了初步了解与认识，在此基础上，本课教学将充分调动学生的背景知识，激发学生学习的积极主动性，引导学生理解我国是一个统一的多民族国家，提高学生对民族团结重要性的理论认识，铸牢中华民族共同体意识。

（二）教学目标与重难点

（1）教学目标。引导学生明确我国是一个统一的多民族国家，各民族人民平等互助、团结合作、艰苦创业、共同发展；懂得维护国家统一，维护各民族团结，维护国家安全、荣誉和利益是每一个公民的义务；增强对伟大祖国、中华民族、中华文化、中国共产党、中国特色社会主义的认同，正确看待民族问题，提升处理民族关系的能力。

（2）教学重难点。

教学重点　理解民族团结的含义，认同我国的社会主义新型民族关系，懂得加强和巩固民族团结的意义。

教学难点　加快民族地区发展的原因、措施及如何促进民族团结。

（四）教学路线与教学结构

1. 教学路线

本课采用议学任务引领的情境议题式教学方法，由议题、情境、活动、知识四个要素构成了以下四条线。

议题线　基于对教材内容及《课程标准》的探究，我们在教学中设置了总议题“如何促进民族团结”。引领如下问题串：观看我国各民族分布图，民族团结表现在哪里？我国处理民族关系的基本原则是什么？社会主义新型民族关系是什么？处理民族关系的基本政治制度是什么？为什么要促进民族团结？为什么要落实精准扶贫、精准脱贫方略？加快民族地区发展的措施是什么？如何促进民族团结？

情境线　欣赏歌曲《56个民族56朵花》—观看视频—材料呈现“宁洱民族团结誓词碑”—独龙江乡脱贫故事—班级活动“我们肩上的责任”。

活动线　分享—对话交流—讨论—探究。

知识线　团结一致明表现—同心筑梦析原因—展望民族地区发展—凝聚团结奋进力量。

2. 教学结构（图1）

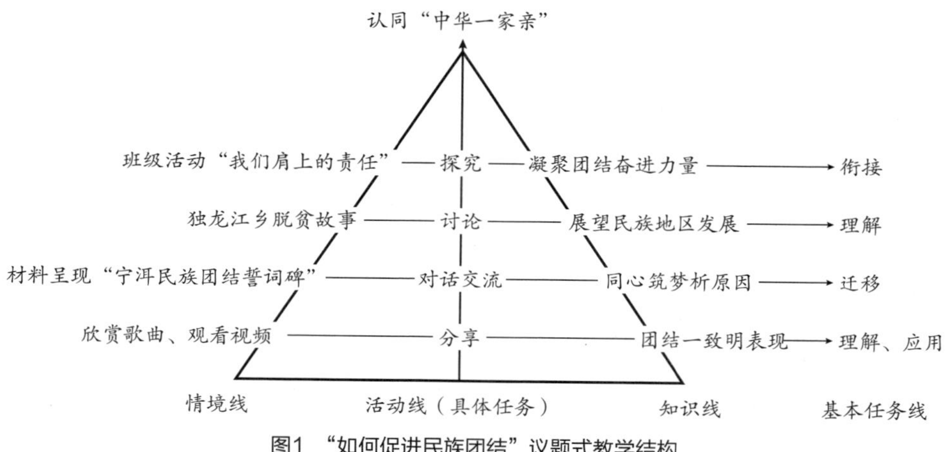

图1　“如何促进民族团结”议题式教学结构

（五）教学过程与意图

议题　如何促进民族团结？

课前暖场　欣赏歌曲《56个民族56朵花》。

设计意图　创设视听化情境，实现情感共鸣，以思辨性问题激发学生兴趣。

篇章一：团结一致明表现

师：观看《云南独龙江乡新貌》视频，从画面中观察少数民族地区独龙江乡的全新发展。

教学情境　走进独龙江乡：独龙族整族脱贫，印刻着党和政府对少数民族的关怀，记载着中国共产党为实现中华民族伟大复兴的努力。

学习任务　自主分享：除了云南这一少数民族聚集地，你还了解哪些少数民族地区？视频中该地区的发展变化体现了什么？民族团结表现在哪里？

答案提示　我国是一个统一的多民族国家。中华文明历史悠久，是世界上唯一没有中断并发展至今的文明。在新时代的宏图下，要铸牢中华民族共同体意识，坚定维护民族团结。

篇章二：同心筑梦析原因

教学情境1　观看各民族分布图，运用已有知识背景谈谈民族分布特点。

学习任务1　分组讨论：我国各民族分布的特点是什么？我国处理民族关系的基本原则是什么？

答案提示1　分布特点是大杂居、小聚居，相互交错。在处理民族关系上，坚持民族平等、民族团结和各民族共同繁荣的基本原则。

设计意图1　明确我国处理民族关系的基本原则，用提问的方式激发学生的好奇心与求知欲，带动他们积极参与课堂讨论，提高其学习热情。

学习任务2　社会主义新型民族关系是什么？处理民族关系的基本政治制度是什么？

答案提示2　各族人民形成了平等团结互助和谐的社会主义新型民族关系。处理民族问题的基本政治制度是民族区域自治制度。将民族区域自治制度作为一项基本政治制度载入宪法和法律，使各族人民真正成了国家的主人，在此基础上，形成了平等团结互助和谐的社会主义新型民族关系。各民族都是社会主义大家庭中平等的一员，具有同等的社会地位。

教学情境2　材料呈现——矗立在宁洱哈尼族彝族自治县的“宁洱民族团结誓词碑”，记载着70多年前300余名各族代表在此立碑铭誓的事迹，被誉为“新中国民族团结第一碑”和“民族工作第一碑”，见证了边疆各民族团结奋斗进步的发展史。

学习任务3　对话交流：结合学生自身所属民族，说说为什么要促进民族团结？

答案提示3　加强和巩固民族团结，是中华民族的最高利益。维护和促进民族团结是公民的神圣职责。各民族始终同呼吸、共命运、心连心，克服种种困难和艰险，顶住种种压力和挑战，追求共同发展、共同富裕、共同繁荣。

设计意图2　交流、分享话题，通过对上述两个问题的讨论，由浅入深地加深学生对民族团结相关制度的认识，有助于提升学生的民族自豪感和凝聚力，增强其责任感和使命感。

篇章三：展望民族地区发展

教学情境1　继续深入了解独龙江乡脱贫故事：习近平总书记给贡山独龙族怒族自治县独龙江乡的乡亲们回信，祝贺独龙族实现整族脱贫：“脱贫只是第一步，更好的日子还在后头。”独龙族整族脱贫，印刻着党和政府对少数民族的关怀，记载着中国共产党为实现中华民族伟大复兴所做的努力。

学习任务1　相互讨论：为什么要落实精准扶贫、精准脱贫方略？

答案提示1　习近平总书记强调：“全面建成小康社会，一个民族不能少；实现中华民族伟大复兴，一个民族也不能少。”中学生要牢记习近平总书记的深切关怀和殷殷嘱托，“中华民族一家亲、同心共筑中国梦”成为新时代全民族团结进步事业发展的生动写照。加快民族地区经济社会文化发展，逐步缩小发展差距，促进民族地区共同繁荣，是增进民族团结、发展社会主义民族关系的必由之路。

教学情境2　中国“一带一路”倡议推出以来，少数民族成为“新丝路”建设的主力军——图片呈现新疆发展风貌。

学习任务2　分组讨论：我国加快民族地区经济社会发展的措施有哪些？

答案提示2　①长期以来，党和国家在人力、物力、财力等方面大力支持民族地区的经济社会发展。推动西部大开发战略，实施兴边富民行动，通过输入技术、管理、人才等方式增强民族地区的自我发展能力。②支持民族地区发展教育，实施积极的就业政策，初步建立基本医疗保障制度。③大力扶持少数民族文化的保护、继承、创新和发展工作，积极促进各民族之间的文化交流。

设计意图　话题继续延伸，进一步鼓励学生发挥主观能动性，在突出重点、难点的基础上进行升华，让学生明白实现中华民族团结的必要性和重要性，进入新时代，进一步铸牢中华民族共同体意识，凝聚实现中华民族伟大复兴中国梦的磅礴力量，“中华民族一家亲，同心共筑中国梦”是我们共同的理想和信念。通过自主参加情境探讨活动，学生认识会由感性向理性升华，实现学科逻辑与生活逻辑的统一。激发学生的学习兴趣，启发学生进一步认识民族团结的重要意义，提高他们行动的动力。

篇章四：凝聚团结奋进力量

教学情境　习近平总书记在参加内蒙古代表团审议时的讲话指出："不断打牢中华民族共同体思想基础，促进各民族在中华民族大家庭中像石榴籽一样紧紧抱在一起，共同建设伟大祖国，共同创造美好生活。"学习相关讲话，运用多媒体和展板的形式进行探究交流。

学习任务　合作探究：学生自主发言，结合自身实际经历及感悟，谈谈作为青少年，我们肩上的责任是什么？我们应如何促进民族团结？完成必备知识的结构化梳理。（图2）

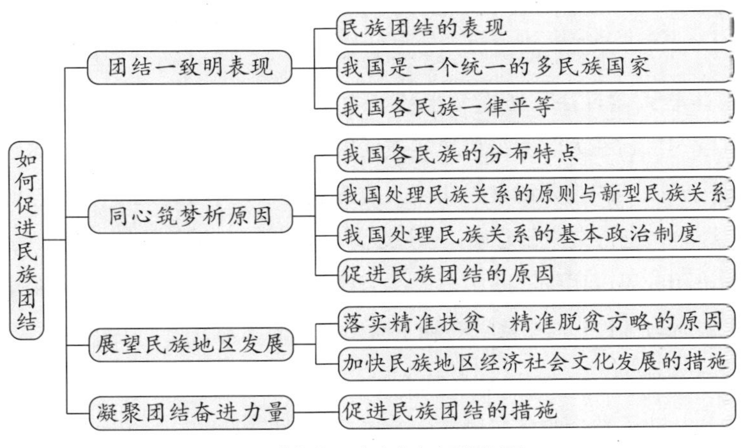

图2　“中华一家亲”知识结构图

答案提示　维护民族团结，人人有责。我们应自觉拥护我国的民族政策，不做伤害民族感情的事，积极同破坏民族团结的行为作斗争。维护和促进民族团结，是每个公民的神圣职责和光荣义务。只有各族人民铸牢中华民族共同体意识，像石榴籽一样紧紧抱在一起，手足相亲、守望相助、齐心奋斗，伟大的祖国才能繁荣发展。

设计意图　通过对本课时的学习，学生知道我国是一个统一的多民族国家，理解了我国民族分布的特点，对处理民族关系的原则有了更深刻的理解，学习了加快民族地区经济社会文化发展的原因和措施，知道了维护和促进民族团结是每一个公民的神圣职责和光荣义务。只有各族人民团结一致、守望相助、齐心奋斗，伟大的祖国才能繁荣发展。通过合作探究、自主发言来体会民族团结的意义，并完成本课必备知识的梳理和知识体系的建构，帮助学生完成对促进民族团结相关知识的系统认知，也为知识的理解和应用打下基础。

四、反思教学过程：总结归纳，实践优化

（一）亮点与价值

1. 知识梳理突出重点建构和逻辑推导

本课在知识梳理部分运用思维导图，突出知识的重点建构及逻辑推导。在以往教学过程中，我们经常会遇到一个问题，那就是学生课上能听懂，课后遇到实际问题却常常出错，主要原因在于课后未及时复习、总结，加之缺乏系统的框架建构。而本节课设计了有效的思维导图进行学习总结，有利于学生厘清知识结构，突出重点知识，固化学习内容。层次清晰的思维导图有利于帮助学生整理思路并重现头脑中的记忆，加强学生对知识点内在联系的掌握，增强学生学习的兴趣。

2. 采用体验式学习法，激发学生的兴趣

体验式学习法旨在为学生提供真实或模拟的环境和活动，学生通过这节课能充分感悟到促进民族团结的重要意义。在体验式的教学下，学生通过积极参与班级情境来获得感受、经验，进行交流和分享，通过反思，将感受和经验总结上升为理论或成果，并同时将理论和成果应用到实践中去。本节课的重点和高潮在篇章二和篇章三，学生的任务内容和活动形式非常丰富，有利于激发学生的学习兴趣，更好地去理解知识点。

3. 植入热点素材，弘扬学生爱国情怀

初中道德与法治教学服务于培养学生正确的世界观，促进学生的全面发展。在教学内容中以热点事件作为教学主情境，能调动学生的学习积极性；以正确的价值观和政治导向引领学生，能激发当代学生的民族意识和家国情怀。

（二）问题与对策

（1）课堂安排时间不够合理。因为环节活动较多，若要完成全部教学环节，时间很紧张。究其主要原因，是设计的教学环节过多，学生课前准备不够充分。因此，在实际的教学过程中，会出现上课时间不足的情况。具体的优化措施：一是要提前布置课前的预习和资料收集任务，为课堂分享成果节约时间；二是要在课堂上随机应变，适当减少素材；三是要发挥教学机智，重难点精讲，重复或简略部分略讲。

（2）知识结构较多且复杂。九年级学生的学习认知能力有限，对于较为复杂的知识容易出现认识偏差，需要老师在课堂上及时引导。教师应不断简化、优化知识结构，

形成清晰的知识思维框架，帮助学生耐心梳理知识框架。

（3）教师专业知识和教学技能有待加强。2014年，习近平总书记在北京师范大学师生座谈会上指出，一个人遇到好老师是人生的幸运，一个学校拥有好老师是学校的光荣，一个民族源源不断涌现出一批又一批好老师则是民族的希望[3]。2019年3月18日，习近平总书记在学校思想政治理论课教师座谈会上强调，办好思政理论课，关键在教师，关键在发挥教师的积极性、主动性和创造性[4]。所以，作为思政课教师，应该坚定信仰，打好理论功底，提升自身的学识，才能讲好政治课，让学生真心喜爱、终身受益。

参考文献

[1] 中国共产党第二十次全国代表大会文件汇编 [M]. 北京：人民出版社，2022.

[2][4] 习近平 . 思政课是落实立德树人根本任务的关键课程 [J]. 求是，2020（17）：4-16.

[3] 习近平 . 在北京师范大学考察时强调：号召全国广大教师做党和人民满意的好老师 [N]. 人民日报，2014-09-10（1）.

图书在版编目 (CIP) 数据

核心素养视域下初中道德与法治课议题式教学案例 / 宋劲松主编 . —长沙：中南大学出版社，2025.5
（核心素养与中小学教育教学案例丛书）
ISBN 978-7-5487-5256-1

Ⅰ . ①核… Ⅱ . ①宋… Ⅲ . ①政治课—教案 (教育)—初中 Ⅳ . ① G633.202

中国国家版本馆 CIP 数据核字 (2023) 第014094号

核心素养视域下初中道德与法治课议题式教学案例

宋劲松　主编

□出 版 人　林绵优
□责任编辑　沈常阳
□责任印制　唐　曦
□出版发行　中南大学出版社
社址：长沙市麓山南路　　邮编：410083
发行科电话：0731-88876770　　传真：0731-88710482
□印　　装　湖南众鑫印务有限公司

□开　　本　710 mm × 1000 mm 1/16　□印张 16　□字数 296千字
□版　　次　2025年5月第1版　□印次 2025年5月第1次印刷
□书　　号　ISBN 978-7-5487-5256-1
□定　　价　88.00元